有容乃大

慈容仁者

慈容法師／口述

法名心愚，號依智，字慈容，台灣宜蘭人，俗姓吳，1936年生。1954年皈依星雲大師，參加雷音寺佛教青年歌詠隊，追隨大師參加「影印大藏經環島宣傳團」弘法，隨後擔任宜蘭慈愛幼稚園教師及園長。1969年依止星雲大師座下出家，10月於基隆海會寺受具足戒，為臨濟宗第四十九代弟子。

1973年負笈日本京都佛教大學就讀社會福祉學系，學成歸國後致力佛光山慈善、教育等事業發展。歷任佛光山慈善院院長、台北普門寺住持、佛光山都監院院長、台北道場住持、美國西來寺住持及首任佛陀紀念館館長。現任紐澳教區、美洲教區、大陸教區首座、日韓教區總長、佛光山人間大學校長、國際佛光會中華總會署理會長、國際佛光會世界總會署理會長等。

榮獲1984年度全國好人好事代表、外交部外交之友勳章、社會教育有功個人獎、國際佛教傑出比丘尼獎等。著有《我看美國人》、《幽蘭行者》、《自覺人生‧莊嚴身行》、《活出生命的豪情—走過佛光會三十年》等書。

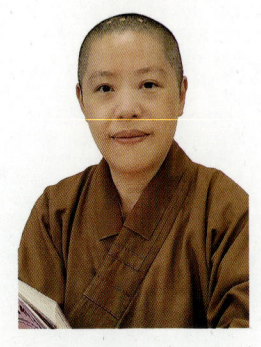

妙願法師／記錄

1972年出生，台灣屏東人，1992年進入佛光山叢林學院就讀，1993年9月依止星雲大師出家受具足戒，2003年就讀佛光大學宗教研究所。曾任台北佛光大學籌款處、人間福報讀報教育中心經理、發行中心經理、叢林學院教師，《星雲大師全集》第四類編輯。現任佛光山人間佛教研究院研究員及研究中心主任。

慈容法師訪談錄

有容乃大

走進佛光　走向世界

【佛光山口述歷史系列】慈容法師訪談錄
有容乃大——走進佛光　走向世界

目錄

010	《佛光山口述歷史》編輯序	
014	人間佛教弘法先鋒——慈容法師	星雲大師
018	慈容法師：永保熱誠的弘法者	心保和尚
020	追隨師父　集體創作走向未來	慈容法師

025 **第一章　身家背景——**
　　　　　光復初期的台灣（家世篇）

026	蘭陽平原的女兒
028	民間信仰盛行　百姓生活淳樸
029	廣結善緣是吳家祖風
031	我的性格　不叫苦不喊累
033	學校司令台上的指揮手
034	代表學校　參加全省演講比賽

037		第二章　求法之路── 　　　　遇見生命中的導師（入道篇）
038		北門口師父　開啟我學佛之路
039		師父講經　讓我走入雷音寺
041		大德圓寂　觸動我皈依三寶
044		週六念佛會　從敲法器到彈風琴
048		青年歌詠隊　菩提心開始萌芽
050		慶祝佛誕　從頭城走到蘇澳
053		元旦拜年　家家歡喜迎師父
054		講堂落成　青年上台說佛法
056		下鄉布教　我開始走入人群
060		宜蘭青年　走出佛教的希望
070		台北錄音　中廣電台唱佛曲
074		師父領隊　環島宣傳大藏經
084		台中佛教　李炳南居士貢獻很大
089		幼稚教育　我人生的起跑點
089		前往台中　保育人員訓練班
095		留在佛教　當時髦的幼教老師
098		從北到南　十三年的老園長
109		追隨師父　今生最正確的選擇
110		因緣聚合　我終於滿願剃度
113		自我修行　從練習笑容開始
114		日本留學　師父栽培永難忘

121	第三章	創意弘法——開創佛教新格局（寺院弘法篇）
122	興辦學院	住持台北的前緣
123	中國佛教研究院	
126	台北女子佛學院	
129	創新弘法	打開佛教界大門
130	台北別院	改變一生的首站
134	普門大開	都市寺院弘法模式
147	名流精英	佛教走向上層社會
149	十方求法	北台灣道場開展
150	都會道場	寺院運作學校化
160	郊區道場	信仰落實修持化
164	千里因緣	普門寺到五大洲
164	遠渡重洋	台灣經驗到美國
180	一份結緣	我們走向了歐洲
182	華僑請法	大洋洲需要佛教
186	傳承信仰	菲律賓日本弘法
191	未來希望	非洲淨蓮南華寺
195	第四章	全台行腳——蓮花遍地開（中華總會篇）
196	佛光會成立	人間佛教新紀元
196	組織社團	團結信眾的力量

202	師父領航	全球同步創歷史
205	行佛人間	佛光會創會宗旨
207	制度領導	僧信和合的關鍵
212	走出小我	走向社會的公義
212	社會衝突	佛教要創造和諧
214	愛護佛教	要保衛我們的信仰
217	佛誕國光	普天同慶的信仰
225	走出寺院	走向社會的淨化
225	把心找回來	歌星名人來助陣
227	七誡運動	看籃球賽推誡毒
230	慈悲愛心人	社會安全人人有責
232	三好運動	大家一起做好事
235	禪淨共修法會	為社會國家祈和平
237	社會參與	全民淨化運動
242	台灣社會	佛教地位提升
245	師父信任	以師心為己心

249　第五章　邁向國際——
　　　　　佛光世界的先行者（世界總會篇）

250	走上國際	世界總會的成立
250	佛光普照	從台灣走向全球
253	會員大會	讓世界看見佛教
256	佛教信仰	安定了華僑的心

258	師父願力宏大　五大洲協會成立
259	【歐洲地區】巴黎與倫敦佛光協會
265	【北美洲地區】洛杉磯佛光協會
267	【非洲地區】南非佛光協會
269	【大洋洲地區】雪梨佛光協會
273	【南美洲地區】巴西佛光協會
274	【東南亞地區】菲律賓佛光協會
276	馬來西亞佛光協會
279	汶萊佛光協會
280	【南亞地區】拉達克與印度各佛光協會
285	泰國曼谷佛光協會
294	國際僧伽會議　南北傳佛教橋樑
301	世界佛教論壇　兩岸交流的契機
304	同體共生　佛光人全球救災
304	世界慈善委員會
310	世界急難救助委員會
314	世界殘障福利委員會
316	進聯合國　為人類幸福發聲

323	第六章　開創新局── 　　　　全方位弘法展現活動創新力（跨宗教篇）
324	電台弘法　從講故事開始學
325	高層施壓　上節目如登天難
330	千難萬難　信心門終於開播
334	組織委員會　護持電視弘法
336	不再受刁難　人間衛視開台
340	師父講座　從此站上大舞台
342	舞台布置　講究莊嚴大氣
343	講經大會　不要唱獨角戲
348	一票難求　站著聽也要來
353	場場爆滿　從台灣走向世界
356	法音清流　將佛法唱入人心
357	音樂弘法　登上國家殿堂
359	回歸佛陀　走向萬人弘法大會
362	音樂無國界　從歐洲走向全球
366	大陸首演　師父站上大會堂
368	舞台總監　面臨的最大考驗
374	千載一時　恭迎佛陀真身舍利
374	1998年　恭迎佛牙舍利
379	2002年　恭迎佛指舍利

389	第七章　亦師亦友　我所見的慈容法師	
390	永遠的楷模——勇者慈容法師	依來法師
393	永不退票的容法師	永平法師
395	容師父的處世哲學	永固法師
399	人間佛教的長者	永光法師
402	永不關機的慈悲精神	永富法師
404	邁向國際弘法的比丘尼	滿謙法師
406	開創現代女性的典範	滿潤法師
407	佛光弟子的精神導師	覺誠法師
410	佛教界的女中豪傑	覺培法師
413	有容乃大的長老	妙士法師
416	有求必應的容法師	妙凡法師
418	為法奉獻的長老風範	如常法師
420	一生心靈的靠山	蕭碧涼師姑

423	慈容法師生平榮譽事蹟	
429	慈容法師記事	
452	採訪後記	妙願法師

目錄 | 009

《佛光山口述歷史》編輯序

星雲大師，是一位不一樣的大師。

在佛教史上，我們常常看到都是弟子為師父立傳，但是，佛光山開山星雲大師卻是一位心心念念想把每一位參與人間佛教的行者寫進他的著作、寫進人間佛教的歷史，並且如是做到的大師。

有一次在法堂，我們和師父說到，淨土宗祖師慧遠大師的白蓮社中，卓越表現者有十八人，號稱「十八賢」。師父馬上說：「我們也來選佛光山一〇八位賢能的弟子，為他們寫歷史。」

在此之前，大師也曾經邀請「天下文化出版社」為佛光山十多位的長老師兄們撰寫簡史傳記，集成《薪火：承先啟後的故事》一書，並囑咐我們要為參與佛光山開山的長老出書立傳，為人間佛教的弘傳留下歷史，也為後代佛光子弟樹立學習楷模。

因緣成就，2020年9月28日佛光山人間佛教研究院召開《佛光山口述歷史》第一次籌備會議，與會的大家達成共識，先以佛光山開山長老為主要採訪對象。經一一邀請後，獲得慈惠法師（1934-）、慈容法師（1936-）、心定和尚（1944-）、蕭碧霞師姑（1941-）等四位長老同意，開始我們為期二至三年口述歷史計畫。參與採訪、整理記錄者有：蔡孟樺主編、妙願法師、慧喜法師、如介法師等。可喜的是，在今年（2023）10月，

我們得到長老大師兄慈莊法師（1931-）慈悲應允，並榮幸邀請到依空法師一同參與此計畫，採訪撰寫慈莊法師。

為了正確、有效的進行口述歷史記錄，首先，我們邀請佛教史專家佛光大學闞正宗教授上課，如：口述歷史的撰寫技巧與方法；闞教授多次指導並討論採訪注意事項，同時，團隊製定了《佛光山口述歷史編寫手冊》。

前後採訪時間，大約歷時半年到一年不等，期間，我們值遇近三年的全球新冠肺炎（COVID-19）疫情風暴，幸好拜科技進步之賜，有一些訪談，得以透過網路線上進行，在嚴峻的考驗中，也意外獲得一段閉關、減少外緣而致力收集資料、專心撰寫的過程。

其次，為了讓記錄者對長老口述的內容能更立體的了解歷史軌跡，在採訪之後，團隊於2022年1月13日至16日走訪長老的家鄉、學佛的發源地──宜蘭，在林清志、林秀美伉儷及郭覺義居士的陪同下，尋訪當年大師帶著青年歌詠隊、弘法隊走過的頭城開成寺、頭城善慧寺（募善堂）、礁溪協天廟、蘇澳張公廟、蘇澳清水祖師廟、蘇澳白雲寺、羅東媽祖廟、冬山白蓮寺、圓山普照寺、林氏家廟等寺廟和位在羅東的宜蘭設治紀念館，雖然許多前人長輩業已過往，大師當年帶著青年弘法的事蹟，卻依舊為人津津樂道。

此外，為了體驗大師當年帶領青年搭乘火車弘法的行程，我們也在某一日夜晚時分，搭上火車前往羅東。時隔七十年，在「喔喔、喔喔」行進的火車聲中遙想當年，人間佛教弘法者的歌聲，在宜蘭的星空下，響徹雲霄，驚醒迷夢中的人們。

這二年期間，我們除了採訪開山長老，也同步積極查找文獻，建立口述歷史資料庫；而為了讓開山長老的歷史軌跡更為鮮明，我們也訪問了與長老相關往來的朋友、同事、法師等人。例如，有關慈惠法師的，我們採訪佛光山教團系統大學楊朝祥總校長、南華大學林聰明校長等人；有關慈容法師的，我們採訪了慧傳法師、依來法師、永光法師等人。有關定和尚的，我們採訪他的弟弟石明良督導和台北普門寺黃金寶督導等；有關蕭碧霞師姑的，就採訪如常法師、北京星雲文化教育公益基金會秘書長張靜之、佛光會中華總會副總會長趙翠慧女士等等。感謝這許多位接受我們採訪的人士，可以說，他們也都是盡心盡力奉行人間佛教的行者。

2023年初，我們敬愛的師父上人——星雲大師於農曆正月十五日元宵節捨壽圓寂。無限的懷念追思中，回想百年來，在大師以及許多有志復興佛教的高僧大德齊心努力下，人間佛教藉由文化、教育、慈善、共修等各種佛教事業，在時間的推移裏、在眾多因緣的成就中，以嶄新的面貌，將古老佛教的智慧光芒，重新躍然於人間社會。

今天，我們帶著緬懷和紀念大師的心情，從佛光山開山長老們口述的歷史中，提供社會大眾從不同的視角認識人間佛教，認識大師一生「為了佛教」盡形壽、獻生命的全然付出與奉獻。我們採取先完稿者先出版，希望將一代大師慈悲利他的精神傳播下去。

《佛光山口述歷史》書寫計畫只是開始，我們會繼續以文字，將投入人間佛教歷史發展進程的行者，一一記錄，以啟未來，供養大眾。

人憐竹節生來瘦

松稱高枝老更剛

佛光山星雲 七十七年 首十書

大師贈墨寶予慈容法師

人間佛教弘法先鋒——慈容法師

星雲大師

慈容法師，1936年出生，宜蘭人，1969年出家，同年赴基隆海會寺受具足戒。她和慈惠法師一樣，從幼教開始，再到佛教文化服務處，後來轉到佛教學院，對於佛教裡的共修、傳教、講經說法、社會活動等，無論規劃、流程、動線、進出、舞台設計，真是無師自通，可以說是佛教大型弘法的先鋒。

像我在台北國父紀念館的開大座講經，每一年聽眾都數千人以上，場場爆滿，三十年不斷。主要是，她善於把傳統的講座與現代的音樂、藝術、舞蹈結合；大家對於這種新穎、活潑的傳教講座，心生嚮往，並且歡喜參與。可以說，台灣淨化人心的社會運動，如「把心找回來」、「七誡運動」、「慈悲愛心列車」、「三好運動」，萬人「禪淨共修」等，由於她的帶動，都創下許多紀錄。像國父紀念館館方人員也表示，只有佛教的講經，撐持了他們館內的榮耀。

也因這樣的因緣，讓我有機會走到紅磡香港體育館講經，二十年不輟。紅磡體育館是香港藝人的夢想，想進去開演唱會都不容易，一、兩萬個座位，一定要有多少比例的觀眾才能借到場地，而我一個出家的和尚在裡面一講二十年；承辦多次的滿蓮說，一開放售票，不多久就告罄，人數有增無減，還有不少人擠不進去，只能在門外觀看電視牆。

此外，慈容法師還代替

我到澳洲、歐洲、美洲、日本等建設多家別分院,弘揚佛法,如澳洲雪梨南天寺、巴黎的古堡道場等,都是當地佛教道場的代表。國際佛光會創立之後,她與慈惠都分任過祕書長;尤其她不怕辛苦,拎著一個小布包,奔波世界各處舉辦成立大會,如今已有一千多個協分會,會員達三百萬人以上。每兩年的理監事會議、世界會員代表大會,都在世界重要的城市舉行,如:美國洛杉磯、法國巴黎、加拿大多倫多、溫哥華、澳洲雪梨、日本東京、香港等,每次都有五千人以上的代表出席,二十五年來沒有間斷。

在佛光會中華總會最初成立幾年,慈容曾邀請時任內政部長吳伯雄先生擔任副總會長,後來又擔任總會長數年,一生以佛光人為榮。伯公說,官場公職有上台下台,但佛光

人角色沒有上台下台的問題，一生都是義工歡喜服務。

有人說，台灣最美的風景是人，其中義工服務的精神最值得提倡，而這最早應該是從佛光義工開始，半個多世紀以來，他們對社會義工精神的帶動，可謂蓬勃發展。而在中華總會祕書長覺培的協助下，光是檀講師、檀教師等就有五百餘人，他們在全世界以各種語言說法，協助人間佛教的弘揚。

此外，慈容還與慈惠、永富等，帶領「佛光山梵唄讚頌團」到世界各地巡迴演唱弘法；像英國皇家劇院、柏林愛樂廳、雪梨歌劇院、加拿大女皇劇院、美國洛杉磯奧斯卡頒獎典禮的柯達劇院、紐約的林肯中心等等，這些都為佛教音樂登上國際舞台，留下歷史的新頁，當地甚至一票難求。

所謂佛光普照，法水長流，慈容法師取得日本佛教大學社會福祉學位之後，全身投入佛教慈善、共修的弘傳教化，帶領佛教走上了都市，走入了社會，走進了國家的殿堂，自古以來，我們曾看過哪一位比丘尼有這樣的能量嗎？

出處：《話說佛光山 4・佛光山比丘尼》
2022 年 8 月出版

人間佛教弘法先鋒──慈容法師 | 017

2016 年慈容法師連任第 9 屆中華總會署理會長，由大師頒發新任署理會長證書。

慈容法師：永保熱誠的弘法者

心保和尚

　　從《慈容法師訪談錄——走進佛光，走向世界》這一本書的標題，很貼切的形容了容法師一生跟隨師父上人星雲大師在弘揚人間佛教的發心與發展。

　　在這本書裡，我們可以看到，幼年的容法師就懂得體恤父母的辛勞，在戰亂中，背著妹妹逃難躲空襲，即便汗流浹背、衣服磨破，他也不喊苦、不喊累。長大後，因緣際會，與朋友親近宜蘭雷音寺，讀到大師的《釋迦牟尼佛傳》，從此確定了向道心，從宜蘭到高雄，從台北到美國、到全世界，可以說，一心一意追隨大師弘揚人間佛教。

　　大師看到容法師的熱心服務、待人熱誠，很適合在第一線接引大眾，八〇年代台北普門寺落成啟用不久，便派他擔任住持。在大師的指導下，容法師積極舉辦各種弘法活動：佛學講座、金剛法座會、婦女法座會、合唱團、青年會、友愛服務隊等，不僅為佛光山別分院樹立了一個模板，甚至在弘傳度眾上，開立許多新意，為佛教史寫下新頁。也因為普門寺位在台北首善之都，面向社會、面向國際，擴大並促成佛光山一些海內外弘法的因緣。

　　1991年大師成立中華佛光協會，感於信眾求法熱切，1992年就在洛杉磯成立國際佛光會世界總會，可以說是人間佛教國際化重要的里程碑。為了成立佛光會，容法師馬不停蹄的在世界各地舉辦說明會、成立大會，對佛光會的推動，可以說功不可沒。

　　秉持大師指導佛光會的規

章制度，容法師一一推動，佛光會成為一個健全正派的團體。尤其一年一度的禪淨共修祈福法會，經過他指導的程序、動線，井然流暢，可以說，與會者無不生起虔敬之心，感受到十方諸佛菩薩降臨壇場，護國佑民的宗教氛圍，個個法喜充滿，也激發了萬千大眾學佛向道的信心。

早年我到美國西來寺服務，後來容法師在1995-2000年擔任西來寺住持。他知道大師、慈莊法師歷經十年建寺不易，上任後，想方設法的讓西來寺走出去，舉辦社教、公益、跨宗教活動等，增加佛教被大眾看見的因緣。期間，高爾副總統還曾到訪，讓西來寺受到高度的重視。

和容法師共事，印象最深刻的是，他秉持師父的精神照顧徒眾、信徒們，任何時候、遇到任何人，他都會主動關心：「你好嗎？」「有什麼事情嗎？」他的慈悲、精進，數十年如一日。到現在，近九十歲的他，每天依然到傳燈樓辦公，沒有一天放假，令人敬佩。

大師讚歎容法師：「我會客再晚，容法師一定是最後離開的那個人。」大師是一位大精進菩薩，容法師追隨大師弘法的毅力精神可見一般。他的行止威儀很有攝受力，樹立了一個修道者應有的精神力，讓信徒對出家人生起敬重之心。威儀可以度眾，很值得大家學習。

期望每一位讀者，除了認識人間佛教的發展，同時也讓我們學習容法師這位人間菩薩勇往直前弘法利生的向道心、實踐力。

佛光山宗務委員會主席

心保

2024年8月　於佛光山

追隨師父　集體創作走向未來

慈容法師

　　佛教，是我這一生最光榮的信仰；出家，是我這一生最明智的選擇；師父，是我這一生最重要的老師。

　　回想我這一生，很有福報，也很幸運。

　　雖然宜蘭是一個很偏僻的鄉城，但環境的阻隔並沒有障礙我學習的道路。從雷音寺開始，我就一路跟隨師父全台弘法布教，後來還走向世界五大洲。因為師父，我才能有今天的遠見，師父對我的恩惠已經超越世間父母，如同《勸發菩提心文》：「父母雖能生育我身，若無師長，不知禮義，若無出世師長，不解佛法。」唯有繼續努力把人間佛教弘揚，才能表達我對他最大的感恩。

　　七十多年來，師父帶動了佛教的發展，提升了佛教的地位；不僅把佛教帶向生活化、現代化，更重要的是國際化。今天社會人士談到佛教不只是讚歎肯定，知識分子也都以研究佛經為高尚；佛教不只在亞洲發展，連歐美人士也都開始流行參禪讀經。師父的人間佛教是走入生活，走進生命的佛教，他對世界佛教的帶動提升，是古來大德所無的。所以，印度佛教大會才會頒贈象徵佛教界的諾貝爾獎「佛寶獎」給師父。

　　回顧我這一生的工作一直都是在人群中，從歷任佛光山各個別院的住持、佛陀紀念館第一任的館長，到現任佛光山傳燈會的會長暨國際佛光會世界總會的署理會長，每一天

都不曾離開大眾。可以說，佛光山如何從宜蘭走到全台灣再走向全世界，從無到有的整個過程，我都跟隨著師父全程參與到了，自然更能理解師父弘揚佛法於世界五大洲的苦心孤詣，無非是希望人民安樂與世界和平。

數十年來，佛光山與國際佛光會如鳥之雙翼般，在全球五大洲相輔相成，努力耕耘，已經形成一股兼容並蓄的力量：沒有黨派的紛爭、沒有種族的隔閡，只有世界一家親的溫馨。正如師父所提倡的：「歡喜與融合、同體與共生、尊重與包容、平等與和平。」我們在巴西有如來之子光明教育中心、在菲律賓有光明大學、在南非有天龍隊、在印度有沙彌學園與大樹下的計畫……，還有世界各地的公益慈善活動，大家無不盡心盡力，只為傳播幸福與希望在人間。

大師的一生都在告訴我們，佛教徒的修行就是「行佛」，應該像觀世音菩薩一樣「千處祈求千處應，苦海常作度人舟」，佛教只有「走出去」，才能夠廣度眾生！

很多人會疑問：「佛光會的事務這麼多，大小會議開不完，還無數的會員要關心，好像家事、國事、天下事都是我們的事。究竟如何在這當中保持不忘初心？」其實，人間佛教的修行就在日常生活中，佛法就在眾生心裡，每個人來跟我們訴苦請託，不都是在跟我們講說人間的因緣果報嗎？只要想到有那多人需要我們幫助，就沒有時間煩惱跟生病，也沒有時間老，只覺得能夠被別人需要，就是我們生命的意義與價值。

其實，我從不認為自己有什麼煩惱、困難，事情來了，都有師父在指導，只要照著師

父的指示去做,任何問題都有辦法解決,更何況我天生的性格,從小就勇於接受挑戰。因此在我的一生中,不曾出現「這是個困難」的念頭;我只會想「如何把事情做好」、「做就對了」。只要我們心中有慈悲、包容、正派,做任何事都會有龍天護佑。

總說我這一生,受到師父的提攜很多,如果沒有師父,就沒有今天的我。因此,若說我今生能對佛教有些許的奉獻,一切都要感謝師父給我的因緣。師父不但開闊了我的人生視野,豐富了我的生命內涵,尤其師父的身教與言教,就像空氣一樣,無處不在,又像呼吸一般,融入在我的生命當中。

今天透過口述歷史,一方面表達內心對師父的深深感恩,同時也藉由親證師父弘揚「人間佛教」的艱辛歷程,希望後人能珍惜這份得來不易的成果。如今佛光山已有師父為我們建構的一套健全制度,宗務委員會就是佛光山大眾的領導階層。佛光山的宗風是「集體創作,制度領導,非佛不作,唯法所依」,這是我們一直以來的行事準則,有了這些就能如法如儀,行事不亂。未來,只要大眾心中常存「師父、常住、大眾」,三寶就永遠在我們心中,就能時時與人間佛教同在,與師父同在,現在如此,未來也是如此。

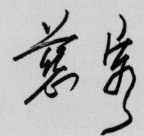

追隨師父　集體創作走向未來 | 023

蘭陽平原風光

第一章

身家背景——光復初期的台灣（家世篇）

我出生於宜蘭，一個平凡的吳姓大家庭，在那個戰後貧窮的年代，由於家中兄弟姊妹眾多，使我比同齡的孩子更提早學會分擔家裡大小事，也因此養成我獨立與不怕苦的性格。如果我有比別人更堅強的毅力與耐力，都是來自童年成長過程的環境養成的。

早年前往宜蘭都是坐煤炭火車

蘭陽平原的女兒

　　我是1936年出生在宜蘭,俗名吳素真,皈依和出家的法名本來都叫「慈蓉」,出家時,我就跟師父建議說:「出家要斷三千煩惱絲,原來『蓉』的『草』字可以不要嗎?」師父向來滿人所願,所以我的法名就改為「慈容」,這個名字也成為我一生修行的目標:「以慈悲的容顏,凡事與人為善。」

　　宜蘭,過去老一輩的人稱這裡叫做「噶瑪蘭(Kbalan)」或「甲子蘭」,宜蘭是翻譯過來的名稱。宜蘭一邊靠太平洋,一邊靠中央山脈,中間就是蘭陽平原,從北宜公路看下去,一望無際延伸到海的稻田,是當地最美的風景。龜山島是蘭陽的地標,不論坐火車或開車,只要看見龜山島,就知道宜蘭到了!它就像宜蘭人的母親,有一種家人般的親切。

宜蘭人講閩南語（福佬話），有一種特殊腔調，最後一字會出現「ㄥ」的鼻音，讓人一聽就知道是不是從外地來的。比如，在日常生活中，會把煮飯念成「朱奔」、煮麵就念「朱咪」，還有「柑仔黃黃軟軟酸酸」、「呷飯配魯卵」。像我們稱讚一個人或一件事很好、很特別，或東西非常好吃，就會在前面加一個「勁」字，表示非常的意思；例如：「勁」好呷、「勁」水，非常好吃、非常美。這個「勁」字的口音是宜蘭人獨有，我講的台語，有些地方會跟大家不一樣，就是這個緣故。

宜蘭是一個比較保守的地方，過去雪山隧道還沒有開通前，北部與東部的交通往來只能靠火車、北宜公路和濱海公路三條路線，還有一般人不常走的草嶺古道。

早年坐火車到台北要花掉半天時間，而且都是燒煤炭的火車，沿途像猴硐、平溪、雙溪、三貂嶺都是出產煤礦的地方。師父說過，一趟路坐下來，要經過好幾個山洞，不但鼻孔黑了，臉跟全身也都沾滿煤炭灰了。

宜蘭跟台北之間隔了一座大雪山，因為對外的交通不便，反而保存了自己純樸厚道的特性。就像人家形容宜蘭人的性格，像宜蘭特產「糕渣」，外表看起來冷冷的，但吃在嘴巴裡是會燙口的。所以宜蘭人雖然看起來冷冷的，但其實他們內心很熱情、重情義。

當初，師父會留在宜蘭，就是宜蘭人這種很淡（不熱）、很慧（聰明）、很實（不虛榮）、不張揚的性格。如他自己所說，高雄信徒都熱烘烘的招呼接待，他一個年輕人受不起這樣的熱情接待，他比較習慣宜蘭人這種淡淡的性格，讓他感覺就像回家一樣，不用招呼，來去很自在。

宜蘭念佛會佛七法會是全宜蘭人的大事,連在外的遊子都一定回鄉念佛。

民間信仰盛行　百姓生活純樸

　　前面說過,蘭陽平原都是稻田,種田的人很多,農作物收成是靠天吃飯,所以宜蘭人很重視「敬天祭祖」,主要信奉媽祖、城隍爺、開漳聖王、土地公等民間信仰,宮廟非常多。像我家到雷音寺不到幾公尺,中間就有一間「同興廟」;雷音寺後面是「慶和廟」,宜蘭電信局旁邊還有一間宜蘭有名的「昭應宮媽祖廟」。可以說「三步一小廟,五步一大廟」,佛教寺院則很少聽說。

　　宜蘭最有名的就是城隍爺信仰,宜蘭城隍廟大約從清代到現在有二百年歷史,每年農曆二月初八是迎城隍爺的日子,會有神明巡境。我們小孩子就會跟著媽媽去廟裡拜拜,看「鬧熱」(台語,熱鬧的意思),傍晚再去看歌仔戲。廟會是那個年代比較熱鬧的慶典活動,家家戶戶都會參加,已經成為一種民俗文化。

過去佛教在宜蘭並不興盛，沒聽過什麼念佛、拜佛的活動，更沒有人在講經說法，是師父到雷音寺後，才把佛教弘揚開來，被大家看到。過去我家也是屬於民間信仰，是師父來了雷音寺後，才開始親近佛教。

像依來法師（九妹吳素梅）說的，師父給他們最深刻的印象是每逢農曆過年初一彌勒佛聖誕日，就會帶著一群蓮友到熱心的信徒家普照，而我們家通常是第一家。到了農曆四月初八，全宜蘭市的人都在慶祝佛誕節，再到年底的彌陀佛七，整個宜蘭市就像過年一樣熱鬧，連外地上班的人都趕回來參加。

那時，依來法師還在兒童班學習，小朋友在雷音寺念佛結束後，就會擠到念佛會講堂繼續念佛。為什麼？因為等一下念佛結束會發點心，而念佛會的點心比兒童班的點心還要大份，小孩子就是為了這個去參加念佛的。在那個窮苦的年代，物資很少，念佛會、兒童班的點心很吸引人，成了小朋友念佛的動力之一。

師父就是有辦法做到讓佛教成為全宜蘭人的佛教，只要雷音寺有活動，幾乎就是整個宜蘭市的大事。大家都打從心底對師父產生「好了不起」的讚歎，相較於一般人只是把佛當神拜，有事才去寺院求佛的信仰，大家開始對師父推動的「生活化的佛教」、「人間化的佛教」有了新的認識。

廣結善緣是吳家祖風

我的俗家在宜蘭中山路上，距離雷音寺幾步路而已。祖父吳秀清是單傳，只生我爸爸吳水成這麼一個兒子及三個女兒，家中任何

事都是以祖父為大。媽媽吳陳雙昰是一位傳統的家庭婦女，從小就被送到吳家幫忙，非常勤勞安分、刻苦認命。

　　爸爸的個性非常好，從來沒有罵過我們，媽媽比較嚴厲，會要求我們把事情做好，很有原則。祖父偶爾替人家看病，像鄉下的郎中大夫一樣。因為早期台灣鄉下醫療不發達，一般人都是去中藥店抓藥自己煎煮。祖父治病有一套方法，我記得以前如果有人喉嚨痛，祖父會把粉紅色的藥放在紙上，再把紙捲起來，對著患者的舌頭輕輕吹下去，過一陣子，對方就能把痰咳出來，然後祖父再開藥單給他。

　　爸爸也傳承了祖父的衣缽，會幫人把脈、開藥方，附近鄰居有一些小病，都直接來找我爸爸問診，請他把脈、抓藥、煎藥，所以從小家裡都飄著中藥味。很多孩子受驚嚇，也都來找我爸爸「收驚」，他會用金紙在孩子的前胸、後背繞一繞，再讓孩子跨過金爐，小孩就會好睡。所以我家常常有人來問事，我也就自然地在他旁邊當小助手，也和爸爸學習了不少漢字。

　　前面講到我的母親很儉約刻苦，家裡的大小事多半是她在操勞。過去家家戶戶都有種田，一到秋天收割季節時，左鄰右舍就會互助合作幫忙收割；今天到張家去割稻，明天到李家去收成。如果遇到偏遠一點，沒有人喜歡去割的稻田，對方都會來拜託爸媽幫忙。祖父總是告訴我們：「詰者呷戇人，戇人呷天公。」（台語）意思就是只要認真本分做事，老天爺自然會來幫忙。說也奇怪，我們家運氣很好，每次去收割稻米時，總是遇到好天氣，很快就順利收成。所以俗話說：「天公疼憨人」就是這個道理。

　　收割後要曬稻穀，需要有空地，從我們家到雷音寺正好整排

都是走廊，左鄰右舍都很樂意借我們曬穀；媽媽為了感謝鄰居給我們方便，常常準備豐盛的點心請大家吃。就這樣，每次遇到我們家要割稻、插秧時，大家也都很願意來幫忙。媽媽這種對鄰居的感恩心，我們從小就跟著她學習，自然也養成樂於助人的隨喜性格。

我的性格　不叫苦不喊累

　　台灣光復（1945）前後，那時每一戶人家的孩子都很多，我們家是十一個孩子的大家庭，我排行老五，上有一兄三姐，下有二弟四妹。在以前的年代，一般家庭若一連生三個女孩，老人家就會很盼望有一個男孩。好不容易媽媽第四胎生了一個男孩，就是我大哥，接著是我和二個弟弟、四位妹妹陸續出生，所以爸媽的負擔非常重。

　　我大姐叫吳筠、二姐吳翠娥、三姐張選、大哥吳錫璋、六弟吳錫錡、七弟吳錫富、八妹吳美惠、九妹吳素梅（依來法師）、十妹蔡素蕙、十一妹吳素芬。兩位姐姐與我相差約六到八歲，我八歲的時候，大姐已經在宜蘭縣政府上班，二姐也到當地的兵工廠工作分擔家計。我上下雖有一個哥哥、兩個弟弟，但那個年代男孩子很寶貝，重男輕女的觀念還是很深，所以家中大小事幾乎都由我來替媽媽分擔，還要幫忙照顧弟弟、妹妹。

　　那個年代，大家的生活都很清苦，任何可以吃的菜葉都不會輕易丟棄，而是把它們醃製保存起來；尤其我們家人口眾多，就要學會更多食物的製作。比如七月中元節，民間都要拜拜，我們家就會用米做糕點來祭拜，拜好後切起來存放，以備颱風來時有東西吃。

左起為未出家的慈容法師、依來法師、小妹素芬、十妹素蕙、大妹美惠。

宜蘭經常下雨，東西容易壞，媽媽就會醃製各種醬菜、蘿蔔乾，甚至自己做醬油。因為我常跟著媽媽做事，或多或少都學會一點醃漬的功夫，不過因為後來沒有再做，也都忘記了。

平時下課，我也常跟著媽媽去祖父的菜園裡幫忙。弟弟妹妹年紀小，頂多拔拔草、施施肥，我年紀長，會幫忙挑菜、洗菜，還會一把一把綁起來拿去賣。每次只要我把菜帶去大街小巷繞個兩圈，喊一喊，青菜就賣光了。這些都是平常生活中經常做的事，我很習慣，也不覺得有什麼辛苦，從小就養成勞動的性格了。

我國小一年級時，二次世界大戰（1939-1945）已經開始；當時，日本政府規定每戶人家都要備有防空洞，一旦警報一響，全部的人都要躲到防空洞裡。印象很深刻的是，我常帶著弟妹躲空襲，空襲過後，看到街上許多房子都倒塌了，甚至整排房子都被炸毀，市中心不能住人了，大家都疏散到鄉下去避難。

當時，我們有一位親戚住在龍

慈容法師（前排中）與家人合影，後排中為依來法師。

潭，只要空襲來臨時，媽媽就會帶著我們去那邊避難。從宜蘭市走到龍潭大約要一個半小時，每次都是我背著八妹美惠走路去；到最後，全身都溼透了，衣服也被磨破，但我從來沒有鬧脾氣說不背了。直到有一次，換成媽媽背妹妹，她突然對我說：「走這麼遠的路，都沒聽你喊苦過，實在很能忍耐。」這就是我的性格，從小就是這樣，不會找理由說不要，自己會承擔起來。

學校司令台上的指揮手

我讀幼稚園與國小一年級時，還是日本人統治台灣的時期，課本都是日文，老師上課也講日語。幼稚園是在一座廟裡面，就在我家菜園的對面。

日本人辦的學校，比較會舉辦各種活動，如表演、唱歌、跳舞。我從小對表演就有興趣，也常被老師選上去表演，但也有意外

的時候。印象深刻的是有一個話劇表演，老師讓我擔任主角，當時選出五個女生，我第一個出場，必須先叫大家出來。那時還是講日語「みんな みんな みんないらっしゃい」，みんな就是「請大家一起來」。老師跟我說：「みんな才對。」（重音在前）但我總是說：「みんな。」（重音在後）老師一直說不對，我試了很多次，還是念錯，老師就把我換下來。

這件事我一直記在心裡，一直很計較為什麼老師要把我換下來？我不是已經講了嗎？後來我在帶幼稚園時，就知道小朋友的心理，盡量給大家都有表演的機會，讓大家都可以皆大歡喜。

還有，過去學校都有升旗典禮，由於我的拍子和動作都很準確，從小學五年級開始，我都是擔任司令台上的指揮手，帶領全校唱國歌、升旗歌與做早操，因此，全校沒有人不認識我，這讓我覺得很光榮，也很有榮譽感。後來擔任佛光山住持的平和尚，也是跟我讀同一所學校，人間的因緣就這麼奇妙。

代表學校　參加全省演講比賽

我讀小學時，宜蘭市只有一所女子國民小學，另有一所是男生讀的「中山小學」，這兩所學校比較靠近市區。我家比較偏北邊，剛開始沒有學校，後來才成立一所「力行國小」，我讀的就是這一間。國小二年級才開學沒多久，日本與美國就開戰了，我們每天都在躲空襲，差不多有半年以上，學校沒辦法上課，等到戰爭結束，台灣也光復了（1945），我也變成三年級了。

光復後，上課開始換成讀國語，但我們過去是學日語，會講國

語的老師非常欠缺，請來的老師是受日本教育，也不太會講中文，只好用漢語來教《三字經》。漢語和台語不太一樣，漢語的用詞比台語文雅，因為我跟著爸爸做事都是念漢語，結果我比老師更會念，老師就叫我念給大家聽。一整年的時間，因為找不到適合的老師，老師換來換去，課程完全接不起來，自己也不曉得在讀什麼，在混亂當中，三年級的課業也隨著時間結束了。

雖然沒有很好的老師教我念字，但在表達上我有一點心得，也受到老師的肯定，五年級時就被選為全校代表，到宜蘭縣參加國語講演比賽，榮獲全縣第二名，同校另一位六年級的學生得到第一名。於是，我們兩人就代表宜蘭縣到台北參加全國講演比賽。

我們到台北後，發現都市跟鄉下的差距很大，台北真是人才濟濟，當然那次並沒有拿到任何獎項。雖然比賽沒獲得名次，卻讓我有機會走出後山的宜蘭到台北看一看。這件事也讓我覺得很光榮，因為我祖父、爸媽都沒有去過台北，我是家裡第一位到台北的人。比賽過後，我們全部被安排到街上去排隊，原來是迎接剛搭飛機來台灣的蔣介石總統和蔣夫人宋美齡，他們坐在車上跟大家揮手致意，我們一群學生們都拿著旗子出來迎接。那時我只是跟著去湊熱鬧，也不知道要見誰。這就是對台北的第一個印象。

升上國中後，就比較正常上課。我讀的是宜蘭中學的初中部，那時學校是以「甲乙丙丁」當作班級的次序，起先人數不多，我記得高中部和初中部大概只有兩班，不過那時學校已經開始在增建二樓教室、實驗場和球場。我的運動細胞很好，經常參加學校的田徑賽、球賽，也代表學校對外參賽。除此之外，其他大部分時間都在讀書，生活很單純，沒有太多的印象。

力行國小第八屆畢業生第二次同學會留影。（大師右為吳慈蓉，大師左為國小六年級老師）1955.01.30

第二章

求法之路——遇見生命中的導師（人道篇）

從歌詠隊弘法到下鄉布教講演，乃至環島宣傳影印大藏經，之後決定前往台中參加幼稚教育培訓等等；一路走來，年輕時並不懂人生要怎麼走，只知道師父說什麼，我們就做什麼，只有歡喜跟隨。現今回想，那過去每一步的學習，都是往後路上很重要的過程，如果沒有師父，就不會有今天的我。

1953年大師在雷音寺宣講《普門品》，由慈莊法師父親李決和翻譯。

北門口師父　開啟我學佛之路

　　師父說過，在他弘法的歷程中，宜蘭是一個很重要的據點，如果沒有宜蘭雷音寺，就沒有佛光山；沒有佛光山，就沒有遍布海內外三百多個道場，更沒有百萬以上的信眾，以及佛光山最早的第一批宜蘭弟子。雷音寺是師父真正開始他在台灣弘法的起點。

　　1952年，師父應李決和、張輝水、林松年、林長青、馬騰等居士邀請，來到宜蘭雷音寺講經，一連講了二十天的《觀世音菩薩普門品》，並為一○八位信徒主持皈依典禮。之後，來回台北幾次，又在信徒的熱心邀請下，師父才真正在宜蘭定居下來了。

師父講經　讓我走入雷音寺

　　我家住在宜蘭市中山路上，後面是中興路，距離雷音寺非常近，相隔差不多十間房子。我家的格局屬於長方形，雷音寺也是這樣，過去雷音寺大門是面向幼稚園方向，旁邊都是空地，經過三次改建，[1]才改成現在面向中山路大馬路的位置。

　　早期雷音寺是一間三合院式的龍華派齋堂（寺廟），一般民間也俗稱為「菜堂」。師父還沒有到雷音寺之前，我對雷音寺沒有特別的印象，雖然天天上班都會從寺院門前經過，但很少進去禮佛，也不好隨便打擾人家。自從師父來了以後，雷音寺就越來越多人知道，大家因為師父而認識雷音寺，又因為雷音寺位於宜蘭市的北門口，所以大家就稱師父為「北門口的師父」。

　　民國43年（1954），有一天聽到同學說：「要不要去雷音寺？聽說來了一位會講經的和尚！」我過去從來沒聽過人家講經，一聽到同學這樣講，就好奇地想：「不知是怎樣的一位和尚？」加上媽媽也勸我：「聽說寺裡有師父來，妳從小身體就不好，要多去拜佛，祈求佛祖保佑，把身體養好。」把佛菩薩和法師神化，有拜就有保佑的想法，跟民間信仰的神道教雷同，這在當時的台灣是很普遍的現象。

1　1956 年，新建的宜蘭念佛會講堂落成，但舊的三合院雷音寺還在。1963 年，雷音寺遭到歐珀颱風破壞，因而「重建」成四層樓道場，與念佛會講堂共存。1996 年，雷音寺與念佛會講堂都拆除，重建成十七層現代化大樓，同時為佛光大學城區部，經大師更名為「佛光山蘭陽別院」。

早年大師為節省電費,每於晨昏立於雷音寺門口看書。

　　第一次踏進雷音寺,只見一群人忙著包書,正要寄給讀者。當時,有信徒看見我們站在門口,就招呼說:「要不要來幫忙?」人家都招呼了,我們當然說好。就這樣,整個早上都在幫忙包書,等包完要離開時,師父就出來送我們每人一本書。在那個年代,大家普遍物質條件不好,能拿到一本新書,就跟中獎一樣,真的非常開心。

　　等到下禮拜再要去聽經時,人家告訴我們講經已經結束了,原來這是連續好幾天的講經活動,我們還以為是一個禮拜講一次。心中覺得「好可惜!都沒有聽到。」但是師父看到我們就說:「你們還是可以常來!這裡有書,可以來這裡來看看書。」我們聽了也覺得很好,因為從學校畢業以後,就很少機會再看書,所以此後每天早上五點鐘就去寺廟看書。

　　一段時間後,師父又告訴我們:「你們看過佛書後,可以寫下

讀書心得，寫好後放在佛桌的抽屜，我會替你們修改，晚上就可以來拿回去。」我聽了非常高興，覺得可以讀書又可以練習寫作，就越來越有興趣。於是，每天早上都很開心的去雷音寺讀書，下班後就很期待到雷音寺拿日記，看看師父今天幫我改了什麼。也是從那時候起，我開始學習寫文章。我們就這樣被師父善巧方便的智慧，循序漸進的接引進了佛門。

還記得我有一篇文章舉例不錯，不但被師父誇獎，還常用來講給人家聽，內容大概是這樣：「做慈善就像孩子吵鬧時，你給他一顆糖果吃，他就不吵了，這是救急；但是辦教育如同主人教育小孩，客人來了要有禮貌、有規矩，這才是根本之道。」受到師父的肯定，對我是莫大鼓勵，對於上台講說也更有信心。

那個年代還沒有電視、沒有百貨公司，我們也不愛逛街，很自然的，就把雷音寺當成聚會聯誼的地方。但是雷音寺很小，除了佛堂真的沒有可以坐下來談話的地方，我們一群人就常常站在丹墀跟師父聊天。每次聽師父跟別人講話時，我就心生尊敬地想著：「師父的學問真好，什麼知識都懂。」那時，我雖然也很想請教師父問題，但是我知道的太少，總是無法跟師父講上話。

大德圓寂　觸動我皈依三寶

1954年5月，有一天大家正在幫忙佛誕節的布置，突然師父告訴我們，他尊敬的老人慈航法師圓寂了。很快地，雷音寺的偏殿三寶殿就布置了慈航法師的追思會場。慈航法師是誰，我們並不認識，但是當師父宣讀他偉大的「搶救僧寶」事蹟時，感動了在場的

每一個人。

我心中頓時生起一種大德難遇、善知識稀有的想法，如果現在不皈依，未來不知道還有沒有機會？所以一個月後的6月13日下午就皈依師父了。當時，我們是一群青年大約八十人左右同時皈依師父，其中大部分是蘭陽女中與宜蘭中學的青年。[2]

現在在佛光山的出家弟子中，算起來我是第一位皈依師父的，那時莊法師（李新桃）、惠法師（張優理）還在社會上工作，她們都是時髦的小姐，平時穿高跟鞋、穿旗袍，對於佛教還沒有完全生起深切的信仰。他們也尊敬師父，但還沒有想要皈依，他們的皈依已經是幾年後的事了。

皈依後，師父給我的皈依法名是「慈蓉」，有草字頭的「蓉」，從那以後，我們蓮友都改用皈依法名稱呼彼此。這個名字一直用到我出家後，我很想拿掉「蓉」的草字頭，雖然師父說可以繼續使用，但我說：「我要把草字頭拿掉，頭髮都沒有了，煩惱也拿掉了。」最後，師父就同意把「蓉」字變成「容」。

在所有的皈依弟子中，第一批皈依弟子的法名是「覺」字輩，像莊法師的爸爸李決和，皈依法名「覺憨」、林松年皈依法名「覺尊」，這二位就像雷音寺的韋馱與伽藍菩薩，是師父很重要的大護法。

李決和居士是很虔誠、很發心的佛教徒，在宜蘭念佛會做了將

2　慈航法師圓寂是1954年國曆5月6日（農曆4月4日）。相關皈依內容，詳見摩迦主編：〈佛教新聞〉，《人生》第6卷第7期，北投：法藏寺，1954年7月10日，頁208。

宜蘭早期護法弟子，前排右起：郭愛、李居士、李決和；後排右起：李慈莊、林慈雲、潘慈珍；前排左一阿免姑。

近三十年的總務主任，後來還跟著師父出家，法號「慧和」。他們一家三代都有人出家，可說是師父最忠心的護法，也是標準的佛光人家「一師一道」的楷模。

　　林松年比較年輕氣盛，做事很能幹，對佛教熱心護法，常常告訴師父要做這個、要做那個。唯一的缺點就是性格比較剛毅，說話總是氣勢很高，對師父比較沒有禮貌。例如，師父在大殿旁的小房間讀書，他每一次來找師父，也不先敲門，就直接用腳把門踢開，看到師父在房裡，才說：「你在啊！」像這種情形，我們現在人早就受不了了。但是師父一直都很包容，從不跟他計較這種小事，從這些小地方，就知道師父是多麼能夠忍耐、包容的人。

　　提到林松年，就要順帶一提他的阿姨──郭愛菩薩，我們大家都稱她「愛姑」。她是受日本教育出身、有錢人家的小姐，沒有

結婚，所以跟林松年的媽媽住一起。愛姑是助產士，認識很多人，許多蓮友都是她接引進來的，對雷音寺的大小事都很關心，對師父尤其非常恭敬。她常常煮飯菜給師父吃，但都只煮給師父一人吃，看到師父吃飽了，就直接把飯菜拿走，也不管其他人還在吃飯，就是這麼直爽的一個人。我們當時因為都還是小姐，當然沒有說話的份，也只能由著她。

另外，提一下之前在普門寺服務的吳寶琴師姑，她是師父的第二批皈依弟子，法名「心」字輩，叫做「心玉」，她們家是「開蘭第一人」吳沙的後代子孫。寶琴家住在宜蘭四結（現稱四城），愛姑是她的阿姨，因為阿姨的介紹，寶琴很早就到雷音寺服務，比我們還要早親近師父。那時，她媽媽因為身體不舒服，就住在雷音寺養病，等媽媽病好後，她就不回去了，留在雷音寺幫忙大小事。我們去共修會時，她偶爾也會參加，但很少跟我們青年歌詠隊往來，所以彼此並沒有很熟識。

週六念佛會　從敲法器到彈風琴

皈依以後，師父希望給青年有發揮的舞台，並且也能來參與共修，特別為我們聘請在澎湖弘法的廣慈法師來教導我們敲法器及唱誦。廣慈法師過去曾在大陸寶華山當過維那，是正統的海潮音唱腔，而且唱念敲打樣樣行，又是師父棲霞山律學院的同學，當然請他最合適。

我們差不多訓練一年以後，就分成兩組輪流在週六念佛共修會上敲法器。慈莊與慈蓮聲音好，都是當維那，師父說我的音感好，

大都排我敲木魚跟鈴鼓。另外，週三消災法會在白天舉行，是由妙專師、妙觀師負責，因為我們青年都在上班。

過去，師父都說我的木魚敲得最好，事實上，我覺得我的鈴鼓敲得更好。不過，打佛七的時候師父還是要我敲木魚，因為我的拍子比較準確，而且常常敲也體會出一些道理。比如敲木魚的人要掌握大眾速度快慢，節拍要讓大眾有喘息的機會，才能引導大家順暢的唱誦；誦經要順著呼吸的速度，信徒才不會唱誦得很累、很煩躁，也才能越念越歡喜。

所以司法器的人要把自己融入法器中，去感受自己跟大眾的呼吸是不是一致，要隨著大眾聲音的高低起伏有強弱變化，並不是一成不變的敲，這樣才能讓大家念出海潮音的感覺。這就是我喜歡參加念佛共修會的原因，只要司法器，就會讓我更能專心在佛號裡。

過去曾經有過一個念佛靈感的親身經驗。我記得在雷音寺時期，曾經有一位信徒快要往生了，師父因為忙不能前往念經，就派我去跟那位信徒念佛結緣。我在他旁邊念著、念著，也不知道經過多久，對方竟然醒了，一家人都很歡喜。信仰的力量，真是不可思議，也讓我對念佛深信不疑。

另外，師父過去就對老一輩的念佛共修會的程序有心改革，雖然他受的是傳統叢林教育，但是他很清楚一成不變的念佛形式，沒有辦法接引現代人學佛。所以，他把念佛會的程序作了新的調整。例如：過去的念佛會只是單純念《阿彌陀經》，後面再念佛、繞佛；師父則是保留誦經念佛為一小時，後面再加上四十分鐘的佛法開示。由於師父的開示很生活化，不是一般刻板的佛學名相，所以整個共修會的氣氛就變得有生氣了，念佛會的人也越來越多。之

後,師父又增加星期三上午的消災法會,雷音寺就越來越熱鬧了。

以前的共修都在雷音寺,念佛會講堂落成後(1956),就改到講堂共修。隔年(1957),我從台中保育人員訓練班回來後,法會時師父就改叫我彈風琴,從〈爐香讚〉開始到〈讚佛偈〉,從念佛到〈三皈依〉、〈回向〉,都是風琴伴奏。另外,不論是週三還是週六的共修,回向的時候,都不唱傳統的〈回向偈〉:「願以此功德,莊嚴佛淨土,上報四重恩,下濟三途苦。若有見聞者,悉發菩提心,盡此一報身,同生極樂國。」而改唱師父寫的〈西方〉。

〈西方〉
　　苦海中,一片茫茫,
　　人生像一葉小舟,飄泊在海中央,
　　聰明的人兒,想一想,我們的目標在何方?
　　一刻不能猶豫,一刻不能停留,
　　趕快持好佛法的羅盤,
　　搖向那解脫安穩的西方!

　　娑婆界,黑暗無光,
　　人生像一個盲者,徘徊在歧途上,
　　聰明的人兒,想一想,我們的歸宿在何方?
　　一刻不能徬徨,一刻不能妄想,
　　趕快點亮心靈的燈光,
　　走向那清淨快樂的西方!

〈回向偈〉以現代曲風傳唱，這在當時是很大的突破，師父對佛教唱頌的改良，是對傳統共修很大的突破。此外，結合法器跟風琴一起的共修，是師父首創的，當時教界沒人敢這樣做。不過，有音樂伴奏的共修會，誦起經來很好聽，反而很能吸引我們這些青年人學佛，感覺就像基督教徒在教堂唱聖歌一樣，既創新又莊嚴，信徒也唱得很歡喜。像當時還是青年學生的林清志、林秀美回憶說：「我們都覺得這樣很好聽，沒有什麼不好；尤其很奇妙的是，老信徒們都唱台語，我們都跟師父唱國語，但是大家很和諧，沒有不搭調又有新意。」[3]

後來，我跟著師父環島宣傳影印大藏經時，走過很多寺院，都沒有見過哪一家寺廟的共修法會跟念佛會一樣，心中一直很好奇師父為什麼能想出這樣創新的想法？尤其，多年後我們聽師父說，當時台北有些大德很反對師父這種共修型態，認為師父要把佛教唱沒了。不論別人怎麼說，我們在宜蘭都唱得很歡喜，念佛會越唱越多人，也沒有人反對。

所以，歌詞也是文字般若，可以淨化人心，音樂能感動人心，讓人的心變柔軟，師父音樂弘法的理念很前衛，從剛開始受到佛教界保守派的批評，到帶動大家效法學習，師父要扛住的壓力，真不是一般常人可以理解。

---

[3] 2022 年 1 月 13 日於宜蘭蘭陽別院採訪佛光會檀講師林清志、林秀美老師口述當年回憶。

青年歌詠隊　菩提心開始萌芽

　　1954年4月4日，師父組織佛教青年歌詠隊時，我是第一批參加的隊員。起初，只有念佛會的青年蓮友參加，但師父為第一批青年皈依後，一下子歌詠隊就增加八十多人，當時林松年還跟師父說：「不能再宣傳了，我們的場地已經容不下了。」歌詠隊的成員大多數來自蘭陽女中、宜蘭中學、宜蘭農校，還有通信兵學校的學生。練唱的場地就在雷音寺大殿，每週四晚上七點半開始。那個年代擁有一架風琴是很洋派的，尤其在寺院裡面有琴聲，當然就吸引了一群青年人來雷音寺，畢竟唱歌比拜佛時髦！

　　那時教我們練唱的都是宜蘭很有名氣的音樂老師，如宜蘭中學音樂老師楊勇溥，他也在宜蘭農校教音樂，是歌詠隊的名譽隊長。他譜曲的作品經常獲獎，是台灣出名的作曲家，有一首〈我的家在大陸上〉就是他的作品。

　　另外一位是裘德鑑上校，他是歌詠隊的隊長，在通信兵學校擔任體育教官，很有才華的一個人，不但有音樂專才，還是畫家，他的西洋畫曾在江西藝展中得到第一名。他當時已經吃素很久了，是很虔誠的念佛會蓮友，對師父很尊敬。另外，楊錫銘、周廣猷，也幫忙謄寫樂譜，都是很護持歌詠隊的軍中幹部。[4]

　　每次我們練唱到晚上九點下課後，師父就會過來招呼關心。師父的知識很淵博，什麼人、什麼話題都能聊，我當時就很敬佩師

---

[4] 詳見楊勇溥：〈音樂與生活〉，《菩提樹》第38期，台中：菩提樹雜誌社，1956年1月8日，頁20。

第二章　求法之路──遇見生命中的導師（入道篇）

大師在念佛會講堂開示（右為周廣猷）。1960年

大師與宜蘭念佛會青年歌詠隊隊員合影（一排左五為隊長裘德鑑、最後一排左一吳慈蓉、中為名譽隊長楊勇溥）。

青年歌詠隊隊員於念佛會講堂練唱

父，心想，一個和尚這麼年輕又有學問，很希望自己也可以跟師父講上幾句話。但是往往這個人講完了，換那個人講，那個人還沒講完，這個人又搶先去了，我等了老半天，卻一句話都輪不到。我不是那麼會表達，又不敢跟人家搶說話，所以雖然常常去雷音寺，但是很少跟師父講話。

歌詠隊成立後，我們一群年輕人因為有交流和表演的因緣，有事沒事都喜歡到雷音寺走動，師父就會帶著我們到處弘法。比如：每年佛誕節的表演跟遊行、平時的下鄉布教活動等等。尤其1955年「宣傳影印大藏經」環島布教，宜蘭青年歌詠隊跟著沿路宣傳，走遍全台灣的大寺院，可以說佛教界大德法師，沒有人不認識宜蘭念佛會了。

慶祝佛誕　從頭城走到蘇澳

歌詠隊成立的那一年，雷音寺舉辦慶祝佛誕節多了我們的加入，活動就非常熱鬧了。除了浴佛法會，還有戲劇表演，其中大家印象最深的就是〈蓮華女的覺悟〉話劇演出，這是慈莊跟慈惠二人共同合演，內容很精彩；另外還有歌詠隊隊員合唱〈菩提樹〉，以及其他小朋友的表演節目。

最吸引大家的，就是看幻燈片說故事，師父很早就從日本引進幻燈機，他請李決和老居士及慈莊的姊姊李美惠播放。一連四天，雷音寺浴佛的人潮，從早到晚沒有停過，過去我從來沒看過這麼多人來雷音寺拜佛，這是我第一次看到宜蘭人對佛教的熱情。當年的

1954年佛誕節念佛會信徒攝於雷音寺前（二排右六為吳慈蓉）。

活動《菩提樹》[5]雜誌都有報導。（見附錄一）

　　1955年的佛誕節活動前，師父就帶著歌詠隊還有弘法隊青年上街宣傳。我們坐在大卡車上，卡車兩邊掛著「慶祝佛誕節」的紅布條，車頭加裝擴音喇叭，早上先到北區的頭城、礁溪，中午回雷音寺，下午再往南到羅東、圓山，幾乎把宜蘭縣都走了一遍。我主要負責念廣播稿，都是念台語。台詞大概如下：

5　詳見朱斐主編：〈菩提樹影畫版・介紹宜蘭念佛會佛教歌詠隊動態〉，《菩提樹》第21期，1954年8月8日，頁34。

慶祝佛誕節,宜蘭念佛會講堂前布置紙製的太子亭與銀色大象(大象左一吳慈蓉)。1955.04.08

佛祖生到了!佛祖生到了!
明天就是四月初八佛祖生,歡迎大家相招來某某寺浴佛。
佛祖保庇大家平安健康!吉祥如意!

　　就像師父在〈弘法者之歌〉的歌詞「只望佛法可興隆」,在宣傳時,師父交代我們要為當地的寺院宣傳,比如到礁溪時,就宣傳大家到募善堂浴佛;到冬山時,就請大家到白蓮寺浴佛;去到員山時,就說到普照寺浴佛。主要是希望大家都能到寺院禮佛,把每間寺院帶動起來,去哪一間拜佛都好,從以前就是這樣。所以,這些寺院的法師都對師父很感恩,只要我們到當地布教,都受到熱情的招待,讓我們感覺寺院很有人情味。

1955年佛誕節宣傳車掛著悉達多太子聖像，車前站滿弘法隊青年（中間右二為吳慈蓉）。

1954年宜蘭念佛會青年參與佛誕節花車遊行（前排左三為吳慈蓉）。

元旦拜年　家家歡喜迎師父

　　現在的寺院到了春節過年都有禮千佛法會，但早期在宜蘭念佛會，師父每逢元旦過年都會帶著歌詠隊隊友到各蓮友家拜訪。蓮友們都非常開心，家家戶戶都熱情準備瓜果餅乾在家裡等待，[6] 這是新春期間最受蓮友歡喜期待的日子。我家因為跟雷音寺只隔幾間房子，師父很快就到我們家普照，蓮友們念經、唱歌，然後師父跟大家開示講話，讓全家都很歡喜。平常我們家裡沒有那麼多人聚集，

6　詳見心悟主編：〈佛教青年新春布教〉，《人生》第7卷第2期，1955年2月10日，頁27。

青年歌詠隊在念佛會講堂新春布教表演（左一吳慈蓉）

宜蘭念佛會台下聽眾座椅是木製長板椅，椅背上有一條桌板，拉起可供後面的人寫字、放經本。

師父能夠親自到我們家來家庭普照，讓我的家人直到現在談起這件事，還是津津樂道印象深刻。

師父帶著我們一家家拜年，常常這一家還沒結束，下一家的人就在門口等，沒有安排到的也過來說：「請師父也到我們家普照。」我們推說：「沒有時間了！」他們還是不死心地說：「就在對面而已啦！餅乾瓜果都準備好了！」就這樣，從早晨到傍晚，雖然都沒有休息，但是能跟著師父一起弘法，就覺得生命充滿了希望和光明，再加上唱歌和吃茶點，整天下來都非常開心，一點都不覺得累。

講堂落成　青年上台說佛法

1956年，新建的念佛會講堂終於落成，一連有好幾天的弘法大會，包括講演、話劇表演、唱佛歌、法會等等。不但師父講，也

1956年慶祝念佛會講堂落成，青年歌詠隊自製道具登台表演。　青年歌詠隊於念佛會講堂新春布教表演

安排我們青年上去演講，會唱歌的，就三、五人一組唱歌。師父安排我演講，二人一組，一位講國語，一位講台語。除了我之外，還有慈莊、慈惠、慈蓮、慈嘉、慈菘、慈雲（慎齋堂的普暉法師）等人。我曾經講過「我們的家庭」，慈莊講「佛教是保險公司」。（見附錄二）

那時，年輕的我們哪裡會講，都是師父先把稿子寫好，大家負責背了上台講說；我那時年紀輕，記憶特別好，學什麼都快。尤其，當台上的人講到精彩的地方時，台下的聽眾也會熱烈掌聲，讓我們感覺自己好像很會講，師父就是這樣給我們信心。我們在台上講，他就坐在台下聽，給我們很大的安定力量，也是一種鼓勵支持。下台後，他也會跟我們檢討，哪裡講不好，台風要怎樣穩重、手勢語速要不急不徐，甚至連台語講不好，他都聽得懂。

青年趕火車下鄉弘法

下鄉布教　我開始走入人群

　　前面提到，一群青年皈依後，很多人加入歌詠隊，只要遇到假日，師父就會安排我們外出布教。但是平時白天，大家不是上班就是上課，只能利用晚上的時間出去布教。地點近的頭城、礁溪、四結就騎腳踏車，遠一點的羅東、蘇澳就坐火車。我雖然是女孩子，但個性比一般女生勇敢獨立，跟男生在一起也懂得分寸，所以爸媽很放心讓我出門，不會太擔心。

　　印象中，第一次布教的地方是四結吳寶琴師姑的老家，他們家是傳統的三合院，屋前有很大的曬穀場，很適合一群人活動。

加上寶琴跟著媽媽學佛，對師父很恭敬，就決定先去他們家普照。當晚我們才抵達，左鄰右舍的西瓜菓品都擺在桌上了，讓我們一群青年又感動又開心。一開始的節目先唱〈三寶歌〉，之後由我先講演，再換林松年講演。當年我才十八歲，也不是團員中最優秀的，但是師父覺得我比較大方、聲音清楚響亮；加上我參加過講演比賽，台風比較穩，就訓練我上台講演。布教的內容在當時的《人生》雜誌上都有報導。（編按：原文如下）

火車上的大師

下鄉弘法記／宜蘭中學　李志燊

　　宜蘭念佛會于六月十六日，要赴四結村弘法。消息傳出後，弘法隊隊員每一個人無不興奮得雀躍起來，彷彿像要去西方極樂世界那樣喜極的心情。你看，弘法隊的隊員準備演講的演講，歌唱的歌唱……。大家忙得不亦樂乎！

　　晚上八點多鐘，東方一輪明月初昇的時候。我們弘法隊八十多個隊員，個個都懷著滿腔興奮的情緒，騎著輕快的腳踏車，排成二行進軍的行列，浩浩蕩蕩的向著目的地出發，今天是十六日的晚上，月正當頭，銀色的月光照在路上，一如天上的天河。

大師帶領青年騎著腳踏車到宜蘭各鄉鎮布教

　　輕輕的微風，吹在面上，每一個隊員騎著鐵馬，猶如在天上疾雲飛馳，飄飄欲仙，好像生活在一片佛光之中。只行了半小時，弘法的目的地到了，聽眾已在遠遠瞻望著我們。並高呼著：「來了！弘法隊來了！」孩子們更跳跳躍躍出來村外，歡迎著我們。看！還未坐定，西瓜菓品茶水都來了，他們那種求法熱誠，使我們每一位隊員深深地感動和慚愧！

　　休息了一會我們開始弘法了，最初是由小提琴、吉他、平風琴合奏一曲〈三寶歌〉，那莊嚴感人的調子，飄揚在空間，迴盪在每一個人的耳際，感動了每一個村民的心弦，撫慰著他們辛勞耕耘者的心靈。

　　奏完〈三寶歌〉後，由我們的法師說法，法師那端莊的風度、和藹慈祥的面容、宏而嘹亮的法音，一句一句打進村民的心坎，他們中間沒有一個不聚精會神地注意聽著。法師講後由佛歌隊二部合

唱〈菩提樹〉等歌曲。在我本來心中想，一般農民很少會欣賞現代歌曲，但是這次出了我的意料之外，上至古稀鶴髮童顏的老年人，下至三歲乳臭未乾的嬰兒，個個都聽得出神，眼裡放射出感激之光，他們的心跟著我們歌聲共鳴了。

接著是由吳（素真）居士闡釋信佛的意義，及請他們來參加我們神聖的念佛會。雖然吳居士是一位芳年未滿廿的少女，但她一點也沒有像一般少女那樣忸怩的羞態，她那大方而不魯莽的態度，謙恭而不畏怯的神情，清脆抑揚的聲音，滔滔不絕的法理，沒有一句不引人入勝，增加不少聽眾的信心。

然後再由林松年居士演講〈人生的生與死〉的題目。林居士通達英日語文，是對佛學很有研究的人，他講話，要你笑就笑，要你哭就哭，法師常常稱讚他是一位熱忱的弘法者，大家都靜靜的聽得非常入神。

最後是播放幻燈片，把我們念佛會活動的情形介紹給他們，在場觀眾無不讚歎羨慕。完畢之前，由林居士代表宜蘭念佛會祈禱阿彌陀佛使四結村人人得到平安和快樂。我們弘法隊下鄉弘法，就在這激動和鼓掌的聲中圓滿。我們今天為佛教播下一粒種子，總有那麼一天，這些種子有遇緣發芽的時候！

五〇年代，一般人晚上也沒什麼娛樂節目，我們的弘法活動，對大家而言除了傳教之外，也增加許多生活的趣味，因此，不論是播幻燈片、唱歌或演講，村民都聽得非常專注，尤其到了最後面介紹念佛會的課程、共修、活動時，對於佛教這麼生活化、大眾化，村民都會露出很驚訝的神情。這就是我人生中第一次的布教經驗。

宜蘭青年　走出佛教的希望

　　宜蘭雖然不大，但是有頭城、礁溪、羅東、蘇澳等地，一些鄉下的寺廟，都會來邀請師父去講演，師父就會帶著我們年輕人，大約二、三十位，一起前往布教。遇到遠一點的地方要坐火車時，一群年輕人也沒有管誰負責買票或者到底有沒有拿到票，只是聽到人家喊：「上車！上車！」我們就從旁邊的門擠上火車。到了站點，旁邊的人說：「下車！下車！」我們又一窩蜂開開心心的下車，反正跟著師父走就對了！

青年跟著宣傳車廣播布教消息

第二章　求法之路──遇見生命中的導師（入道篇）

1950年代青年弘法隊下鄉弘法合影（後面站立側頭者為未出家的心平和尚，右一吹口琴者林清志）

1956年參與下鄉弘法的成員皆有三、四十人。

到了定點後，每一個人都有不同的分工，男生搭台、拉電線、立幻燈布、架燈泡、麥克風；女生就跟著宣傳車出去鎮上繞一圈，告訴大家晚上有講演活動。我會拿著麥克風，帶著一個擴音器裝在腳踏車上，口裡念著：

佛教來布教！佛教來布教！
今晚七點半在某某廟口，有播放電影、講演佛法，
歡迎大家來看戲、聽法師講演佛法。（台語）

走完大街小巷一圈後，七點半布教正式開始，我們就各自進行，從兒歌教唱、紙戲說故事、獨唱合唱聖歌、師父開示、幻燈片播放到祈願回向，大概有這些程序。

佛教兒歌教唱

有了幾次布教經驗後,就發現小孩子比大人敢靠近我們;起初,觀眾都是遠遠的看我們,因為現場沒有椅子,他們就自己拿椅子來坐,甚至爬到樹上看表演。所以師父就調整節目,要我先教唱兒歌,但是那個年代根本沒有佛教兒歌,慈蓮跟我就自己創作,再套用日本童謠民曲帶動唱。這樣就有越來越多小朋友靠過來,父母也就跟著過來。

我們唱過的兒歌很多,有一首名稱是〈來信佛教〉,歌詞是這麼寫的:

來來來,來信佛教,信了佛教才安樂,大家來信釋迦牟尼佛。
信信信,來信佛教,大慈大悲救苦難,南無大慈觀世音菩薩。
念念念,大家來念,我們念佛才得救,西方教主阿彌陀佛。

有時是唱〈小弟弟〉兼比動作:

小弟弟 小妹妹 你們快快來,
小弟弟 小妹妹 你們快快來,
快快來念佛,念佛智慧開,佛陀保佑你,增福又消災。

這二首歌都還保留在我們山上出版的《佛教聖歌集》中,簡單易懂又好唱。我們辦幼稚園後,為了教學,又創作很多佛教兒歌。慢慢地,佛教辦的幼稚園就有很多兒歌可以唱了。

紙戲說故事

兒歌教唱完後，通常還有許多人拿著板凳站得遠遠的，師父就設計「紙戲說故事」，吸引人靠近舞台。這是在大的紙上畫〈佛陀的一生〉，大概有二十張。第一張圖講完，拉起來換講第二張，然後接連一張一張講下去，就像播放連環故事一樣。因為圖只有一個14吋黑白電視框那麼大，大家為了要看我們在講什麼，就會慢慢圍到台前，人潮就聚集了。

獨唱合唱表演

第三階段是慈蓮的獨唱，她畢業於蘭陽女中，是我們隊裡聲音最好的女高音，有人稱她是「小周璇」，她的聲音就像電視上的歌星一樣美妙，常常唱完一曲後，會有人來找她簽名。每次師父帶領我們去軍中慰勞時，總是她擔任主持人及女主角獨唱，她唱完才是我們大合唱〈菩提樹〉、〈鐘聲〉。有時還加上男生的口琴隊表演，讓大家欣賞一下節目，等到現場人潮聚集多了，師父才正式上台說法。

歌詠隊中素有「小周璇」之稱的張慈蓮

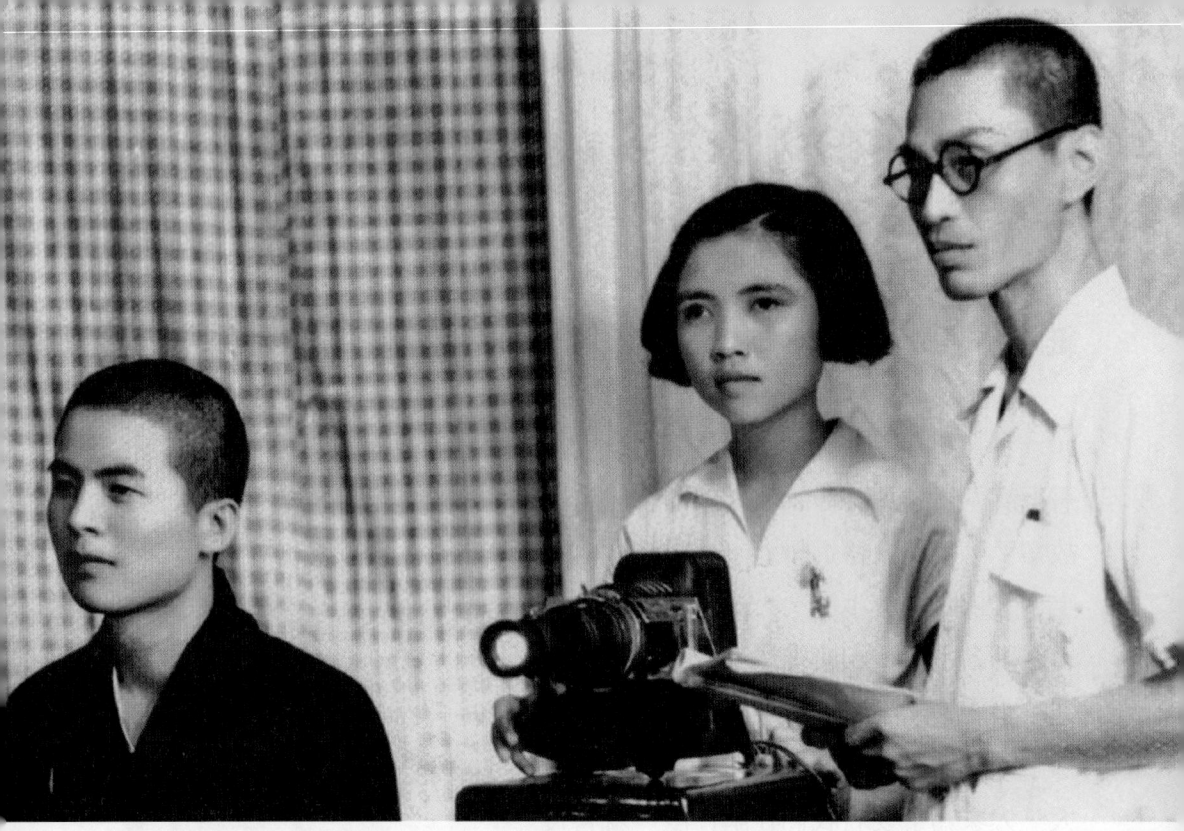

李決和與女兒李美惠協助操作幻燈機

師父說法

　　當年國語不普及，宜蘭人又都講閩南話，到鄉下布教一定要靠翻譯，通常是慈惠或者李決和二位居士負責。師父知道一般大眾不了解佛法，所以他經常說譬喻故事，聽眾就會反應很好。例如，他說佛教是保險公司、念佛會像人生加油站等等。這樣一般人不但聽得入神，又不會無聊而講話走動。

放映幻燈片

　　放映幻燈片需要兩個人來負責，一位要看著故事圖片為大眾說明，另一位要按照順序換片子，不能亂掉。有幾種故事可以播放，

像〈貧女一燈〉、〈鬼子母〉、〈夾肉的鬼面〉等等。我還記得有一齣戲劇內容是講「貪瞋痴」，「貪」是怎麼畫的呢？他說有個人看到地上有一個物品，想看看裡面是什麼東西，又不敢撿起來，怕人家笑他，就用腳踢到旁邊隱密處，再撿起來看。那個圖畫讓我印象很深刻，是在形容人心的貪念。

當年日本幻燈片畫得很逼真，像看電影，雖然沒有寫字，但是能讓人一看就懂，很容易就把佛教因果報應的觀念傳播出去，達到淨化人心的教化作用。

祈願祝禱

幻燈片播完，最後會放出釋迦牟尼佛像，然後由弘法隊代表引導大眾念師父的祈願文：

偉大的佛陀！
我們是宜蘭念佛會弘法隊的隊員，
今天我們把佛陀您的慈悲、智慧、功德帶給○○○○的大眾，
請佛陀加被這裡的人們，
讓大家在您的佛光普照下，
能夠獲得平安健康、幸福安樂。

最後，歌詠隊青年唱念佛號，讓大家陸續散場離開。

當年布教方式很多元，但是舞台很簡單，只要幾片板子放在油桶上，站上去就是我們的舞台。宮廟廣場、一般人家三合院的曬穀

1956年大師時常帶領青年前往頭城募善堂布教（二排左六為大師、三排右九吳慈蓉）。

場，都是我們布教的場地，現場拉一根電線，一顆燈泡、一個麥克風、一個幻燈機，這樣就開始布教了。

　　師父一生的性格總是「滴水之恩，湧泉以報」，宮廟在他弘法中給他的幫助，他一直銘記在心。從早年佛光山開山普門大開，歡迎神尊來山禮佛，他甚至告訴負責殿堂的徒眾：「人可以拜佛，神當然也可以來拜佛。」2011年佛陀紀念館開光落成，許多宮廟神明也都前來共襄盛舉，那一年起，至今每一年都舉辦神明聯誼會，而且越辦越大。

弘法者之歌

　　散場後，我們會到附近的信徒家用點心，吃完，再騎著腳踏車回到雷音寺，大約都已經十一點多了。鄉下人家都很早睡，腳踏車

踩在空曠的鄉間，只聽見田邊的蟲聲唧唧，還有天空的明月與星星陪著我們。正如師父創作的〈弘法者之歌〉歌詞：

銀河掛高空，明月照心靈，
四野蟲唧唧，眾生心朦朧。
救主佛陀庇佑我，為教為人樂融融。
尊者富樓那，布教遇蠻兇，
犧牲生命都不惜，只望佛法可興隆。
我教友齊努力，為教作先鋒，
不畏魔難強，不懼障礙多
個人幸福非所願，只為聖教建勳功。

佛歌入雲霄，法音驚迷夢，
周圍風習習，眾生苦無窮。
救主佛陀庇佑我，宣揚真理喜盈盈。
尊者目犍連，為法遭賊兇，
粉身碎骨心無怨，只望佛法可興隆。
我教友齊努力為教作先鋒，
赴湯蹈火去，獻身殉教來，
個人幸福非所願，只為聖教爭光榮！

我們布教的足跡可說走遍宜蘭大小鄉鎮，大多是宮廟的戶外廣場，如：頭城募善堂、開成寺、城隍廟，四城吳沙古厝，礁溪協天廟，員山普照寺、明光寺，羅東的媽祖廟，冬山白蓮寺，蘇澳張公

廟、清水祖師廟、白雲寺等等。很多地方都是隊友郭覺義先去打先鋒，他後來也成為師父領導的宜蘭佛教會的辦事人員。同時，好多寺院都請師父去住持，師父一個人實在沒有辦法分身，就推薦成一法師到頭城募善堂住持、真華法師到羅東念佛會住持，這些都是當年布教的因緣。

難忘的回憶

　　布教過程很溫馨的事情，就是鄉下人的人情味。像吳寶琴的家廟吳沙古厝，我們布教結束，她的哥哥、嫂嫂就很熱情地煮一大鍋宜蘭有名的米苔目加絲瓜湯，讓我們這群年輕人吃得不亦樂乎。還有，在蘇澳的張公廟布教前，師父一定會帶我們到山上的白雲寺用晚餐，吃住持元定法師煮的絲瓜麵線。老法師對師父很尊敬，所以也對我們青年非常愛護，他煮的絲瓜麵線到現在還令我們難忘。所以，只要到蘇澳布教，一定會到白雲寺吃晚餐或點心，還可以喝到著名的蘇澳冷泉煮的茶湯。[7]

　　談到這些弘法布教過程，感覺師父做事好像都很成功順利，其實很多困難是大家看不到的。比如，早年台灣還是戒嚴時期，集會都要先到警察局報備。1958年，為了慶祝佛誕節，特別舉辦夜間提燈大遊行，所有信徒都集合在雷音寺門口了，警察局長硬要師父解散大家，他說：「你現在要解散他們，否則違法。」

7　詳見林清志、林秀美編：《圖說大師　宜蘭啟教與發展》，宜蘭：2022 年 7 月，頁 214~215。

最後不得已，只好讓大家又各自提著燈籠回家。沒想到，反而讓整個宜蘭市大小街道上，都是提著燈籠逛街的人，變成意外的宣傳效果。像這樣受阻礙的事情不只一、二次，但是師父都沒有灰心，隔年，反而更擴大舉辦，而且很成功。[8]

　　還有一回，我們在宜蘭龍潭布教，當時師父正在台上講演，警察就走到師父後面，喊道：「下來！下來！你沒有申請，怎麼可以在這裡布教？」那時我也在現場，師父就對我說：「慈容！你先上來唱首歌緩一緩。」

　　師父下來後告訴警察：「我在宜蘭到處弘法都沒有申請。」但是，警察還是要師父宣布解散。師父就跟他說：「你可以到台前叫他們解散。」警察說：「我怎麼行啊！」師父說：「你讓我講完，他們自然就解散了。」最後警察也不敢上台喊解散，等師父演講完，大家也就自動散場了。

　　像這種弘法布教遇到困難的例子很多，現在講起來不精采，因為大家沒有感受過戒嚴時期的恐怖氣氛。雖然這樣困難，但是師父依然不畏權勢，不懼生死，勇敢地帶著我們青年在宜蘭到處布教，可以說，整個宜蘭的佛教，甚至後來台灣佛教的興盛發展，很多都是受到師父的影響。

8　詳見林清志、林秀美編：《圖說大師　宜蘭啟教與發展》，宜蘭：2022年7月，頁214~215。

大師帶領宜蘭青年歌詠隊到台北中廣電台錄音，藉法音宣流傳遞佛法（一排左三吳慈蓉）。 1954.10.17

台北錄音　中廣電台唱佛曲

　　師父一向與時俱進，1950年代，群眾主要的訊息來源是廣播電台，當時台北的中國佛教會正在推廣電台弘法，廣播組周子慎居士聽說師父有青年歌詠隊，就邀請我們到台北的中國廣播電台錄音。師父想到媒體傳播的力量很大，於是帶領我們十六名歌詠隊隊員與楊勇溥老師一起坐火車到台北錄音，晚上住進新北投法藏寺。我們在法藏寺時還唱了一首〈西方〉獻給東初法師，他是一位很嚴肅的長老，但是當天聽完竟也給我們很多鼓勵讚歎，還很歡喜地跟我們說話。

　　隔天，我們進到中廣錄音室，從下午到晚上六點才錄音完成，共錄製了八首佛歌：〈鐘聲〉、〈晨〉、〈快皈投佛陀座

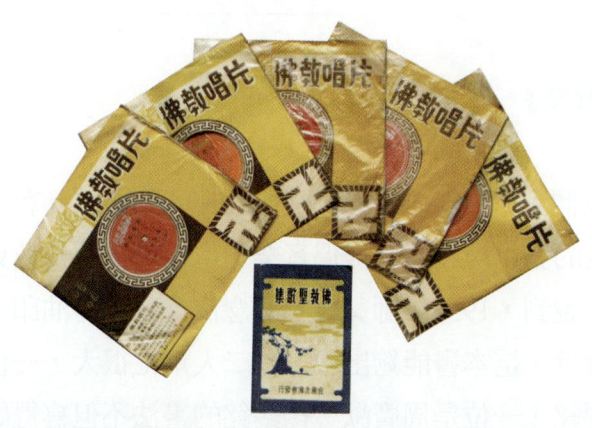

大師在宜蘭念佛會時期發行佛教界首張唱片及《佛教聖歌集》

下〉、〈念佛歌〉、〈讚佛歌〉、〈菩提樹〉、〈讚僧歌〉、〈西方〉等。廣播公司的人從來都沒有聽過佛教團體也會唱歌，給了我們很多讚美。錄完後中國佛教會還贈送一面「法音宣流」的錦旗，師父說這是佛教裡第一次有佛曲錄音廣播，以後我們的聲音，就可以無遠弗屆的在空中傳播了！[9] 在師父的帶領下弘法，可以說每天都在充滿希望和光明中前行。

結束後，師父再帶我們坐上火車回宜蘭，只知道當時他特別買了十六個麵包，發給大家當晚餐。我們問師父怎麼沒有吃，他只說不餓。事後我們才知道，師父是把身上的錢全部用光了，沒有辦法再多買一個麵包，只有推託自己不餓。

我們那時年紀輕不懂事，也不敢多問師父，現在想想，在那樣貧困的年代，他連一餐飯都有困難，寧可自己挨餓，也不讓我們受餓，只為了接引青年、發展佛教。

---

9 詳見朱斐主編：〈宜蘭佛教歌詠隊　中佛會邀往錄音〉，《菩提樹》第 24 期，1954 年 11 月 8 日，頁 32。

《佛教聖歌集》

那年我們到電台錄音時，師父已經寫了好幾首佛教歌曲，師父認為，佛教的弘揚應該要多提倡音樂，這樣可以讓佛教更容易普及社會。前面說到，1954年師父在宜蘭念佛會時就有油印本的《佛教聖歌集》發行，這本書能夠出版，有二人幫忙很大，一位是通訊兵學校的楊錫銘，一位是周廣猷。楊錫銘的書法不但寫得好，對音樂也很精通，所以他寫的樂譜，名譽隊長楊勇溥都很讚賞。師父就把他們謄寫的樂譜手稿影印結集，出版為《佛教聖歌集》。

在這些佛教聖歌中，大家最常唱的是太虛大師寫的〈三寶歌〉，但這首〈三寶歌〉太長，佛、法、僧各要唱一遍，每次開會等等正式場合，都一定要唱這首，唱完已經花掉五分鐘。師父覺得不符合現代人精簡的要求，所以一直在心中醞釀。直到佛光山開山大約十年後，在一次前往新營的路上，他福至心靈，寫下了〈三寶頌〉的歌詞。

這首〈三寶頌〉簡短莊嚴，好聽好記，人人都能琅琅上口，尤其歌詞從頭到尾，都沒有離開佛法僧三寶，是師父很得意的一個作品。歌詞如下：

〈三寶頌〉
南無佛陀耶　南無達摩耶
南無僧伽耶　南無佛法僧
您是我們的救主
您是我們的真理

您是我們的導師
您是我們的光明
我皈依您　我信仰您　我尊敬您
南無佛陀耶
南無達摩耶
南無僧伽耶

　　不過，歌曲的創作畢竟是需要醞釀的，不論寫詞、作曲也不是一下子就有靈感，每天都能創作好聽的旋律。這種情況下，師父就會找一些有名的民謠套用，例如我們選用〈我的家庭真可愛〉歌曲，套用自創歌詞，家庭普照時可以唱。這當中，最有名的一首就是師父填詞的〈菩提樹〉，他的樂曲是套用歐洲古典民謠，奧地利音樂家舒伯特的同名曲〈菩提樹〉，是我們出去布教時經常唱的一首歌。

　　當時，師父為了弘法的需要，也努力寫了很多歌詞，但數量還是有限。因此《佛教聖歌集》同時也收錄廣慈法師、心然法師、自立法師、煮雲法師、李炳南居士等人的創作，內容也比較多元，包括佛教讚唄、念佛曲調、佛教兒歌等等。甚至，後來我們因為帶幼稚園，也自己創作許多兒歌，都有編進《佛教聖歌集》。從這些聖歌，可以看見當年佛教界仍有許多觀念先進的法師、居士，很贊成用佛歌來傳教，讓佛教音樂弘法慢慢走出一條道路。

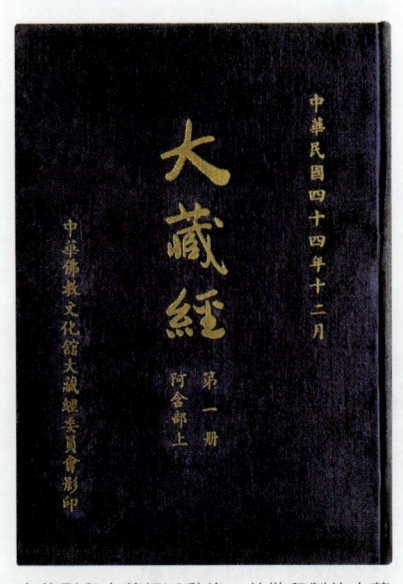

宣傳影印大藏經活動後，首批印製的大藏經。1955.12

師父領隊　環島宣傳大藏經

我們歌詠隊成員參加的另一項重要活動，就是宣傳影印大藏經活動。

早年台灣佛教還很低迷、很少人信仰，當然更找不到一套大藏經可以看，沒有大藏經就很難推動佛教文化的研究。1955年，師父的老師東初法師就發起「宣傳影印大藏經運動」，請孫張清揚女士和外交部長葉公超透過政治關係，到日本運一套《大正藏》到台灣，準備在台灣印刷流通。當時據說至少要有三百套的訂量，才能開模印製。但是影印一部大藏經的錢，相當於買一間小套房價格，不是一般人的能力可以支付的。

因此，東初法師就以他的中華佛教文化館發起「宣傳影印大藏經運動」，組成一支環島宣傳團，並且請師父擔任團長。但是師父認為自己年紀輕，教界不認識會不容易響應，就去找台北華嚴蓮社的南亭法師擔任宣傳團的團長，自己做領隊就好。之後，又加入煮雲法師（聯絡）、廣慈法師（財務）、李決和

（總務）、林松年（弘法隊），再加上宜蘭念佛會成員，覺航、覺慈、慈蓮、慈範、慈惠、慈菘、慈珍跟我八人，宣傳團就成軍了。

　　為什麼會找我們青年參加呢？因為我們青年能夠幫忙號召群眾到現場，也能活絡現場氣氛，不會只有老法師們傳統硬梆梆的講說，聽眾聆聽的意願會比較高。

　　再加上東初法師也知道師父是一位很有責任感又有文化熱情的人，交代給他，事情一定會辦到；尤其師父有一群青年可以幫忙布教，是最合適的人選。所以宜蘭念佛會歌詠隊就跟著一起參與，負責放映佛教幻燈片、佛曲教唱、宣傳廣播等等，這些都是我們平常下鄉布教就有的經驗，所以對我們來說也不是問題。

　　宣傳的人事底定，行程也規劃了，一行人很快就從宜蘭出發。沿途經過羅東、花蓮、台東、屏東、鳳山、台南、台中、苗栗、新竹，最後回到台北，中間又再跨海到澎湖，真的繞台灣島一圈。四十四天的環島布教中，走過二十七、八個鄉鎮城市、四十多間寺廟，最不可思議的是，沒有一天碰到下雨，每一場露天的布教都進行得很順利，這更增加了我們對佛教的信心。[10]

　　在宜蘭整隊後，第一站先走花東，我記得大約傍晚時間走到了花蓮。師父要開講前，歌詠隊青年會先在大街小巷宣傳廣播，一面敲鑼打鼓，一面高喊：「咱的佛教來了！咱的佛教來了！」後來直接改用麥克風廣播，請當地的人帶我們在市區繞一圈。我通常是講廣播的人，一路用台語宣傳：

10　詳見朱斐主編：〈影印大藏經委會組織環島宣傳團〉，《菩提樹》第 35 期，1955 年 10 月 8 日，頁 38。

「影印大藏經環島宣傳團」至台南法華寺。前排左二起：吳慈蓉、謝慈範、張慈惠、林慈菘、林慈玉、潘淑女、張彩霞。二排左四起：廣慈法師、大師、法華寺住持、南亭法師、妙峰法師、煮雲法師、蓮航法師等。1955.10.10

咱們的佛教來了！咱們的佛教來了！
今晚七點半在某某廟口，
有表演、放映電影及布教大會，
歡迎大家來某某廟口看表演、聽經聞法。
阿彌陀佛！

　　到了晚上，真的來了很多人，現場人山人海，大人小孩都出來，最少有五、六百，最多將近二千人。那時的台灣社會，人心很善良純樸，經濟還不是很好，一般人家裡也沒有電視機可以看，晚上又沒有商店可以逛街；有這樣一個布教大會，他們都當作是一種娛樂活動來觀看，那種熱鬧歡喜的感覺，就像逛廟會一樣。節目開始後，聽眾也都很有次序，從頭坐到尾，中途沒有人走來走去。

　　一路走下來，在東部沒有停留很多站，主要是花東的寺院跟人口都稀少。由花蓮到台東關山，這一段路程當中，我們分別走了六個鎮；這些鎮上，沒有見到任何佛教寺院，只有民間信仰的神廟。雖然如此，地方上信佛的人還是不少，因為煮雲法師更早前曾經在花東這一條線上，走過一趟布教，所以皈依他的人很多。因為這個原因，我們在花蓮、瑞穗、玉里，仍然受到很多人歡迎。

　　繞過台東後就是屏東，這些縣市，除了東山寺在市區，其他很多寺院都在鄉下，人也比較少。台灣西部的寺院就屬煮雲法師的鳳山蓮社、台中的佛教蓮社最為盛況，最令大家難忘。

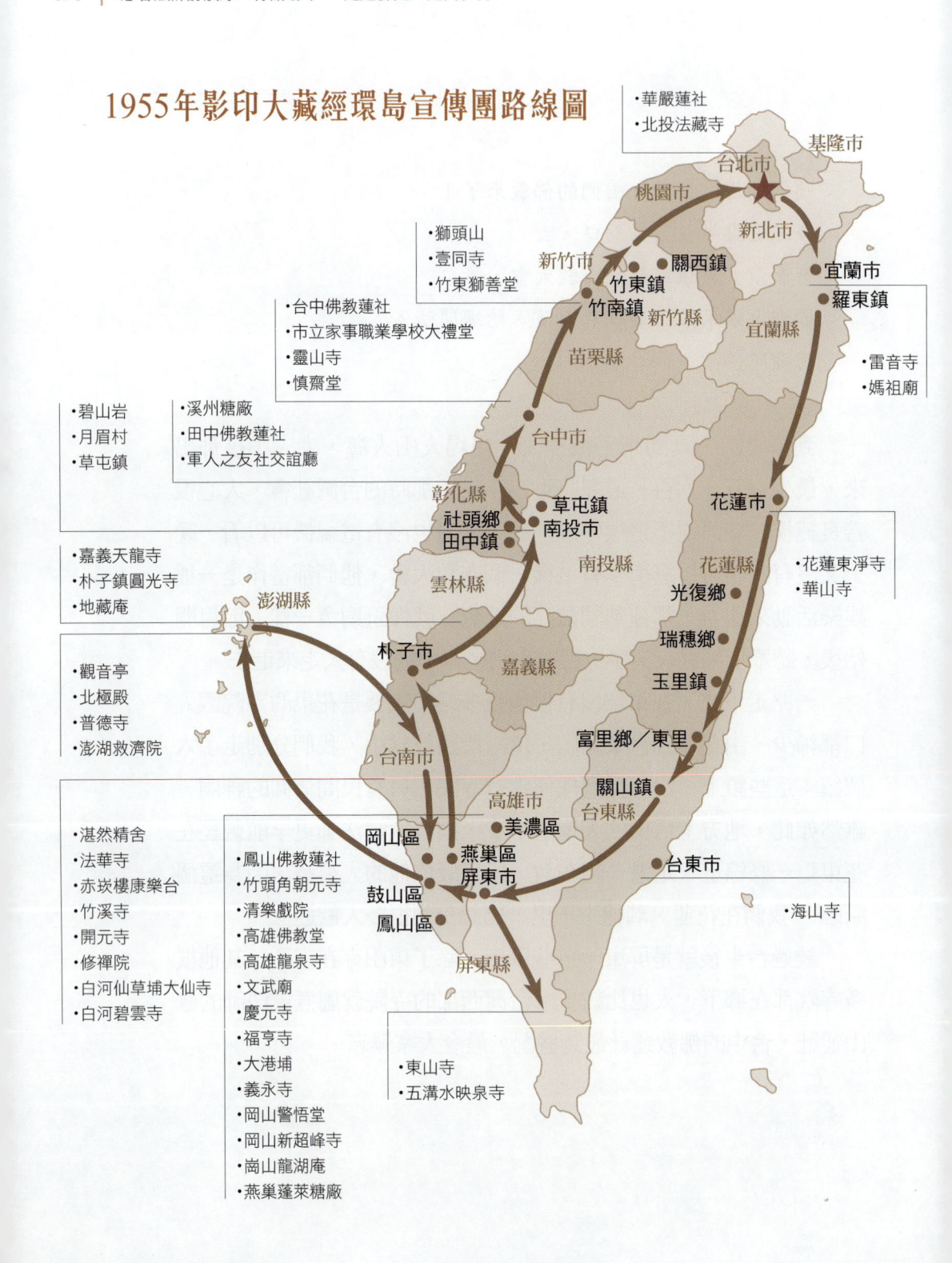

1955年影印大藏經環島宣傳團路線圖

- 華嚴蓮社
- 北投法藏寺

基隆市
台北市
桃園市
新北市

- 獅頭山
- 壹同寺
- 竹東獅善堂

新竹市　關西鎮
竹東鎮
竹南鎮
新竹縣

宜蘭市
羅東鎮
宜蘭縣

- 雷音寺
- 媽祖廟

- 台中佛教蓮社
- 市立家事職業學校大禮堂
- 靈山寺
- 慎齋堂

苗栗縣

- 碧山岩
- 月眉村
- 草屯鎮

- 溪州糖廠
- 田中佛教蓮社
- 軍人之友社交誼廳

台中市
彰化縣
草屯鎮
社頭鄉　南投市
田中鎮
南投縣

花蓮市
花蓮縣
- 花蓮東淨寺
- 華山寺

光復鄉

- 嘉義天龍寺
- 朴子鎮圓光寺
- 地藏庵

澎湖縣
雲林縣
朴子市
嘉義縣

瑞穗鄉
玉里鎮

- 觀音亭
- 北極殿
- 普德寺
- 澎湖救濟院

富里鄉／東里

台南市

關山鎮

高雄市　美濃區
台東縣

岡山區
燕巢區
屏東市

台東市

- 湛然精舍
- 法華寺
- 赤崁樓康樂台
- 竹溪寺
- 開元寺
- 修禪院
- 白河仙草埔大仙寺
- 白河碧雲寺

- 鳳山佛教蓮社
- 竹頭角朝元寺
- 清樂戲院
- 高雄佛教堂
- 高雄龍泉寺
- 文武廟
- 慶元寺
- 福亨寺
- 大港埔
- 義永寺
- 岡山警悟堂
- 岡山新超峰寺
- 崗山龍湖庵
- 燕巢蓬萊糖廠

鼓山區
鳳山區
屏東縣

- 東山寺
- 五溝水映泉寺

- 海山寺

日期	縣市	地點
9/17	台北、宜蘭	雷音寺
9/18	羅東	媽祖廟
9/19-26	花蓮、光復、瑞穗、玉里、富里、東里、關山、台東	花蓮東淨寺、玉里華山寺、台東海山寺
9/27-29	屏東	里港、潮州、五溝水映泉寺、四重溪、東山寺（布教）
9/30	高雄鳳山	鳳山佛教蓮社
10/1	高雄美濃 高雄鳳山	竹頭角朝元寺（午餐）清樂戲院（布教）
10/2	高雄	高雄佛教堂
10/3	高雄	高雄龍泉寺、文武廟前廣場（布教）
10/4	高雄	慶元寺（拜訪）福亨寺（晚餐）大港埔（布教）
10/5	高雄	義永寺（用午餐）
10/6	澎湖	觀音亭（住宿）北極殿（布教）普德寺（午飯）澎湖救濟院（布教）
10/8	台南	湛然精舍（午飯）法華寺（住宿）赤崁樓康樂台（布教）
10/9	台南	竹溪寺（參訪）開元寺（參訪）康樂台（布教）
10/10	台南、岡山	修禪院（午餐）岡山警悟堂
10/11	岡山、燕巢	岡山新超峰寺（參訪）崗山龍湖庵（午飯）燕巢蓬萊糖廠（晚飯、布教）
10/12	台南	白河仙草埔大仙寺（布教）
10/13	台南、嘉義	白河碧雲寺（參訪）嘉義天龍寺（布教）
10/14	嘉義	朴子鎮圓光寺（布教）地藏庵（布教）
10/15	南投	碧山岩（參學住宿）月眉村（布教）
10/16	南投	碧山岩（住宿）草屯鎮（布教）
10/17	彰化田中	社頭（布教）田中（布教）
10/18	彰化	溪州糖廠（參學布教）田中佛教蓮社
10/19	彰化	軍人之友社交誼廳（布教）
10/20-21	台中	台中佛教蓮社、市立家事職業學校大禮堂（布教）
10/22	台中	台中佛教蓮社／靈山寺／慎齋堂
10/23	竹南	獅頭山
10/25	新竹	壹同寺／竹東獅善堂
10/27	台北	華嚴蓮社／北投法藏寺

資料整理：編輯小組

慈容法師訪談錄　有容乃大──走進佛光　走向世界

屏東佛教支會協助「影印大藏經環島宣傳團」。1955.09.30

1955年大師帶著青年前往澎湖弘法布教。

中華佛教文化館影印大藏經委員會在華嚴蓮社成立，南亭法師（二排左二）與全體委員合影。（前排右四智光大師、左二趙恆惕資政、左三張默君委員）。
1955.08.21

大師帶著青年，以新的弘法方式，將故事繪成連環圖畫，讓聽眾看圖聽佛教故事。1955.10.20-21

「影印大藏經環島宣傳團」至台南大仙寺（前排左起：林松年、大師、隆泉老和尚、南亭法師、煮雲法師、廣慈法師。二排左起：林慈菘、潘淑女、謝慈範、林慈玉、阿免姑、吳慈蓉、張慈惠、愛姑、李決和等）。1955.10.13

「影印大藏經環島宣傳團」至鳳山，當地小朋友獻花歡迎。左起：煮雲法師、大師、南亭法師、廣慈法師。1955.10.01

早期弘法布教，講台前的位置總是擠滿小朋友。

「影印大藏經環島宣傳團」所到之處都會張貼公告通知民眾

「影印大藏經環島宣傳團」在澎湖著名的大榕樹下合影。1955.10.07

羅東念佛會合力出資請購一套大藏經，並於印出後於羅東媽祖廟供奉合影。1956.01.23

「影印大藏經環島宣傳團」至彰化溪州糖廠布教（前排左起：謝慈範、吳慈蓉、林慈玉、林慈茲、潘淑女）1955.10.18

「影印大藏經環島宣傳團」至高雄蓬萊糖廠弘法布教。1955.10.11

第二章　求法之路──遇見生命中的導師（入道篇）　083

「影印大藏經環島宣傳團」在燕巢蓬萊糖廠合影（站立者為大師，前坐者南亭法師）1955.10.11

彰化佛教支會歡迎「影印大藏經環島宣傳團」布教（前排左起：李決和、林松年、廣慈法師、煮雲法師、南亭法師、大師，二排左五吳慈蓉、右四吳寶琴）1955.10.20

「影印大藏經環島宣傳團」一行抵達台中靈山寺布教。前排左起：朱斐、林松年、煮雲法師、南亭法師、大師、廣慈法師、李決和，二排左二起謝慈範、張慈惠、吳慈蓉、林慈菘等。
1955.10.22

台中佛教　李炳南居士貢獻很大

　　此行受到最熱烈歡迎、場面最盛大的地方，就是在台中佛教蓮社。蓮社的領導是李炳南居士，他接引的在家居士很多，都非常優秀也很恭敬三寶。我們抵達台中車站時，佛教蓮社動員了五百名蓮友到車站歡迎，還有樂隊迎賓，蓮社的文藝班學生代表都出來獻花，待我們如貴賓般的禮遇。

　　佛教蓮社並不是台中最大的寺廟，但卻是中部最具影響力的寺院，主要是李炳南居士的關係。其實，台中雖然有很多佛教寺廟，如后里毘盧禪寺、市中心的慎齋堂、靈山寺，但大都是當地望族女兒出家靜修的地方，靠自己的家產就足以維持寺廟經營，弘法活動非常少，也少有信眾進出。

　　李炳南居士非常有學問道德，是大陸渡海來台的佛教居士的代表。他專弘淨土的念佛法門，不但講佛學，也講儒學，還創辦《菩提樹》雜誌、慈光育幼院、慈光圖書館、佛教菩提醫院等等，是一位很了不起的大德。因此他對中部地區的信徒很有號召力，我們到

「影印大藏經環島宣傳團」在台中市立家職布教受到熱烈歡迎。1955.10.20-21

台中就是靠他的力量發動宣傳。

　　那時《菩提樹》雜誌的主編朱斐居士告訴我們,為了這一場大藏經的宣傳活動,蓮社已經在台中縣市大力散發傳單,也在各大機關報社都作了媒體宣傳。

　　我們抵達時,他特別邀請我們這幾位參與環島宣傳的團員,跟台中蓮社中慧班的女學員交流,我跟慈蓮都被師父指定代表歌詠隊發表心得講話。這裡蓮社的青年讓我們看見了弘法的希望,是一路走來唯一看到有佛教青年生力軍的地方。

　　第一天晚餐是慎齋堂堂主張月珠供養幾位法師,我們隨團也被請去應供。晚宴後,我們就到台中市立家事職業學校,準備晚上的布教大會。

　　那一天布教先由慈蓮獨唱,之後就換我上場講演,我當時說的話到現在還記得。我說:「凡是有太陽照到的地方,就有佛教徒;有海水流到的地方,就有信仰佛教的人。」瞬間,整個台下響起熱烈的掌聲,那一刻讓我感受到,作為一個佛教徒是多麼光榮與驕傲的事,至今都忘不了這個場景。後來,有了佛光會以後,我就把

它改成：「凡是有太陽照到的地方，就有佛光人；有海水流到的地方，就有佛光人。」來呼應五大洲的佛光會發展。

在台中兩天的布教會場，人潮洶湧，裡裡外外、樓上樓下都是人，每天都有上千人聽講。當天的盛況都報導在《菩提樹》雜誌上，也把我記在裡面。（編按：原文摘錄如下）

中華佛教文化館組織之影印大藏經環島宣傳團，一行十九人，於上月二十日抵達中市，……下午三時由蓮社中慧班全體女同學以茶點歡迎宜蘭佛教女青年，藉資聯歡，座談會中並請諸法師居士列席開示，……宜蘭青年亦先後由慈蓮、慈蓉等小姐發表感想，同時本刊社長亦致詞鼓勵二地青年，最後星雲法師開示後，並由宜蘭青年合唱〈弘法者之歌〉盡歡而散。

是晚，應佛教會館請齋，飯後即分別前往布置會場，並汽車宣傳，晚七時起，假座市立家事職業學校大禮堂舉行講演歌詠大會。首由二位小姐教歌做紙劇，七時半起正式開始，由蓮社天樂隊奏〈三寶歌〉後，本刊社長先行登台做簡短之介紹詞，恭請南老法師說法，星雲法師介紹藏經，其餘節目有慈蓮小姐之獨唱〈西方〉，慈蓉小姐講演〈現代的佛教〉，宜蘭念佛會歌詠隊合唱佛曲，台中蓮社中慧班鄭瓊珠小姐客串鋼琴獨奏〈少女的祈禱〉。最後由宜蘭念佛會弘法隊林松年、李決和兩居士放映幻燈。聽眾千餘人，擠滿一堂。……

該團第二日晚七時，仍假中市立家職展開弘法大會，除南老開示，煮雲法師介紹藏經外，尚有慈蓮小姐獨唱〈鐘聲〉，慈嘉小姐講「世界名人就佛教的看法」，慈範小姐唱〈快皈投佛陀座下〉，

台中佛教蓮社及《菩提樹》雜誌社頒贈錦旗各一面予「影印大藏經環島宣傳團」及宜蘭念佛會弘法隊。一排右邊手持「燄肩法雲」者為吳慈蓉,左邊手持「教在音聞」者為張慈惠。
1955.10.21

最後放幻燈片及全體合唱〈偉大的佛陀〉、巴利文〈三皈依〉、〈佛教青年進行曲〉等,台中蓮社方面由鄭小姐鋼琴獨奏以助興,當場由林松年居士錄音帶回宜蘭。

　　兩日布教,成績斐然,第一日有慎齋堂向該團獻花,第二日有台中蓮社向該團獻「焰肩法雲」錦旗一面,本刊向宜蘭念佛會歌詠隊獻「教在音聞」世佛會教旗一面致敬。[11]

　　台中的這場布教會,因為信徒多,請購大藏經的人非常踴躍,記得廣慈法師說,台中市的訂單就有八十部大藏經,超過台北地區,是環島布教路上訂單最多的一站。

　　一路以來,我們累計了二百多部大藏經的成果,回到台北後,中華佛教文化館東初法師、張少齊與孫張清揚等人都非常歡喜,特別舉行慶功宴招待全體團員。同時,東初法師也代表印藏會頒贈「法音圓潤」錦旗,表彰師父與大家。

11　詳見朱斐主編:〈中市佛教徒掀起熱潮　紛紛認訂請大藏經〉,《菩提樹》第 36 期,1955 年 11 月 8 日,頁 38。

1957年大師與第三屆台中市保育人員訓練班學員合影。（左三周淵、左四鄭慈嘉、左五出家前的心舫法師、右一楊阿織、右二林慈雲）

　　這次環島宣傳影印大藏經活動，除了收穫二百多部大藏經外，更重要的是增長了我們對台灣佛教的認識，就像《華嚴經》裡的「善財童子五十三參」一樣，一下子見識增廣不少。雖然，一路上所走過的城鎮很多，但是寺院很少，尤其看不到幾個出家人；大部分都是神廟，如媽祖宮、王爺、土地廟等，一般民間都是神佛不分。不過，還是有許多虔誠的念佛蓮友，如彰化溪州糖廠的趙望廠長、岡山念佛會等等。只可惜，他們因為沒有法師帶領，只能自己念佛修行。

　　所以，當宣傳團的法師抵達時，大家真是歡喜不已，簡直把我們當神明般地迎接。除了大陣仗的旗隊迎接，還有放鞭炮、奏樂、獻花，茶水點心、餅乾水果更是應有盡有，可以說能拿得出來的物品，都獻給我們了。最難為的是，好幾處都希望法師們多留幾天，但是下一站總是催著我們趕快過去，就算再多幾天都不夠應付大家的熱情。

　　一趟環島宣傳的經驗，讓我學到許多講說的技巧與膽識。往後

宜蘭念佛會的很多婚喪喜慶，師父常常給我機會擔任司儀，師父會先把儀式的流程都寫好，我就安心地照著念。多年下來，訓練了我對佛教裡各種法會程序能夠嫻熟掌握，我就這樣一步一步地走上大舞台，可以說，是師父栽培我走上這一條路。

幼稚教育　我人生的起跑點

我的個性喜歡在大眾中，不想跟一般人一樣平淡過一生，在雷音寺時期，學佛才起步，還懵懵懂懂，之後有因緣跟隨師父下鄉布教，參與宣傳影印大藏經活動，看見師父為了佛教的發展那麼努力，感受到這種無求奉獻的人生很高尚，讓我也開始嚮往這種生活，並思考未來要走的道路。

前往台中　保育人員訓練班

我去台中讀幼教師資訓練班之前，是在一家私人公司做會計，為了參加弘法布教宣傳影印大藏經的行程，我就已經把工作辭了。1956年，台中市政府出資和慎齋堂合辦「保育人員訓練班」（即幼教師資訓練班），師父鼓勵慈惠去，慈惠在稅捐處上班，遲遲不能下定決心。我知道以後，就跟師父講：「我也去。」師父就說：「很好啊！那你們就有伴了。」後來，慈菘（林鴛鴦）知道了，也說她要去，最後就變成我們三個人到台中念書。

我們是第二期學員，而且是在他們開學後才進去讀，因為在我們去環島布教時，他們就開學了。當時台中市政府是主辦單位，

1957年宜蘭慈愛幼稚園教師及念佛會青年於圓明寺前合影。（二排左起張慈蓮、吳慈蓉、楊慈滿，二排右二張慈惠，前排右一蕭碧霞）

慎齋堂是提供場地食宿的協辦單位，我們三個人就住在慎齋堂；學了近一年，有半年是上課，半年是實習。除了學習基本的風琴彈唱外，最重要是編課程教案。因為幼稚教育不是國民義務教育，也還不普及，更沒有教案可以參考，教材都是靠老師自己編寫，所以是我們學習的重點。

那時，課程是大單元設計模式，一個禮拜一個單元，也就是一個主題。所有課程都要配合季節或者文化，比如這個禮拜是佛誕節，我們就會設計相關佛誕的主題，包含禮儀、唱歌、畫畫、表演等，通通都要跟佛誕節有關。若是春天到了，教材都要跟春天有關，課程非常靈活，完全掌握在老師的手上，這剛好很適合我喜歡創新的性格。

我們畢業後，師父又陸續派鄭慈嘉（出家前的慈嘉法師）、周

慈華（高雄佛教堂的周淵）、林慈雲（慎齋堂的普暉法師）、楊阿織（八卦山的依戒法師）去上課。之後，澎湖的廣慈法師、鳳山的煮雲法師也陸續派他們的青年去讀書，整個佛教界的幼稚教育，就這樣開始被帶動起來，青年也有了在佛教發展的出路。[12]

話說回來，慎齋堂堂主張月珠女士，出身台中望族，受過很好的教育，是一位氣質高貴的齋姑；跟她來往的朋友，也都是社會賢達與教界大德。她未出家前，就很有大丈夫氣概，講話很有分量跟影響力，可說是佛教界的女中豪傑。因此，台中佛教界的僧信二眾都很尊敬她，擁護她做台中佛教會理事長。

那時貴族的家廟，都是靠家族的力量來護持，不需要對外化緣；三餐都有專人負責，平常清淨修行，他們認為這就是佛教。不過，張堂主畢竟不是一般女流之輩，她懂得將善款用來辦學，禮請大德到慎齋堂講經說法，開辦女子職業補習班，以及與台中市政府在慎齋堂共同開辦「幼教師資訓練班」。後來受到大陸來台的幾位大德長老的影響，在六十歲時毅然出家，法號「德熙」。

我們在慎齋堂上幼教師資訓練班時，只是禮貌上跟她們招呼問候，也不知道要跟她們說些什麼，平常各自上課辦道，只有吃飯時間會跟她們堂裡的齋姑一起，但也只是禮貌性的往來招呼，沒有進一步談話。畢竟早期的齋堂都是給人清修的，大部分時間不會有什麼活動；所以大家平時做什麼，我們也不知道，當時的佛教可以說就是清修的佛教。

12　詳見廣慈發行：〈佛教慈幼事業的生力軍〉，《今日佛教》第 4、5 期，台北：今日佛教社，1957 年 8 月 10 日，頁 15。

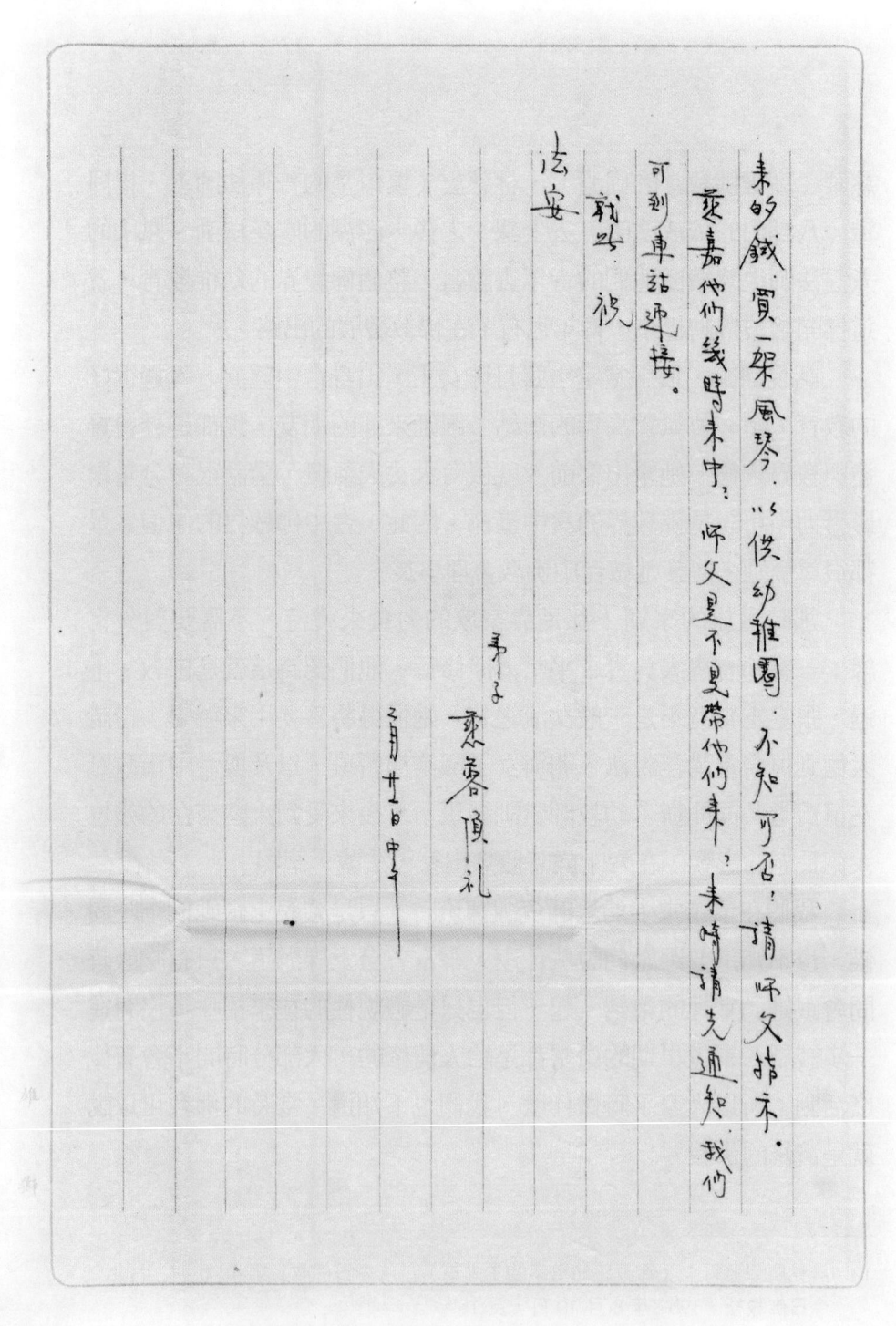

來的錢，買一架風琴，以便幼稚園，不知可否？請師父指示。慈嘉他們幾時來中？師父是不是帶他們來？來時請先通知我們，可到車站迎接。

敬此 祝

法安

弟子 慈蓉頂禮

二月十日中午

台中保育人員訓練班時期，吳慈蓉寫給大師的一封信（下）

師父：

您好，近來腳症如何？有轉佳否？現在还是打針服藥？有沒有吃西藥或中藥？我們默禱佛陀，師父能快一點痊癒。

這次來台中，乘車真難，往來旅客非常擁擠，站了幾個鐘頭，還找不到坐位，到台中時，已是晚上九時多了，師父送給我們吃餅糖，來，我們到倩家才打開，條子已看過了，錢也收下了，但我不知該向師父講什麼……

來嘉和心蘭，意爭他們的錄取消息，師父已得知了吧！這些我也不再多說了。我們畢業的日期是國曆五月十六日，本來是四月的一個月，現在我還在唸書，其事如舊，只是新學舍又來了很多，為了學生多，开班加播班，所以這兩天的功課還不能上軌道。意莪今天已調到空軍幼稚院去了。其情形，要等他回來再告訴師父，我也想調動一下，但还沒決定去写。

我們三個人在商量，想在月八日前後，開次「義賣會」，將我賣得

台中保育人員訓練班時期，吳慈蓉寫給大師的一封信（上）

在台中念書期間，我們很少外出，頂多偶爾放假時，會去《菩提樹》雜誌主編朱斐居士家拜訪。朱居士跟師父很熟，多次去宜蘭參加下鄉弘法大會。他也是一位非常熱心的人，支持師父的理念，只要宜蘭念佛會有活動，幾乎都會刊登在《菩提樹》雜誌上，是一位很具人間性格的菩薩。我們的往來，一直到後來我擔任台北普門寺住持時，都還邀請他前來作佛學講座。

再說，當年我們怎麼會有錢去台中受訓讀書？其實，都是師父繳學費給我們去讀的。

後來宜蘭念佛會每個月給師父的單銀提升為六百元，但是他自己沒有留，全部用在弘法上。他把一百五十元拿來購買銀製的卍字項鍊送青年，另外一百五十元訂購一百份《人生》雜誌，推廣信徒閱讀；其餘的一百五十元用來資助大陸來台的法師，作為就讀汐止佛學院的學費，剩餘的一百五十元，就是資助我們三人求學的費用，完全沒有自己私人存款。

我們拿著師父給的零用金，心中滿是感恩與不捨，每次花錢都要考慮很久。例如：寒暑假搭火車回宜蘭，都要到台北轉車，由於車程要好幾個小時，我們都會吃過午飯再搭車。當時素菜館少，而且台北車站附近也沒有可以吃素菜的小吃店，只有一家很貴的素食餐廳，我、慈惠、慈莊三個人，就點三碗飯、一碗湯，湊合著吃。我們從過去就是這樣省吃儉用過日子，不敢隨便亂花一塊錢，更不捨得花師父給的錢。

留在佛教　當時髦的幼教老師

　　1957年5月，我們從台中保育人員訓練班結業，開始跟著師父辦幼稚園。幼稚園位於雷音寺對面，當時那塊地是種荷花的池塘，師父就發動信徒把池塘填起來，在上面建教室。等到我們回去時，教室已經建好了。

　　幼稚園的成立需先設立一個董事會，向政府登記立案後，才能開始招生。由於這是宜蘭念佛會創立的第一間幼稚園，很多人事與手續還是要仰賴老信徒幫忙，我跟慈惠、慈容只負責招生跟上課。幼稚園如何創立，其中人事安排的艱難如何，都是多年後聽師父說了才知道。

　　慈愛幼稚園的董事有資深信徒郭愛、李決和、林松年、林長青、張文炳等人。當時，郭愛推薦要讓宜蘭市公所一位退休的科長

慈愛幼稚園的兒童設備齊全，鞦韆架經常坐滿小朋友。

美國蘇悉諦（Susiddhi）法師前來幼稚園參觀，受全園師生熱烈歡迎。1961.04.20

慈愛幼稚園全體師生於升旗典禮後在升旗台前合影（左二吳慈蓉）

　　張老先生來做董事長。但對方是公務人員出身，根本不懂辦學，所有事情一問三不知，最後負責記錄的宜蘭中學老師程郁尊，生氣地把筆一拍：「我不幹了，亂七八糟！這間幼稚園是師父辦的，董事長本來就應該由師父擔任，叫一個不相干的人來做什麼董事長啊！我不要做了！」他就這樣丟筆走人。

　　當場，大家紛紛對愛姑說：「幼稚園是師父辦的，工作都進行這麼多了，你又叫別人來做董事長，這樣怎麼對？」那個時候，張董事長已經坐在台上了，台下每個人都在七嘴八舌爭論不休，給師父帶來很大的尷尬。最後，愛姑看情勢不妙，只好說：「就由師父擔任董事長，請張先生下台吧！」張先生就這樣尷尬地被請下台。

　　師父曾說過這段回憶：「經過這番折騰，雖然走到主席台只有十步路，卻感到有十萬里路般遙遠，難道我還要再回頭，去爭個董事長嗎？為了選舉，場面要這樣難堪嗎？」但是又想到：「短短幾步路而已，只要能一鼓作氣上台，幼稚園就能成立，送出去的青年

慈愛幼稚園第一屆老師：前起依序為吳慈蓉、林慈菘、張慈惠及周老師。

戶外教學活動前，必先集合在雷音寺中庭排班，向諸佛菩薩告假。

就能回來教書了。」

　　我曾經問過師父：「為什麼大家一開始不選您？」師父說：「他們認為我是外省和尚，終有一天會離開這裡。」從這件事看到，當時外省人與台灣人之間存在著很大的省籍情結。

　　1957年，慈愛幼稚園正式開學，成為宜蘭第一所佛教幼稚園。慈惠是第一任園長，我是第二任園長。幼稚園算是學前教育，慈愛幼稚園成立以前，宜蘭雖然也有人辦幼稚園，但那些老師都沒有受過正式的幼兒師資培訓，要辦得好不容易，只有基督教辦的愛育幼稚園還不錯。

　　我們把慈愛幼稚園辦起來以後，就讀的學生年年增加，已經超出我們的預期，愛育幼稚園的人數就變少了。一大原因是我們的辦學品質好，又有家長的口碑。再說，愛育幼稚園學生多數來自基督教信仰的家庭為主，信徒人數不及佛教的人口也有關係。

1961年吳慈蓉老師於幼稚園舞台講話

慈愛幼稚園舉辦小小音樂會表演，中立者為園長吳慈蓉。1965.01.23

從北到南　十三年的老園長

　　慈愛幼稚園有很多創舉，尤其每年的佛誕化妝遊行、幼兒運動會，都是別人沒有的創意，很吸引家長參加；其中最大特色，是把佛教教育融入幼稚教育中。

　　像每年的佛誕節，都是老師跟小朋友最忙碌、也最歡喜的時候，小朋友會參加念佛會的佛誕遊行，每一班的老師都會設計不同的主題，家長也會幫孩子打扮。例如：有的班級化妝成小沙彌托

宜蘭念佛會附設慈愛幼稚園第五屆畢業紀念。大師左二吳慈蓉。1962.07.22

鉢，有的班級扮演觀音大士拿楊柳枝，有的扮演善財龍女、三藏取經，還有教旗隊、五彩氣球隊等等。

　　小朋友的隊伍從慈愛的分校——南門慈愛托兒所出發，一直走到中山路北門口念佛會。沿途家家戶戶都出來觀看，有的還燃放鞭炮慶祝，有的路人會投錢給裝扮成小沙彌的孩子，氣氛就像過年一樣熱鬧。其中，還有幾家照相館的老闆，都爭相出來搶拍鏡頭。就這樣，看熱鬧的人潮一路跟著遊行隊伍走進雷音寺，也就很自然地留下來參加浴佛典禮了。

吳慈蓉設計的教案刊登在《今日佛教》第27期。
1959.07.01

宜蘭慈愛幼稚園第七屆畢業典禮。大師左一為園長吳慈蓉、右二為教師鄭慈嘉。1964.07

慈愛幼稚園小朋友參加全縣兒童騎腳踏車比賽得冠、亞、季軍。（左四為園長吳慈蓉、左三鄭慈嘉、右四吳寶琴）

　　1959年，慈愛幼稚園第一次舉辦兒童運動會，不但轟動全縣，更是宜蘭市幼稚園空前的創舉，很多家長都到現場為孩子加油打氣。不但設加油站，還有啦啦隊，師父當年就提倡體育教育，不是現在才開始。

　　慈愛幼稚園沒有操場，我們就跟附近的國小借操場舉辦運動會，其中有很多不同的比賽項目，如：接力賽、拔河、跳繩、賽蜈蚣等等。其中有一個遊戲是「啞巴帶瞎子跑步」，就是一個人的眼睛要蒙起來，另一個人不能講話，雙方合作跑一圈再回來。這都是我當年當園長時的發明，運動會成了幼稚園的年度大事之一。[13]

13　詳見廣慈發行：〈宜蘭慈愛幼稚園　運動會熱烈盛況〉，《今日佛教》第 35 期，1960 年 3 月 1 日，頁 13。

1959 年慈愛幼稚園運動會，小朋友受獎畫面。

慈愛幼稚園園長吳慈蓉為小朋友頒獎

　　慈愛幼稚園在宜蘭一直維持非常好的辦學成績，只要參加全縣比賽，我們的孩子一定是拿冠、亞軍回來。比如，我當園長時期，宜蘭市政府連續三年舉辦小朋友騎「三輪車接力賽」，並要求全市的幼稚園都要參加；我們的小朋友連續三年都得到冠軍、亞軍、季軍三大獎。因為我們的小朋友很聰明，他們前一組把車子騎回來後，下一位就把車子拉著跑，然後趕快跳上去拼命騎。別的幼稚園小朋友因為不懂這個訣竅，自然就輸我們了。

　　當年的家長們為了表揚孩子的光榮表現，特地請來宜蘭西樂隊當前導，後面跟著慈愛小朋友，手捧銀杯、錦旗、獎品，加上三輪車隊；沿路鞭炮聲不斷，光榮地在路上接受大家的祝福，再回到寺院跟師父與佛祖報告回向。

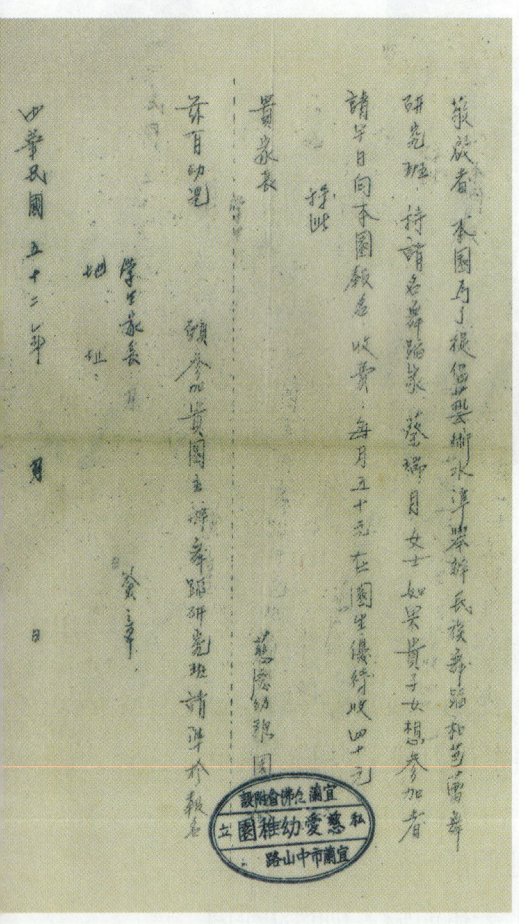

1963年慈愛幼稚園特聘請台北最有名的舞蹈家蔡瑞月,指導小朋友跳舞。

名師舞蹈教學

雖然宜蘭素有台北的後山之稱,各方面的資源、人才條件比較不夠,但師父很重視師資,不是隨便有老師就好。尤其,我當園長時,很重視孩子藝術舞蹈才能的開發,特地禮請台北最有名的舞蹈家蔡瑞月(1921~2005)老師來指導,她曾經留學日本學習現代舞,是一位很前衛的舞蹈家。她每個禮拜都專程從台北來到宜蘭慈愛幼稚園教學生跳舞。

我小妹吳素芬是慈愛幼稚園第一屆學生,有一年懇親會,我安排小朋友們跳舞表演,結果有一個學生因為害怕不敢上台,我小妹就說:「我來跳。」從那時起,我就發現她有舞蹈天分和興趣,所以鼓勵她往藝術舞蹈發展,現在她已經是台北國立藝術大學的舞蹈教授。佛光山後來舉辦多次梵唄音樂會,只要有出國表演,都請她擔任佛光梵音樂舞團的指導老師。嚴格說起來,她的這份才能,是當年慈愛幼稚園的因緣栽培出來的。

南門分園園長

慈愛幼稚園開辦不到一年，口碑非常好，學生人數已經超出教室的容納量。當時，載小朋友上課的娃娃車，每天都要從北門口開到南門口來回好幾趟，但這樣往往會耽誤上課時間。後來，師父就決定在南門找一間可以上課的學校，讓更多孩子可以進慈愛幼稚園上課。

剛好，那時念佛會學生會的會長林清志，他們家的林氏家廟在南門菜市場旁邊，交通很方便，又在市中點，空間環境清幽，適合辦學。師父就跟他爸爸商量借林氏家廟來上課，就是南門托兒所。

1959年，南門托兒所正式開學，地點在宜蘭市南興街，稱為慈愛幼稚園「南門分園」，我就從慈愛轉到南門分園擔任園長。托兒所的學生一開始就有上百名，教室依然不夠用，所以我採用「半天制」，也就是半天上課，半天留在園區遊戲。

我擔任園長後，就更加用心思考

大師借用林氏家廟成立慈愛幼稚園南門分園，1962年改稱慈愛托兒所。（圖為1963年幼教老師）

怎樣帶小朋友，而師父也給我很多教導；我不但都照著做到，甚至比師父要求的做更多，所以學生一直有增無減。當年的盛況和教學成果，都有報導在期刊上。（編按：摘錄文章如下）

南門分園位於南興街，菜市場旁邊，也招收了百多名學童，每天上下學，幼稚園都會派人接送；此外，午餐也很豐富，都是素食，開飯時，孩子都不會吵鬧，一個個都很有秩序進入齋堂，添好飯後，會等值星老師下達「開動」的口令，大家才開始吃，沒有一個調皮搗蛋，年紀這麼小就這麼有規矩，每次有人來參觀，都讚不絕口。

兒童們穿的，一律都是潔白燙平的服裝，衣服上印有藍色的「慈愛」字樣。上課鈴聲響起時，沒有人爭先恐後，每個孩子都規規矩矩的走回教室，等老師一進來，小值日生立即喊口令「立正、敬禮」，老師沒有答禮前，沒有孩子會坐下來。

南門分園的校舍很寬敞，操場有鞦韆、蹺板、盪橋、滑梯、木馬、球類等遊戲器具，小朋友玩耍的時候，都不會為了爭玩具而打架，在佛教教育的薰陶下，孩子們的品行都很優良。[14]

南門分園成立後，慈愛幼稚園跟南門分園的小朋友加起來，已經超過五百多人。到了畢業典禮就很傷腦筋了，因為整個念佛會講堂無法容納二個園區的所有孩子，若再加上家長與兄弟姊妹等觀

14　詳見子臣：〈介紹慈愛幼稚園南門分園〉，《今日佛教》第36期，1960年4月1日，頁47。

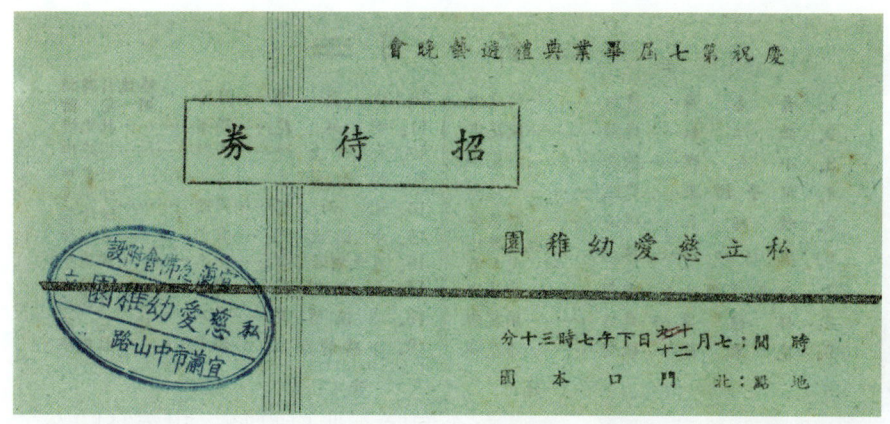

1964年慈愛幼稚園慶祝第七屆畢業典禮的遊藝晚會招待券。

禮的人，就多達一千人以上。當時整個宜蘭能夠容納這麼多人的地方，就只有一家遠東大戲院，師父就把畢業典禮移到戲院去舉辦。這樣一來，小朋友跟家長都很歡喜，感覺就像孩子在戲院表演一樣隆重。

　　1962年9月，我正式接任慈愛幼稚園的園長。當時因為台北三重文化服務處需要人手幫忙，師父就把園長慈惠調到台北協助慈莊。幼稚園由我接手後，每年的畢業典禮都有二千人出席觀禮，為了解決座位的問題，我們就將畢業典禮辦在早上，晚上舉辦家長懇親會，這樣就不必到外面借場地。

　　雖然如此，觀禮的人永遠超出我們的想像。每年的懇親遊藝會就像過年一樣熱鬧，每一位家長都是全家出動來看孩子表演。我們的節目開始前一小時，會場裡裡外外已經水洩不通，很多人都只能站在外面的坍墀、小巷、窗戶邊上觀賞。大家看見孩子表現好，幼稚園的招生就年年很順利。

1968年園長吳慈蓉攝於普門幼稚園及托兒所前。

1968年普門幼稚園老師群,右一吳慈蓉、右二吳寶琴。

南門分園成立之後,蘇澳水泥廠也想辦幼稚園照顧員工家屬小孩,當時我姐夫在水泥廠裡面上班,他就跟我商量過去協助辦學。在徵得師父同意後,我就到蘇澳台泥附設幼稚園當園主任(約1961),在那裡大約工作了一年的時間。期間,師父曾經到蘇澳來看我,並告訴我,希望我回去幫忙幼稚園的工作,讓我非常感動。

南門分園在我走後就交給慈蓮負責,由她接任園長。雖然她有帶過念佛會的兒童班,但畢竟沒有讀過正規的幼稚教育,所以幼稚園的規模就不如從前,到最後不得已就停辦了。

除了宜蘭,師父辦理的幼稚園,還有高雄佛教堂的慈育幼稚園及普門幼稚園。尤其是高雄佛教堂建起來後,師父就想要辦幼稚教育,讓高雄的佛教青年有未來的發展。

1958年3月,高雄慈育幼稚園終於設立,由高雄的青年周慈華(周淵)擔任園長,由於她剛從台中「幼教師資訓練班」第三屆畢業,所以師父要我去協助她幼稚園的教學工

壽山寺附設普門幼稚園畢業典禮，大師左一主任吳慈蓉。1967.07.20

作。我那時是短暫借調過去幫忙，印象中慈育幼稚園一開學，就有一百八十名學生就讀，創下不錯的成績。

另一所是普門幼稚園，它創立在壽山佛學院之後（1966），附設在壽山寺之下。一開始是師父叫慈惠法師擔任園長，但他要負責壽山佛學院的學務工作，每天從早到晚不離學生生活，不可能有時間待在幼稚園管小孩。所以師父就要我辭去宜蘭慈愛幼稚園的工作，南下普門幼稚園做主任，同時期還有吳寶琴，我們都從宜蘭南下高雄一起把幼稚園辦學工作承擔起來。

從1956年進入台中保育人員培訓班，1957年開始擔任幼稚園的老師，一路從宜蘭慈愛幼稚園到高雄普門幼稚園，和幼兒教育也結下了十多年的緣分，對園務工作可說非常熟悉，算是得心應手，奠定日後帶領信徒的基礎。

東方佛教學院第一屆畢業典禮，老師吳慈蓉與學生合影。（一排左三慈嘉法師、二排右二心如法師、最後一排右一慈怡法師、右二普暉法師、左一依嚴法師）1968.01.07

壽山寺東方佛教學院學生太極拳表演，前立者為老師吳慈蓉。

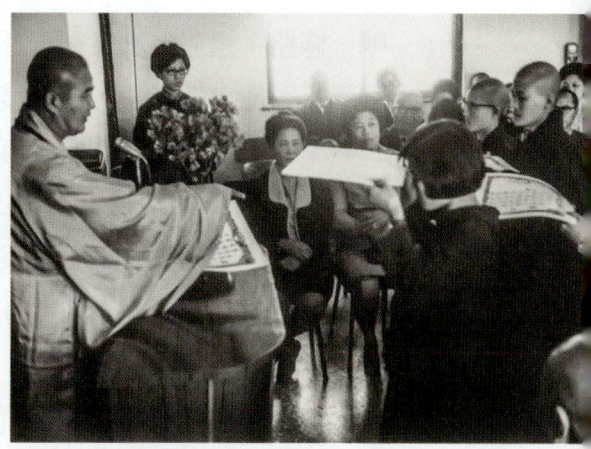

佛光山東方佛教學院第二屆畢業典禮，吳慈蓉擔任司儀，大師授予畢業生證書。地點：懷恩堂。1969.02.09

追隨師父　今生最正確的選擇

　　1965年師父創辦壽山佛學院之後，就把三重的佛教文化服務處移到高雄，慈莊與慈惠也跟著到壽山寺幫忙辦學。慈莊負責教務，慈惠負責訓導。當時師父跟我說：「你也來壽山寺教教學生唱聖歌、打太極劍。」

　　為什麼會要我教太極劍？因為在雷音寺時期，有一位太極拳大師熊養和老居士曾教過我們太極拳，他是台灣很有名氣的太極拳老師。由於他住宜蘭，也經常到雷音寺禮佛，並教我們打太極。當時，老師說我是打得最好的一位，所以第一屆壽山佛學院開學時，我除了教學生「聖歌教唱」，還有運動課程的「太極拳」、「太極劍」。

　　看著壽山佛學院的出家僧眾，我也開始思考自己的未來要走

哪一條路。過去，師父一直都沒有要收出家徒弟的想法，但我們這些青年跟他十多年了，早就發自內心皈依佛教，並願意跟隨師父為佛教奉獻。在宜蘭時期已經有吳天賜（心平和尚）、鄭慈嘉（慈嘉法師）等人出家；後來到壽山佛學院時期，又有慈莊跟慈惠同年出家。[15] 我因為家人反對，沒能跟他們同時出家，心中有很多的無奈，但也只能等待因緣成熟再說。

因緣聚合　我終於滿願剃度

起初，我要出家時，媽媽非常反對，她認為出家讓她沒面子，家裡又不是養不起我，甚至放重話：「你出家，以後就不要回來了。」爸爸一開始也不諒解，他說：「你要拜佛，我在家裡設一個佛堂給你就好了，為什麼要到寺院去修行？」

尤其，我大哥反對最激烈，他是國立海洋大學畢業，在長榮海運擔任遠洋輪船船長多年，對佛教更是沒有接觸，當然不知道我們在寺院做些什麼。他氣憤地指著我說：「在佛門裡，一無用處！你出家以後，不准再過問家裡的事。」

我把家人反對的意見報告師父，師父就對我說：「出家是長遠的事情，家人這麼反對，你就先緩一緩，等因緣成熟了再出家。以後還是要在佛門進出，不要弄得大家不愉快，對佛教產生更大誤解。」我那時也無法說服家人，只是很難過地暫緩這個念頭。

15　1963 年農曆 11 月 17 日彌陀聖誕前，第一批弟子心平、心和、心祥、心瑞出家，1965 年又有慈嘉、慈莊、慈惠出家，並一同前往法雲寺受戒。

慈容法師擔任佛光山籃球隊的裁判,投籃者為大師。

　　師父到大樹鄉開山後,壽山佛學院第三、四屆學生也陸續搬到山上上課,申請出家的更多了。這時,我心裡開始著急了,想到我的未來沒有人可以替我承擔,我的生命總不能這樣一直等待下去,就義無反顧地請求師父為我剃度了。

　　1969年9月,正好基隆海會寺因為慶祝道源長老七十大壽舉辦三壇大戒,師父要我們都去受戒。我就和東方佛教學院第三、四屆學生,還有蘭陽先修班與壽山先修班學員共六十位左右,一同前往受戒。戒期中,定和尚和我都是班首,他是沙彌首,我是沙彌尼首,我們這一團還被得戒和尚道源法師稱讚為整個戒會中年紀最輕、威儀最好,規矩最佳的一團。其實,我們早在還未受戒前,就已經把威儀規矩都學好了,當然比起其他友寺道場的年長同參們,更顯得如法如儀。

　　家人知道我出家後,都想來看我,於是在戒期間,妹妹先來看我,回去後就跟媽媽說:「姐姐剃了頭以後,無論是威儀講話,看

大師與慈容法師在佛光山靈山勝境籃球場上準備點心，慰勞參加籃球比賽成員。（右一為教練裁判）

起來都更莊嚴好看，而且看得出意志很堅定。」這句話讓媽媽聽了很放心，覺得我選擇了這條路，是自己清楚理性的決定，所以她就說：「好吧，叫他受了戒以後回來啦！」

所以我受戒後，專程回俗家一趟跟家人報告，就這樣平息了他們的不安與不解。多年後，九妹吳素梅也跟著來到佛光山的普中當老師，後來也出家了，就是現在的依來法師。想到當年我出家，是自己爭取來的，到了九妹出家時，不但全家人送她來，還歡喜祝福她，這就是福德因緣不同。

家人對我的放心是在日後我調派到普門寺當住持時，他們看到我受到信眾的肯定和歡迎，舉辦種種活動都是那麼有聲有色，對我出家的成見就徹底消除了。尤其我媽媽每次到台北，不會去住我

哥哥姐姐家，只喜歡住在普門寺，因為人家都會跟她讚歎：「你女兒很好，把寺院帶領得這麼興盛，每天那麼多人來拜佛，不容易啊！」她聽了很開心，後來也皈依三寶，成為虔誠的佛教徒。當初反對我出家的大哥，也常跟依來法師講：「我們十一個兄弟姊妹，你和容法師跟隨星雲大師出家，是最有智慧的選擇。」

我受戒回來後（1969），師父就派惠法師、嘉法師、怡法師三人去日本留學讀書，我跟莊法師留在佛學院，他負責教務，我負責學務。那段時間，每到下午三點，師父就會帶全院的師生到靈山勝境去打籃球，所以只要到下午大家都很開心，可以在球場上看見師父，打完球後還可以聽開示。

自我修行　從練習笑容開始

出家幾年後，我也慢慢發現自己需要改進的地方。

當時，我在學部做訓導主任，時常感覺到學生跟我都有一點距離。每次看到他們，想要打招呼問候一聲，他們就轉身走掉；我從這邊走過來，他們就從那邊走過去，我心中很納悶，為什麼會這樣呢？我看起來很嚴肅嗎？

後來我自己慢慢思考：「可能是我的臉不會笑吧！」師父也常對我說，我的臉不笑，人家看起來就覺得很嚴肅。我自思：「出家人要度眾生，總不能讓眾生害怕啊！」那怎麼辦呢？我就開始練習見人要微笑，希望讓學生不怕我。我開始勉強自己看見人就要對他們笑一下，剛開始對方雖然也有回應，但都是應酬式的笑，嘴巴一咧就沒了。怎麼會這樣呢？

於是我又反省：「可能我的臉也是冷冷的笑，我笑得不夠有溫度、不夠自然。後來想到一個方法，就是先開口講話，人只要一講話，臉型就會不一樣。以後，每當遇到學生走過來，我就準備「微笑」，同時還要講話：「你好！吃飯沒有啊？昨天睡得好不好？最近媽媽有沒有來信啊？功課怎麼樣？」只要開口跟學生關懷，學生回答時，臉部就會流露放鬆的表情。

所以我訓練自己講話、訓練對人家微笑，足足訓練了一年多，從此也養成我主動招呼的習慣。這是我一生中對自我改革的一個很深刻經驗。人與人相處，要給人歡喜、給人接受，讓人覺得親切，這是我覺得最重要的一件事。師父常常說「自覺」，人只有自我覺悟，才有辦法改變，不然看不到自己的缺點。

日本留學　師父栽培永難忘

我這一生一路上可以說都是師父栽培的，師父送我去台中讀書，出家後又讓我去日本深造。當時，我問師父要念什麼系？他說：「你去念社會福祉學系！」那個時候出國讀書手續要自己辦，證件也不是送到外交部，而是送到「中國佛教會」，台灣戒嚴時期，中佛會掌控佛教界的一切權力，比如傳戒、出國，都要經過中佛會的同意。

我是佛光山第二批去日本佛教大學讀書的弟子，當時我跟莊法師、依戒法師一起前往留學。依戒法師在彰化八卦山有家廟，我們雖一起前往日本讀書，但是後來他沒有繼續留在山上。莊法師比我們晚一點去日本，她是讀佛教大學通信部，因為佛教大學通信部在

1973-1976 年期間，慈容法師就讀日本京都佛教大學時拍攝。

台負責人楊白衣教授跟師父有往來，所以，佛光山一直以來都有派一些弟子參加通信部的函授教育。這個學制就是在台灣寫作業，寒暑假再前往日本上課，平常沒有正式的授課課程。

　　1973年我到了日本，就直接進到班級讀書，沒有先去上語言學校，主要是小學讀過日語一年，在聽力方面還可以，但是講說比較不行。我讀的是日本佛教大學社會福利系，系中有一項規定，就是要去養老院實習。日本的養老院，有政府辦的，也有寺院辦的，比如佛教大學的淨土宗就有辦養老院。因此回佛光山後，剛好接大慈育幼院及老人精舍的工作，所以師父對我們留學是有規劃的，後來都恰如其分地應用在佛光山起步的事業發展上。

　　順便講一下我們過去的留學生活，讓大家了解當年的不易。

　　早期去日本留學的徒眾都非常節省，不敢亂花錢，因為知道師

日本佛教大學校長水谷幸正教授與佛光山留學日本的法師合影。左起慈怡、慈嘉、慈莊、水谷幸正、慈惠、慈容、依戒等法師。

父正在開山,常住經費非常拮据。我在日本讀書時,是住在國際民族學院,那個地方只提供住宿,不負責三餐,吃飯要自己處理。所幸,宿舍離市場不遠,我就每週買一顆高麗菜,每天剝幾片菜葉切一切,加上其他的食材,就一起放在電鍋裡面煮湯,然後加一點佐料配著白飯吃。日本物價很高,即使一塊豆腐也好貴,在日本讀書的那幾年,我從來沒有買過一塊豆腐,因為捨不得花錢;心想,台灣豆腐那麼便宜,要吃,回台灣再吃就好。

我在日本的生活習慣很固定,假日會上京都的市區走走,去看看有沒有佛學研究的書籍,看到有價值的書,就把它買下來。因為台灣當時的佛學研究不及日本的水平,師父都希望我們帶一些佛學書籍回山,充實佛學院的圖書館。說起來,我們幾位留學生的錢,都是花在買書上,捨不得花錢去參觀日本寺廟。就這樣在日本留學三年,直到1976年學成歸國。

附表一

1953~1966年佛教界創辦幼稚園一覽表

序號	成立日期	幼稚園名稱	創辦單位
1	1953/05	托兒所	台中佛教會館
2	1954/09	慈愛幼稚園	楠梓慈雲院
3	1955/03	群英幼稚園	台南湛然精舍
4	1955/10	東和幼稚園	台北東和禪寺
5	1957/09	慈愛幼稚園	宜蘭念佛會
6	1957/09	鳳蓮幼稚園	鳳山佛教蓮社
7	1957/09	高明幼稚園	嘉義高明寺
8	1957/09	海山幼稚園	台東海山寺
9	1957/09	東淨幼稚園	花蓮東淨寺
10	1958/03	慈育幼稚園	高雄佛教堂
11	1959/02	南門分園托兒所	宜蘭念佛會
12	1960/10	慈能幼稚園	美濃朝元寺
13	1961/10	慶福幼稚園	雲林慶福佛堂
14	1967/02	普門幼稚園及托兒所	高雄壽山寺
15	1966/09	慈德幼稚園	北港慈德寺
16	1966/09	慈光幼稚園／慈德幼稚園	台中慈光圖書館附設育幼院
17	1966/09	普賢幼稚園	高雄宏法社

資料整理：編輯小組

附錄一

《菩提樹》第 21 期用整頁刊登大師帶領佛教青年歌詠隊於佛誕節在雷音寺布教的新聞。1954.08.08

附錄二

我們的家庭
——宜蘭念佛會新春佈教大會講稿

吳慈蓉

各位先生！各位蓮友！人生像一葉小舟，飄盪在這茫茫的苦海中，給五欲的波濤，捲得終日沈浮不定。我們每一個人，都需要有一個安穩的歸宿，每一個人，都需要一個快樂溫暖的家庭。我今天要講的題目就是「我們的家庭」。

你看！世間上最苦的人就是沒有家。還有街頭巷尾，在求食食的乞丐，有國破家亡的流浪者，有飄泊風雨的他鄉之客，天涯海角的流浪人，雖然生存在這世外，但感不到人生的一點家的溫暖，多麼悲哀啊！

他們沒有歸宿的家庭。雖然生存在這世外，也感不到人生的一點家的溫暖，那是多麼可憐！

世間上我們太需要它了，我們每一個人，天天忙碌著，不是為了建立一個幸福快樂的家庭嗎？像男女的結婚，就是為了要成立一個家庭，男人方面，在女人方面，結婚就是建設一個溫暖的歸宿嗎？由此可見，人人都少不了一個家，那三種，那三種呢？

我今天所要講的：

第一個家庭——色身、眷屬、臨時的棲息所

我們實在太幸福了，自從父母把我們生在太富貴的家庭呢？這個家庭就是我們溫暖的家庭，這個家庭就是我們活動的場所……（略）

第二個家庭——佛教、蓮社、念佛會

我今天要講的：各位蓮友！長養慧命的家是在那裡呢？大家知道，真正長養慧命的，是佛教的講堂，念佛會的佛堂，真正的歸依……（略）

第三個家庭——西方極樂世界

我今天所要講的：永久歸宿的家，就是人人所知……（略）

各位蓮友！我們要趕快告訴那些還沒有……（略）

各位！我們世俗上的人，只是為這個家庭忙碌，是不知道這個家庭是無常的，生老病死的，不讓我們永遠居住在這個家庭的，所以我們要趕快離開這個家庭，進入第二個家庭……（略）

這第二個家庭……是沒有生老病死的，是永久居住的地方，那就是西方極樂世界，我們要趕快念佛，往生西方極樂世界！

方理的念佛生在西方極樂世界的大家庭裡再聚會！

《菩提樹》第14期刊登吳慈蓉在宜蘭念佛會新春佈教大會講稿。1956.03.08

西來寺住持慈容法師與美國總統柯林頓會晤,總統盛讚西來寺對人心教化的成就。1996.04.29

第二章
創意弘法──開創佛教新格局（寺院弘法篇）

台北別院是我走向寺院弘法的第一站，也是我投入人間佛教事業很重要的起點。

佛光山打開了台北佛教的大門，所有信徒都往我們這裡來，不論是教育、文化、慈善、共修，都得到前所未有的發展。

師父對普門寺與台北道場的弘法指導，不但為台灣佛教的弘法注入了一股活水，同時也是日後佛光山與佛教界學習的範本。今日佛光山五大洲的開展，不能不說與普門寺有著千里因緣一線牽的緣分。

佛光山開山初期，大師與開山長老們視察工地。（大師右三慈容法師）

興辦學院　住持台北的前緣

　　1976年4月，我從日本留學回來後，師父先讓我學以致用，接任大慈育幼院、佛光精舍，從事兒童撫育及老人安養的照顧。

　　之後，為了發展台北的建寺，師父將原先擔任朝山會舘舘長的莊法師派到台北籌設台北別院，朝山會舘舘長一職就改由我接任。雖然，當時佛光山才開山十年，只有佛學院、大悲殿，以及剛落成的大佛城可以參觀；但因為師父的法緣很廣，每週慕名來的朝山客絡繹不絕，佛光山漸漸地成為台灣南部知名的佛教聖地。

　　當時不少政界、教界、社會賢達都前來參觀佛光山，如行政院長蔣經國、經濟部長孫運璿、國策顧問陳立夫、美軍顧問團團長陳納德將軍、國學大師錢穆博士、國民黨中央委員蔣孝勇、國畫大師張大千等，佛教界有日本親善訪華團丹羽簾芳長老、中華佛教文

化館東初法師、慧日講堂印順法師、水陸法會的泰斗戒德長老等等都來過。朝山會舘不僅是供應大眾用餐住宿的地點,更是師父會見所有貴賓的場所。我在本山服務將近二年時間,因應北部弘法的需求,就調往台北發展了。

中國佛教研究院

師父很清楚佛教要發展,必須要有人才,除了送我們幾位慈字輩的弟子出去日本留學外,更積極創辦佛教學院培養後進人才。佛光山開山前,已經在高雄創辦壽山佛學院,第一屆學生人數少,壽山寺的空間還夠用;到了第二屆,人數增加一倍,住宿、上課及早晚殿堂的地方都不夠了。剛好,越南華僑褚柏思夫婦遇到困難,正

東方佛教學院院舍暨西方安養院舉行動土及誦經灑淨典禮,由大師(中)主持。1967.06.18

在尋找善心人士購買佛光山現在所在的這塊地；師父就把這塊地買下來，開闢他心中理想的叢林道場。壽山佛學院就順應時勢搬遷上山，同時改名為「東方佛教學院」。

1973年，師父創辦了全台第一所佛教大學「佛光山叢林大學院」，但那時政府不許民間私辦大學，所以師父權宜取名大學院，1977年又改名為「中國佛教研究院」[1]。師父希望辦理研究型的佛教學院，好讓佛學院的學生畢業後，可以再讀研究所深造。但是當時很多佛學名師都在北部，他們來一趟佛光山非常不方便，每次從台北坐火車下高雄，都要晚上十一、十二點才抵達佛光山。師父非常感念這些老師的情義，一定親自在山門口等老師，等送單後還要吩咐我們送一碗熱麵給老師溫飽，之後他才去休息。但老師們來山上課，每回往返坐車就要花去兩天時間，如此終究不是長久之計，師父就決定前往台北辦學。

為了在台北辦中國佛教研究院，師父第一件事就是拜訪台北幾家寺院洽談辦學合作。他跟對方說：「學生我們來招，老師我們聘請，經費也我們出，你們只要提供場地跟住宿。學生下課還會幫你們打掃、煮飯，大家一起來辦教育。」但是台北沒有一間寺院願意。在不得已的情況下，師父最後下定決心自己辦學，即便當時一點經費都沒有。

為此，莊法師開始在台北找房子，剛好建國北路有一排房子才

1　1977年4月6日，中國佛教研究院研究部在朝山會館舉行第一屆開學典禮。1978年1月28日搬遷至台北建國北路242巷8號7樓，2月20日有17人報到，3月14日正式開學。1979年初，又搬遷到彰化福山寺。

春節期間，大師每天在果樂齋炒麵供應來山遊客。

建好沒多久。師父說：「這四間我們把它買下來，作為中國佛教研究院使用。」但是台北地價很高，不是我們能力可以負擔得起；同時佛光山也在開山，需要龐大經費，沒有多餘的錢可以周轉。師父就說：「不要緊，要過年了，我們回去炒麵吧！」

炒一碗麵能有多少錢，要多久才能買一層台北的樓房？但這些都沒有難倒師父。就這樣，那一年過年，師父每天一早就穿著圍兜在不二門前的果樂齋炒麵。一天下來，也不曉得炒了多少鍋？他不是為自己蓋大廟，而是為了辦教育，為了請最好的老師教學。

後來佛教界有人就批評師父在高雄賣麵「做生意」，師父說：「對！我做生意，但是，我現在不是把大家都賺進佛教來了嗎！」為了辦教育培養人才，弘揚佛陀的教法，師父一生忍受著非常多的批評毀謗。

1978年元旦後，中國佛教研究院正式從高雄搬遷到台北，師父請藍吉富老師擔任班主任，還聘請好多國際學者來授課，包括：日

台北女子佛學院第一屆畢業典禮，全體師生於普門寺五方佛前合影。（中坐者大師、左六慈容法師、右六李廣慈）1985.07.16

本駒澤大學副校長水野弘元、大正大學中村康隆、佛教大學惠谷隆戒、中華佛教文化館聖嚴法師等人，都是當時佛教界的一時之選。

大約半年後，因為研究院學生住宿的房子有些問題，只好再次搬遷到彰化福山寺。那裡已經設有佛光山編藏處，固定都有專家學者蒞臨指導，環境也很清幽僻靜，很適合做讀書研究的地方，中國佛教研究院就在福山寺定下來了。

台北女子佛學院

雖然在台北的中國佛教研究院搬走了，但是師父的心還是希望在台北也能辦教育。1983年，佛光山台北別院正式招收了第一屆台北女子佛學院並舉行開學典禮。它屬於大專部，招收的都是高中畢業女生，學制同於佛光山叢林學院。為了招生，我們特別在電視上

登廣告。那時，師父已經在台視、中視、華視做電視弘法，我們就在每一集末尾打出招生廣告，確實也有一些成效；現在佛光山淨業林堂主永藏法師，就是看到《甘露》節目的招生廣告，進來讀佛學院的。

第一屆的開學典禮，由師父親自主持，1983年9月入學，我兼任院長，師父派了二位出家眾負責訓導與教務工作。聘請來的師資都是一流的教授，如常覺法師講「唯識學」、慧嶽法師教《天台四教儀》、游祥洲教《大智度論》、蕭武桐講《六祖壇經》，還有李廣慈負責教授梵唄儀軌。當年第一屆的畢業生，還編輯了一本紀念冊留念，我們現在才能看見台北女子佛學院的歷史。[2]

師父對台北女子佛學院辦學的指導，同樣是解行並重，福慧雙修。除了佛學課程，假日時，一定安排他們到普門寺實習，從香燈、法器、典座、行堂到社教課程都要參與實習。有時也參與「友愛服務隊」，到宜蘭仁愛之家慰問孤苦老人。正如師父為叢林學

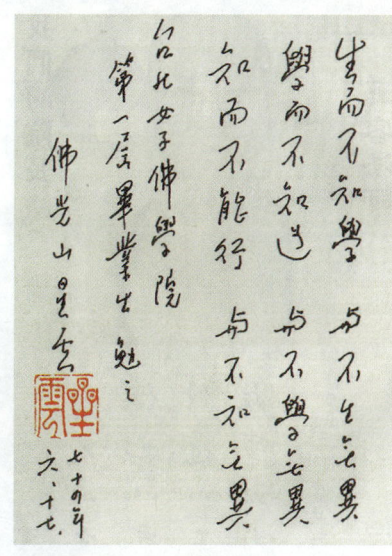

大師在台北女子佛學院畢業紀念冊上所題的勉勵詞。1985.06.17

台北女子佛學院院長慈容法師勉勵詞。1985年

---

2 詳見永妙、永藏主編：《台北女子佛學院》第一屆畢業紀念特刊，台北：普門寺，1984年7月，頁12-13。

大師與北海道場男眾學部同學接心開示。1994.07.27

院訂定的院訓:「要有觀音菩薩的慈悲,要有文殊菩薩的智慧,要有地藏菩薩的願力,要有普賢菩薩的行門。」

後來,一位日本華僑王村文彥捐贈了位於現在新北市金山、石門山上的土地——北海道場。那裡地勢高、偏僻,全年都迎著太平洋溼冷的風,上山又必須有車子接駁才行,對於信徒上山非常不便,師父就將它規劃做佛學院用地。正好台北女子佛學院的空間也不夠了,1987年就將女子佛學院全部遷移到北海道場,由我兼任北海道場的住持及佛學院院長。

北海道場雖適合辦學,但考量一群年輕的女學生住在山上不很安全,1990年,師父就將女子佛學院遷移到基隆極樂寺內,改名「基隆女子佛學院」,北海道場就作為「佛光山叢林學院男眾學

部」，稱為「北海男眾學部」。當年，曾經是全台灣男眾佛學院學生最多的地方，後來又改為「佛光山沙彌學園」；歷經幾次更替後，現今男眾學部已經集中回總本山就讀了。

創新弘法　打開佛教界大門

　　過去台灣的佛教很消極，幾乎沒有講經說法活動，頂多是初一、十五與佛菩薩聖誕法會，平常都是自修不開門。這些寺院也有法師大德住持，可是他們還是停留在傳統的法會而已，偶爾講經說法、慈善救濟，就沒有什麼特別活動。另外一些小寺院，都屬於閉門修行為主，他們說：「我們是自修，只要初一、十五開個門，讓信眾來拜佛就好！」好多寺院都是這種清修的道場，缺少對社會的關心，幾乎跟大眾脫節。

　　我們不一樣，為了接引大眾，活動一個接一個，除了有傳統的講經開示，還有多元活潑的社教課程、義工講習等等。加上佛光山的法師都年輕又有笑容，肯親切招呼信徒，很快地，其他寺院的信徒就被我們吸引過來了。這些信眾從普門寺回去後，就跟他們的師父講：「佛光山台北別院辦很多活動，我們的寺廟再不開門，信徒會跑光的！大家都跑到佛光山去了！」漸漸地，許多台北的寺院開始改變了。可以說，師父推動的人間佛教，對當時保守的台灣佛教產生很大的漣漪。

大師親自主持台北別院落成典禮。1978.03.31

台北別院　改變一生的首站

　　1974年，為了在台北有一個弘法的據點，師父先在公館附近的羅斯福路，設立佛光山在台北的第一個聯絡處「普門精舍」[3]。後來拜佛的信徒實在太多了，精舍已經容納不下，師父就請莊法師找了松江路上的鼎基大廈，對面就是香火鼎盛的行天宮，也是台北很繁華的地段之一。我們就搬遷到這裡，稱為「佛光山台北別院」（又稱松江別院）[4]。1978年3月31日舉行落成典禮，師父親自蒞臨主持，宣布莊法師擔任住持，我出任副住持。三天的典禮就來了數千人，對台北的佛教界造成不小的轟動。三個月後，莊法師就被師父

---

[3] 普門精舍位於台北市羅斯福路五段溪洲街3巷8號4樓，住持為慈莊法師，但因其身兼朝山會館館長職務，經常在本山駐守；精舍由依勤法師、宗恩法師等在地弘法，同時每週招募「朝山團專車」回佛光山朝聖。

[4] 台北別院位於台北市松江路328號鼎基大廈，僅購買第12層樓。1978年3月31日舉行落成典禮，落成前3月14日即舉行「中日佛教關係促進會成立五週年大會」及「中國佛教會教育文化委員會會議」。

調派到美國籌建西來寺，[5]由我升任住持。

　　台北的地價一直是寸土寸金，我們好不容易在這裡有一個弘法據點，當然要充分發揮它的價值。當時，師父給了我很多的指導，他說：「要捨得給人用、給人吃，用佛法與素食來度眾。」又說，台北知識分子多，他們喜歡聽經聞法，要多安排學習課程。所以，每週除了傳統的共修會外，我從週一到週六都排滿各種社教課程，週日再安排教授、學者來做佛學講座。

　　這樣一來，寺院就熱鬧了，上課信徒也越來越多，但是台北別院只有一層樓，遇到法會時，信徒連站的地方都不夠。一遇到共修會的晚上，出家眾一吃飽，就得趕快把客廳所有的沙發、桌子、椅子全部堆到廚房去，讓出所有場地來給信徒拜佛使用。

普門寺是台灣第一座大樓式佛教道場

　　我擔任住持沒多久，別院的空間就已經不夠使用了，後來又在民權東路三段看到一處正要啟建的大樓，但是價格非常高，不是我們當時的能力可以買得起的。最後，只好跟別人合建幾個樓層，就是現在的普門寺所在大樓。1980年5月25日，師父親自主持普門寺破土典禮。

5　7月22日，慈莊法師偕同依航法師前往美國洛杉磯籌備建寺工作。

大師親自主持台北普門寺動土。1980.05.25

　　1984年4月15日，第一座都會道場普門寺，終於在完成建築二年後舉辦落成典禮。為了帶動普門寺的法緣，師父在落成前二年底（1982），先講了十三天的《金剛經》並親自主持當年的彌陀佛七法會；1984年落成前，又講了十天的《六祖壇經》，落成後再講一次《壇經》，三次的講座加上佛七法會都造成很大的轟動。

　　每日聽講的人數都超過一千五百人，從佛堂、會議室到客堂，沒有一處不是聽講的信眾。尤其，講經時間是晚上七點鐘開始，從早上就陸續有人來等候，就為了晚上能有一個好位置聽講。聽眾包含社會各界名流，如陸軍上將蔣緯國、中華民國救災總會谷正綱等人。當時信徒們都口傳：「聽經到普門寺，法會到普門寺，吃素菜到普門寺。」就這樣，一下子普門寺的知名度就打開了。[6]

　　關於普門寺命名的由來，師父在開光典禮上很清楚的提到：「普門寺要有觀音菩薩普門大開的精神，每天中午要多煮兩桌飯菜，凡進入寺院的信眾與社會人士，不管有沒有報名、認識不認識，來了就要給人家飯吃，還要不怕人家住。」這與他過去所遭遇

6　1982年普門寺建築完工，開始各項弘法。同年12月3日至16日，大師講《金剛經》，13天來，每日氣溫均在攝氏8度以下，冷風寒雨中，每天仍有1500名以上的有緣人赴此金剛般若盛會。甚至有位居士表示，聽了大師的講經，才知道如何吃飯，如何聽話。1984年4月6日至14日講《六祖壇經》；1984年10月4日至14日再度講《六祖壇經》。1986年5月17日至27日，三度開講《六祖壇經》。

到飢餓經驗有關，師父在《合掌人生4‧飢餓》中提到：

　　當年，我主編《人生雜誌》的時候，每個月都要到台北萬華的印刷廠校對文稿。有一次忙了一整天，從中午到晚上都沒有吃飯，好不容易到了晚上七點多，雜誌印出來了；我看了很開心，馬上帶著一百五十本，坐火車去新北投法藏寺見發行人東初法師。因為，我答應他，會如期把新書交到他手上。

　　等到我抵達時，已經是晚上十點多了，東初法師看到書很高興地說：「今天這麼晚了，你就不要回去了，住下來吧。」由於回去的末班公車也沒有了，我自然就住了下來。

　　隔天早上起來後，發現房門被從外面鎖著，無法打開，只能在房間裡等住眾來開門。好不容易九點鐘以後，終於寺院的比丘尼來替我開門了，他們說忘了我在這裡住一晚，就這樣走了，也沒有問我是否要吃早飯。我心裡想：「好吧，既然沒事了，就去跟老和尚告假下山吧。」

　　見到東初法師後，他說：「不急，今天我有客人來，你就留在這裡幫我的忙，再回去不遲。」等到忙到下午一點，客人終於都到齊了，菜也上桌了；我心想應該可以陪同客人一起吃飯了，正準備坐下來時，東初法師卻開口說：「你去廚房吃。」我心想，去廚房哪裡吃，裡面都是比丘尼，我一個都不認識，一位比丘怎麼好跟人家開口：「我要吃飯。」想想，就獨自從廚房外的小徑下山了。

　　這時，才想到從昨天到今天已經一整天都沒吃飯，頓時感覺雙腿發軟，踩在每一個下山的台階都像踩在棉花上一樣，輕飄飄，也不知道當時是怎麼走下四百多個階梯的了。

由於師父這段刻骨銘心的經驗，加上早年剛來台居無定所，經常處於三餐不能溫飽的狀態，師父當時就立下誓言：「將來我有辦法，一定讓大家進到佛光山都有飯吃。」今天的普門寺，就是他願望的實現。

　　直到現在，佛光山的各家別分院仍然保留一項不成文的規矩：每一餐多設一桌菜，方便臨時來訪的客人用餐，對於友寺來掛單的出家眾，還要供養紅包作為路費。

　　從普門精舍、台北別院到普門寺的成立，我們在台北十年（1974-1984）的打拼基礎，總算有了獨立的寺院大樓，作為佛光山在北部弘法的基地，實現師父心中人間佛教的初步心願。現在的普門寺，已經是四十多年的老寺院了，各項設備都不及新道場的現代化；雖然如此，在佛光山的各項弘法事業的推動上，它仍舊佔據著很重要的地位。

普門大開　都市寺院弘法模式

　　台北別院都會弘法的經驗，是往後普門寺發展的基礎，不僅打開了佛教界的眼界，更走出了人間佛教的弘法道路。

　　過去曾有佛教界人士嘲笑師父在台北沒有辦法，所以退到南部高雄發展；但師父說過，他不會因為別人講什麼就洩氣，他的願力是走向全世界弘法，台北當然是其中一個重點。唯獨比較遺憾的是，當年美國西來寺也正在開發建寺（1978），常住必須傾全力支持西來寺的建設經費，沒能好好拓展普門寺成為北部的本山。

　　普門寺的地理位置相當不錯，附近有松山機場、門前有公車

慈容法師在普門寺彈風琴教唱聖歌，右起：依宏法師、依潤法師，左一依培法師。

站，附近還有捷運站，是交通四通八達的地段，信眾來禮佛非常方便。加上師父經常住持弘法，各界人士都跟著他前來，普門寺的活動就蓬勃發展了。印象中，光是一個月的例行課程活動，就有佛學講座、青年會、婦女法座會、金剛禪座會、念佛會、光明燈法會、報恩法會、金剛護法會、大悲懺法會、友愛服務中心及社教課程等等，超過五十場的弘法活動。[7]

普門寺多元創新的弘法模式，帶動了佛光山分別院的仿效，舉凡辦活動，大家都會參照普門寺經驗去實施。很自然的，它就成為一種範本，一個帶頭引領的地位。甚至，許多友寺道場法師也經常

---

[7] 每月印經有 11 多種經典印行、為信眾皈依三寶 1466 人、出國參訪、新加入信徒有 360 多人、佛化婚禮 5 對新人、度青年回山讀書 9 人、兒童星期學校每週都有 150 多名、春假幼教師資講習會 50 人、新春義賣大會 24 萬、電視弘法、電台弘法費用每月 14 萬贊助，代收本山地藏殿與平安燈功德 22 萬、接待國內外法師信眾有 1100 多人。電視弘法從 1983 年 2 月份起改為每月一次，每次費用 14 萬元。電台弘法由愛心製作小組，負責在中廣第二台每星期日上午 10 時至 11 時，播出大師佛學講座。其它還有代辦簽證、出堂佛事等無法計算。詳見依筏主編：〈佛光山第三次住持會議〉（一），《佛光通訊》第 87 期，高雄：佛光山宗務委員會，1983 年 8 月 15 日，頁 4-10。

台北別院舉辦佛教界第一個兒童夏令營,最後三天參訪佛光山及成果發表。1979.08.13-15

來觀摩取經。

　　在師父的指導下,普門寺不僅具備傳統的佛教修持,又有現代人需要的知識課程,不同根器的信眾,都可以在這裡獲得他們想要的學習。可以說,開啟了都會人士學佛的各種因緣。

　　例如:過去佛教沒有人辦兒童夏令營,1979年8月台北別院時期,我們舉辦第一次招生[8],就有三千位兒童報名參加;當時還帶他們回佛光山三日學習,把全寺上上下下都忙翻了,可以說我們是佛光山兒童夏令營的祖師。其他還有媽媽夏令營(1981)、普門寺青年會、大專佛學研究會等等,都是我擔任住持期間舉辦的。

---

[8] 夏令營日期為1979年8月8日至8月15日,共計8天,招收國小四年級到六年級學生,膳宿免費供應。活動課程有國文、英文、佛教常識、佛教歷史、佛教音樂、禮儀、書法等;以及各項比賽佛歌、書法、寫生、體育及球類等。詳見《覺世》第774期,1969年8月1日。頭版。

朝山團　帶動來山人潮

　　師父曾經說過：「修持是佛光山的根本，佛光山因朝山而有。」最早，台北只有一間普門精舍（1974），每週定期舉行一次朝山活動，時間為週五到週日共三天，於台北車站對面發車。朝山活動除了參觀佛光山外，也安排台灣幾個著名景點八卦山、澄清湖、春秋閣、壽山寺等地參觀。住宿佛光山期間，有早晚課誦、過堂、巡山禮勝、簡報、佛法開示。1974年9月19日台北來了第一批朝山團五十人，到11月已近二千人參加。可以說，朝山團比台北別院更早。

　　當時，佛光山大悲殿正在建設，殿內設計仿敦煌石窟千佛洞的型式，在大悲殿的牆上供有萬尊的觀音聖像，信徒可以發心請觀音像回去禮拜又可以刻上名字。所以北部的信眾常說：「我要去佛光山拜我的佛，看我的觀音。」就這樣，每週六都有朝山團南下高雄佛光山。

　　那時的大樹鄉還是一個很偏僻的地方，佛光山外面的馬路都還是土石路，山上也沒有自來水；用個路燈，要等很久時間才申請下來，可以說這個區域還沒有開發。但是，師父一點一滴的把它建設起來，來山的信眾沒有因為它偏僻不方便，就不歡喜來，反而因為觀音的靈感，吸引更多人來禮拜觀音。

　　朝山團的行程是三天二夜，一開始師父就規定車資只能收二百元，但當時往返台北、高雄兩地的火車票就要六百元，大家都說這樣會虧本，無法支撐成本。師父就告訴我們：「我們是在接引眾生學佛，要度他們的心，不是要賺他們的錢。」

佛光山召開信徒大會，首創萬人朝山禮佛。
1980.03.17

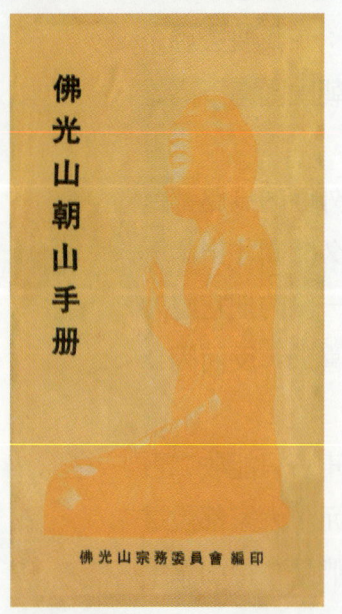

1975 年佛光山朝山手冊

　　從台北到高雄的路程時間很長，朝山團必須在中途選一間寺院休息用餐，也因此有了彰化福山寺的建寺因緣。司機與車子都休息過後再上路，大約在傍晚五點左右，就可以抵達朝山會舘了。當時會館全部的法師、員工都會出來熱烈歡迎，師父指示要放鞭炮，還要為每個人掛花圈。許多信徒都感動地流下眼淚說：「一生從沒有被人家這樣接待過！」紛紛說一定會再回來。

　　就這樣，朝山專車一部又一部地把信眾從台北接引回佛光山，人數也一直不斷地增加。若逢到過年或農曆二月初一的信徒香會，報名朝山團回來的人數，都要超過一百台遊覽車。因為，當時從新竹以北到基隆，以及整個新北市（含三重、新莊、板橋、永和、新店、北海等區），都屬於台北別院的範圍。

　　為了更好地接引信眾，每一車都安排有在家眾領隊，並盡量安排出家法師隨車照顧信徒。領隊必須事前到台北別院開會講習，聆聽法師說明帶車須知與佛光山簡介。尤其，大家都要學會唱幾首佛教聖歌，也要能帶領早晚課誦，這些都是基本的帶車條件。

那時，台北別院的法師幾乎都會聖歌教唱，因為我在佛學院當訓導主任期間，每天下午第一堂課就是教唱聖歌，所以只要被我教過的出家眾，都會唱幾首佛教聖歌。例如：〈祈求〉、〈西方〉、〈菩提樹〉、〈美滿姻緣〉、〈禮佛〉等等。此外，我們的法師都很年輕，性格又活潑熱情，肯跟人招呼關心，像依宏、依培、依宣、依潤等法師。信徒一路上受到關心，又能聽聞佛法，沒有不歡喜的。

信徒在佛光山巡禮後，知道開山建寺需要淨財，大家都紛紛發心護持。當時，來自台北的朝山團，鼎盛時期，每年都能有八千多人回山禮佛。[9] 而佛光山也在短短十幾年中，迅速的成為聞名全台的佛教聖地。

消災法會到報恩法會

傳統的法會修持，是寺院基本的活動，普門寺也維持佛門傳統，一樣在初一、十五有消災法會；但是我特別把初一的法會改為「報恩法會」，就是希望大家能用一種報恩的心來參加，這才是消災法會的積極意義。

我當時為報恩法會設計的流程是，法師先帶領壽星及大眾念誦《父母恩重難報經》或《普門品》；法會後，壽星於佛前接受大家

---

[9] 1983 年 8 月 1 日~2 日在佛光山會館龍廳舉行的「佛光山第三次住持會議」，慈容法師報告半年來有 85 部車 3825 人回山朝聖。出自《佛光通訊》第 87 期，1983 年 8 月 5 日，頁 4-10。

唱〈生日快樂歌〉祝壽；壽星也為自己植福田，準備壽桃跟現場所有信眾結緣。這個儀式讓信徒感受特別歡喜，因為他們生日很少有這麼多人一起給他們祝福，特別是有法師誦經的祝福，覺得是最有意義的慶生方式。

所以，參加報恩法會的信眾也越來越多，不論是不是當月的壽星，大家都歡喜來結緣，因此接引了更多信徒來學佛。

八關齋戒　你就可以當主法

都市道場中首辦八關齋戒會的道場，就屬普門寺了。台北市雖是現代化的都市，但有心於寺院清淨修行的居士很多，他們雖嚮往出家生活，卻不能真的捨家去修行。為了提升信徒的道念與信仰層次，我請示師父是否可以舉辦一日一夜的八關齋戒會，讓他們也能感受到修道的法喜。

當時，總本山跟佛教界都沒有辦過，師父就特別修定了一份八關齋戒會的儀軌，我們就依著辦理了。沒想到，1983年第一次齋戒會，就有將近兩百人報名，才剛建好的寮房已經不夠使用了。大家都不願退讓名額，每一個人都說只要能參加，睡哪裡都不計較，最後只好把所有沙發打平當作床墊給信徒使用。這就是佛光山各別分院，乃至其他友寺舉辦八關齋戒會的開始。

八關齋戒儀軌中，必須有一位授戒和尚主持正授，傳統叢林的八關齋戒都是由和尚擔任。但是，師父弘法非常忙碌，佛光山開山初期的男眾法師本就不多，什麼法會都請男眾法師從高雄到台北主持，一趟路來回，也要花去三、四天，不是長久之計。那時，師父

第十四屆佛光山信徒會員大會，於 1987 年農曆二月初一舉行。1987.02.28

就給我一個觀念，主法者不一定都要和尚，道場的住持就可以代表得戒和尚主持。

從此，普門寺的八關齋戒、皈依三寶典禮，都是我自己親自主法，可以說，我是佛光山女眾法師裡第一位擔任主法和尚尼的。

再說，師父在台北國父紀念館講經後，每年報名皈依三寶的人就越來越多了，幾乎年年都要舉辦四、五場皈依典禮，而且每次都是千人以上。從此，我就禮請師父親自到普門寺為大家主持皈依。

比如1986年，一年中就舉行了八次，每一次都超過千人。由於那年師父剛從美國閉關回來，大家聽說師父回來了，全都口耳相傳來報名皈依。記得當時有一批在出入境管理局服務的人員，聽完師父的講經後深受感動，五十多人全部決定皈依三寶。[10]

10　詳見《覺世旬刊》第 1041 期，1987 年 1 月 1 日。

金剛禪坐會　接引上班族

原本普門寺「金剛禪坐會」招收的對象是青年，因為當時寺院沒有接引青年的活動。雖然佛光山每年都舉辦大專佛學夏令營，但是一週後學生就各自回去了，沒有後續發展。於是，我希望在普門寺有接引大專青年的修持活動，作為引度的因緣。當時就設計「金剛禪坐會」，以誦讀《金剛經》加上禪坐教學來度青年知識份子。沒想到推動後，反而吸引很多中年居士來參加，最後變成以上班族為主要對象的禪座會，一直持續到今天，不曾間斷。

星期講座　接引知識份子

自從台北別院成立開始，師父就指示每週日晚上都要安排一場「佛學研討會」，就是佛學講座的概念。一次講演二小時，一個月一個專題，禮聘知名學者來講學，目的是帶動寺院講經說法的風氣，滿足台北大都會知識份子對聽聞佛法的渴求。

當年，蒞臨講座的法師大德很多，如定和尚、惠法師、農禪寺的聖嚴法師、牟宗三、楊白衣、藍吉富、游祥洲、關世謙等著名的學者都來講演過。師父說過，一間寺院只要時常講經說法，信徒自然就會留得住。又說：「有道就有護法。」因此，從台北別院時期開始，每到週日就會湧進一批聽經聞法的公教人員。而信徒間也會彼此相傳：「今天是週日，要到別院聽講經」。可以說台北別院開始的「佛學研討會」，就是現在各個道場「佛學講座」與「名人講座」的源頭。

婦女法座會　都市婦女進修班

　　普門寺婦女法座會成立的因緣，是緣於師父帶我們到日本佛教寺院參觀的時候，看到寺裡許多婦女一組一組的談話交流，而啟發的靈感。她們說「法座會」的意思就是「以法聚會」，姊妹們可以將生活中遇到的問題提出，透過彼此的經驗分享交流，再經由佛法來解惑。從日本回來後，師父就跟我說：「你可以去辦法座會！」我就以此構想招收婦女學員參加，成立了佛教界第一個專為女性設立的課程「婦女法座會」。

　　為什麼以婦女為主？這是有背景的。早年台灣的社會風氣，絕大部分都是男主外，女主內，一般女性只要結婚或生小孩，一定要辭去工作，不可以繼續上班，即便年輕的婦女也一樣。

　　但是，一位初嫁為人婦的女性，自身有很多做母親與媳婦的教養問題都要有人教育，還有遇到困難時心理的疑問，也需要有人輔導，如：婆媳相處、夫妻感情、兒女教育、妯娌相處等等問題，這些都需要學習才能成長。

　　於是，每週四的婦女法座會，我會先訂一個與婦女有關的主題，談相關婦女的知識。座談會前，我就請當時在中國佛教研究院的法師來帶領討論，雖然家庭問題也不是法師們有的經驗，但是我們的重點是給佛法，同時給她們有一個抒發的管道。

　　我說：「讓她們自己發言，你提問她們回答。」學員就開始七嘴八舌：「我碰到什麼問題……」。這時法師也可以反問：「你們碰到問題的時候要怎麼辦？」這樣大家就會提供自己的意見，互相激盪出各種解決方法。

討論課程後，有一個簡短的晚課修持，由學員自行敲法器，輪流帶領。結束後，再由我跟大家講講話，做一個佛法的開示回應。每次上完課後，很多的問題都從法師或彼此的討論中得到答案，心靈也獲得成長進步，所以參加婦女法座會的人數也就一直有增無減。

我們經常收到她們的兒女來信感謝：「我媽媽參加普門寺的婦女法座會後，個性改變好多，比以前更關心我們，非常感謝您們！」有的感動先生護持太太上課，先生會說：「今天是星期四，時間快到了，碗不要洗了，你放著，我回來再洗就好。我先載你去！」好多婦女因為課程改變了自己的觀念，促進了家庭的和諧。古人常說，婦女是家庭的核心，婦德好，是家庭幸福的基礎。

另外，法座會的媽媽們最擅長的就是烹飪，由於平常只是來上課，都沒有機會讓她們展露廚藝。所以我刻意安排在中秋節前夕、過年前的除夕圍爐，舉辦聯誼活動，讓她們有一個發揮自己專長的機會，同時也促進友誼交流。

記得第一年舉辦時，寺裡的碗盤、菜刀、砧板都搶到不夠用；第二年，我就請她

1979 年台北別院弘法活動

們先在家裡煮好食物帶來與大眾結緣即可；第三年，又邀請她們的家人一起圍爐用餐，她們全家都開心了。但是普門寺因空間有限，根本不夠容納這麼多人，後來我就不敢再辦了。

這些婦女因為在寺院的學習，感受到自己的進步與法喜，每一個人都希望能夠常常來服務做義工。於是我就安排她們各種服務，包含泡茶、知賓、香燈、獻供、典座、行堂等等。為什麼信徒願意來參與活動？因為我一定會讓她們有事情做。過去摩門教的傳教者，有時候還得到人家家裡去敲門，基督教也要去外面傳道找信徒。如今佛教徒自己會走進寺院，願意來當義工，這就是師父的人間佛教人情味。

四十年過去了，現在她們年紀也都大了，但是依然念念不忘當年的學習。她們常常說：「當年容法師怎麼教我們倒茶，走路、講話、唱歌等等。」每次只要見到我，都還是津津樂道這些往事。師父常常說：「學佛就是學做人。」佛法不要光講道理，最重要是從自身做起，進一步影響家人學佛，自然就會達到淨化社會的功能。

友愛服務隊　學觀音人間送暖

婦女不應該只是以家庭為範圍，應該要讓她們走出來，培養更開闊的胸襟與視野，這樣對家庭的經營與長輩的相處、人際關係的擴展，都會有實際幫助。1984年普門寺組織「友愛服務隊」，就在這種觀念下成立。

每個月，友愛服務隊都會到石門、三芝、北海等地的養老院服務，從剪指甲、剪頭髮、補衣服、掃廁所、擦地板、整理房間到

陪老人講話等等，無一不做。而且每次都自己帶工具，還要帶上香水，替他們把廁所噴得香香的，把房子整理得乾乾淨淨，還要留一點時間，教他們唱歌，做健康運動。所以我們離開的時候，那些老人家都說：「你們下次還要再來喔！要常來看我們喔！」因此，每次出團服務都是滿滿一車的人。

結束後，我再帶她們到附近的郊區野餐，享受好山好水；吃飽飯後，再辦一個活動，彼此交流情感，所有婦女們都很歡喜。由於過去的社會，女人結婚有了家庭後，自己的休閒娛樂就沒有了，連朋友也沒有了；但友愛服務隊不但發揮了她們的專長，還可以結交共同愛好的朋友，擴大生活圈，讓她們的生命又有了活水與希望。

焰口法會　用莊嚴梵唄度眾

普門寺為什麼在農曆七月舉辦焰口法會，而且連續唱誦一個月，信眾不減反增？當時，我剛到台北時，師父就說：「華嚴蓮社七月唱一整個月的梁皇，如果你們再做梁皇法會，就等於跟他們沒有區別。普門寺要留得住信徒，就要有自己的特色，可以舉辦焰口法會，才會跟人家不一樣。」

師父這樣指導，我們就照著做，從普門寺開始，整個農曆七月的孝道月報恩法會，每天都是放焰口。為此，師父特別叫平和尚與定和尚到台北學焰口，培養自家的徒眾能做主法和尚。一堂焰口法會唱下來就要五小時，當時我們的僧眾也只有幾位，維那不是依培法師就是依宣法師，鈴鼓都是依潤法師。

焰口法會不但唱出普門寺的招牌，還唱出法務的興隆，每天參

聯勤總部總司令蔣緯國將軍，率領外交委員會考察團 40 餘人到佛光山拜訪大師。大師左一蔣緯國，左二慈容法師、右一慈惠法師、右二慈嘉法師。1981.02.13

加法會的人都滿到樓梯邊，滿到各層樓都站不下。甚至，很多人報名一整個月，特地遠從桃園、三重天天來參加。信徒都說佛光山的梵唄唱誦非常好聽，非常感動，常常在法會中能抒發對親人的思念與精神的療癒。

名流精英　佛教走向上層社會

在台北弘法時，接觸過很多達官顯要，多數是師父的緣分而來。最早是蔣緯國將軍，他曾經到過佛光山參訪，從此結下善緣。由於他的身分特殊，行事比較低調，只是來跟師父喝茶談話，吃吃

2000年《人間福報》創刊儀式,由創辦人星雲大師與行政院新聞局長趙怡(左二)、國際佛光會中華總會會長吳伯雄(右三)、聯合報系董事長王必成(右一)及張姚宏影、曹仲植共同主持。

齋飯。蔣將軍對師父非常尊重,彼此視為好友。師父也非常欣賞蔣緯國將軍的率直,認為他雖然位高權重,但沒有官僚氣勢,不會端架子,是一位智慧又具學問涵養的文人將軍。

　　生意做得很成功的「南昌行」董事長曹仲植先生,經營食品罐頭、雜貨及代理澳洲OAK奶粉等。佛光山在普門寺弘法初期,他就開始來親近道場。他的太太是普門寺虔誠的信徒,有一次夫妻倆見到師父,太太說:「師父,您要叫我先生拜佛啊!」

　　曹先生一臉難為情,師父連忙說:「曹先生不一定要拜佛,他可以行佛。」曹仲植一聽非常開心,就對著他的愛妻說:「你聽,師父叫我『行佛』,以後我行佛就好了。」之後,當別人讚美他是個樂善好施的長者時,他總是說:「念經不如聽經,聽經不如講經,講經不如行佛。」

　　還有日月光集團創辦人張姚宏影女士,人家都稱她「張媽媽」,是一位叱吒商場的女中豪傑。大約1985年時,她母親病重,想替母親做點功德延壽,可是不知道要去哪裡行善。當時,我在普門寺做住持,她的好友薛阿姨帶她到普門寺找我,剛好師父從美國

回來，正在跟我們談怎麼為西來寺籌款的辦法。

張媽媽來得正巧，遇上師父，得知這個訊息，當下發心捐助美金三十萬，給西來寺做建寺基金。結果，真是菩薩感應，張媽媽的母親後來真的好轉過來，又多活了八年。所謂「人有誠心，佛有感應」，張媽媽後來對佛光山就一直很護持，可能是這個原因。

另外一個比較特別的，是電視節目製作人周志敏，她因為師父的一句話，製作了《大陸尋奇》節目並獲得金鐘獎，所以一直對師父很感念。早期師父在三台的弘法，都是由她擔任策畫，製作過一系列的節目，在中視、華視、台視播出。如：《信心門》、《佛學講座》、《每日一偈》、《星雲禪話》等，前後將近三十年。由於她對師父的尊敬，讓我們能夠在電視弘法上獲得很多專業協助，後來佛光山人間衛視的開台，就請她來幫忙籌畫電視台的開台工作。

總之，普門寺能有今天的發展，除了它具備現代的弘法功能外，同時也扮演著佛光山駐台北的聯絡單位，也是世界各國往來的窗口。再來，感謝當年常住派去的徒眾都非常發心盡責，沒有人計較工作太多，只怕承擔不夠，不能完成師父交代的任務。這應該是普門寺法務興隆的原因。所以師父常說：「人能弘道，非道弘人。」一切都在我們的發心與否而已。

十方求法　北台灣道場開展

普門寺的弘法，打開了台北人學佛的風氣，也帶動了周邊新北市（原台北縣）道場的設立。尤其，每年師父在台北國父紀念館的佛學講座，吸引了很多來自內湖、北投、新店、淡水、新莊、三

台北道場於 1994 年正式啟用。右起：內政部長吳伯雄、大師、國民黨祕書長許水德、監察院長陳履安。1994.02.10

重、泰山、板橋，甚至更遠的桃園縣市的信眾前往聽經聞法。這個因緣直接打開了普門寺在北區的知名度與信眾的緣分，為佛光山在台北的弘法走出了一條開闊的道路。

都會道場　寺院運作學校化

台北學佛的人越來越多，普門寺才落成不到五年，各層樓的設備已經不足以應付需求。當時，佛光山的文化、教育事業也不斷增設，師父希望這些單位都能在台北有一個宣傳處，以方便對外接洽往來。於是決定另外找一處更寬廣的地方，做佛光山弘法的新道場。

經過很多人的介紹，最後選中信義區松隆路的台北道場現址，後面是松山火車站，前後都有公車站，還有熱鬧的五分埔商圈跟饒河夜市，距離市政府也很近。就弘法而言，具有很大的便利性，常住就決定在此設立台北道場。

但是，當時台北的地價一坪是五十萬，對佛光山而言簡直是天

價，但為了佛光事業未來的發展，師父還是忍痛簽下合約。師父的遠見還是對的，沒有台北道場的設立，佛光山今天的發展可能又要晚十年。

講到住持人選，台北道場可說是佛光山的一級別院，住持的人選是一件非常慎重的事。很多人以為佛光山的住持一定是大家搶著做，事實上，佛光山的住持反而沒人要做。

本來師父希望由當時普門寺住持心定法師一併兼任，方便就近一起關照，但是定法師告訴師父，他身兼佛光山禪淨法堂堂主，經常南北往返，實在分身乏術。

師父又去找惠法師，惠法師說：「佛光大學正在緊鑼密鼓籌備中，光是建校跟籌款工作，就已經搞得我很頭疼了。」所以也沒有答應師父。

台北道場 14 樓設有佛堂，圖為大殿法會現場。

佛光山台北道場大樓外觀，為標準的都會型道場。

台北道場 10 樓設有佛光緣美術館，為佛教信仰注入藝術的活水。

台北道場 5 樓設有人間福報社

　　師父只好去找莊法師，莊法師當時負責淨土文教基金會，全球寺院道場都靠他去建設，當然莊法師也沒有給師父回答，而且隔天就直接坐飛機走了。

　　那時，我剛剛上任國際佛光會的秘書長，全球佛光會的運作正要開展，師父也知道我整天都在外面辦佛光會講習，哪裡還有時間再兼顧道場的寺務。但是台北道場籌備在即，寺院不可一日無主！師父就跟我說：「佛光會既然在台北道場十三樓辦公，就由你一併負起道場住持的責任吧！」

　　一旁的心平和尚也開口：「師父既然這麼說了，容法師你就承擔下來吧！」想到佛光會也是千頭萬緒，會務龐雜，但是在這個艱難的節骨眼，也只能勉為其難的答應下來。

人間道場　弘法四大方向

　　我在普門寺任職期間，師父經常告訴我，他理想中的寺院，不只是拜佛的地方，也不是只有佛堂就好，要能成為信眾生活的一部分。

第三章　創意弘法——開創佛教新格局（寺院弘法篇）　　153

台北道場 8 樓設有國際佛光會中華總會總部

台北道場 9 樓設有人間衛視電視台及攝影棚

台北道場佛堂外觀保有傳統寺院飛簷翹角之設計

　　他說過，道場要像學校、醫院、福田、加油站，一般人物質生活需要日常用品，可以到百貨公司買；但生命也要心靈的精神生活，這時就可以到寺院裡尋找法寶。師父希望現代化的佛教，寺院功能要配合時代的需要提升，要建設一座全方位的弘法道場。

　　1994年2月，台北道場落成啟用時，師父就明訂四大方向：「傳統與現代融和、僧眾與信眾共有、修持與慧解並重、佛教與藝文合一。」這四大原則就是今天佛光山所有道場共同的弘法方向與目標。[11]

傳統與現代融和

　　很多人都說佛光山太先進，缺少傳統佛教的氣氛。其實，佛教的現代化不是要我們捨棄傳統，一味的跟世俗靠攏，而是要懂得

11　1994 年 2 月 10 日台北道場落成，師父邀請了監察院院長陳履安、國民黨秘書長許水德和內政部部長吳伯雄共同剪綵，同時邀請各界專家舉行 49 天的「生命活水系列講座」、「素齋談禪」、號召藝術家舉辦「佛光緣書畫義賣」，發動信眾參加「大悲懺法會」、「禪修會」等活動，帶動道場的知名度。

運用現代化的善巧方便去度眾。傳統的，不是完全對或不對；現代的，也不全然是好或不好，最好能將前人的智慧經驗，融入現代潮流中發展，彼此融和，就是現代化的佛教。

所以師父教我們，只要懂得把握佛法的核心價值，做什麼都是佛法。好比現代寺院要有百人集會的講堂，會議室要有桌上型麥克風，道場要有錄製節目的錄音設備，甚至能辦音樂會的大殿以及各種多功能的大小教室。又如現在人辦事只要E-MAIL過去，或者LINE過去，一秒鐘就完成事情的交辦。以前開一個會，大家南北開車會合，現在只要把ZOOM打開，就可以全世界一起連線。

因此，現代出家人要會用電腦增加辦事效率、用音樂增加梵唄唱誦的美感、用雲端上課推廣佛法、用微電影接引青年等等。要知道人心的需要，給他們需要的東西，他就會來學佛，一個道場的未來有多少發展能量，就看它擁有多少現代化的度眾方法。

僧眾與信眾共有

過去寺院大多屬於出家人所有，信徒只有法會才會來拜佛，拜完佛，沒有事就走了。但是，現在的人間佛教有好多事業，需要在家信眾一起來發心。比如，以在家信眾為主的佛光會、人間衛視、人間福報、佛光緣美術館、各種基金會以及小學、中學、大學等等，都是為了宣傳佛教、利益眾生而增設。

更何況一個大道場，早上開門後，佛堂需要香燈點燈上香，客堂需要知賓接待值班，廚房需要菩薩挑菜掌廚，道場需要金剛巡守安全，乃至佛光會會務需要推動運作等等。總之，必須讓信徒有因

緣發心服務，他們才會覺得「佛教有我的一份力量」，「道場需要我幫忙」，內心才會有歸屬感，自然就會常常想來道場幫忙，把寺院當作自己的家來愛護。這樣道場才留得住信眾，義工也會源源不絕。

修持與慧解並重

　　一個寺院如果只有法會禮懺，最多也只是個香火道場。若一個寺院有法會共修，又時常有講經說法以及文化教育活動，信眾就自然會來護法。尤其現代人教育水平普遍提高，歡喜聽經聞法，認為比較有知識性。所以台北道場自落成啟用開始，師父就規劃「佛教與我——生命的活水」系列講座四十九天，邀請各界名人吳伯雄、陳履安、林洋港、柴松林、羅光、丁松筠等人來講演，目的就是要帶動社會菁英來學佛。

　　除了固定的講座外，平日道場一定要開辦社教課程。師父一直強調寺院要「學校化」，要讓每一種年齡層的人，都能在這裡找到適合的學習。所以，讀

台北道場剛落成時邀請各界賢達來講演，圖為天主教丁松筠神父。1994.02.10

兒童班上課一景　　　　　　　佛光童軍課程接引菩提幼苗　　　　　知賓講習提升佛教義工素養

書會也好，抄經班也好，或者經典研究班、禪修班、梵唄班、素食烹飪班、敦煌舞蹈班、兒童班、松鶴班、青年書院等等，都是在接引不同根機的人學佛。當時師父交代美國回來的永文法師負責社教館，因為他在西來寺做過中華學校校長，很懂得開班的內容，就把那一套運用在台北道場，做得有聲有色。

永文法師告訴我，台北道場的社教館每週至少有五十堂課在進行，每班人數十五人以上，一個月至少有五千人來上過課。所以我們在度眾上，不用急著帶把人帶去佛堂，他們只要來上幾次課程後，自然就會走到佛堂去了。我們也不要勉強他吃素，但是他學會煮素菜後，自然家裡飯桌上的素菜就會增加了。

佛教與藝文合一

台北道場初成立時，也是佛光大學申請立案的同時，需要籌募大量的善款來做建校基金。當時台北道場的信徒總代表陳履安先生，首先發起「書畫義賣」來響應師父的建校活動。

陳履安先生首先把自己家裡收藏多年的字畫全數捐出，又介紹

青年書院開學典禮　　「2016生耕致富專題講座論壇」，邀請關懷台灣文教基金會董事長李濤、資深媒體人李豔秋對談。　　台北道場佛光合唱團

我們多位藝術家朋友，這樣就陸續收到許多名畫家的精品畫作，如溥心畬、張大千、郎靜山、何山、田雨霖等名家的一千多件作品。因為這個因緣，我們成立了全台第一間佛光緣美術館。

在數場義賣會中，最令大家難忘感動的是二幅張大千畫作的拍賣，一幅是高嶺梅先生收藏的《觀世音菩薩》，另一幅是《墨荷》。《墨荷》最先是由一位蕭居士以六千萬元標得，但蕭居士的心意在護持佛光大學建校基金，不是為了作品而來，所以當場就反贈師父，希望大師保留這幅稀世珍品。

但師父為了籌募建大學的經費，不得已再次捐出，第二次則被遠東企業集團創辦人徐有庠先生以五千六百萬標得。一幅畫共賣出一億一千六百萬元，創下義賣會得標最高的紀錄。這場義賣會感動了現場所有的人，包含主持人高信譚與李艷秋，他們說從來沒看過這樣的義賣會，或許這就是菩薩大慈大悲的具體實踐。

從一開始的「佛光緣‧當代名家藝術精品義賣會」到現在，位於台北道場十樓的佛光緣美術館，已經成為佛光山現代化道場很重要的指標。師父說，現代人精神生活已經提升了，他們進一步需要的就是藝術的生活，佛教本來就有很好的藝術寶藏，應當善加發

大師與政治人物素齋談禪。左起：慈容法師、經濟部長王志剛、海基會主委焦仁和、大師、交通部長林豐正、立委羅福助父子。1998.09.13

揮展現，用來美化人心。而且佛教徒也要自我提升，不只是念佛拜佛，更要懂得藝術的涵養，會更增學佛人的氣質與美感。

素齋談禪　帶動道場的善緣

　　台北道場成立之初，並沒有自己的信徒，都是靠各道場帶動信眾來禮佛。為了帶動各項弘法因緣，師父首創「素齋談禪」四十九天的構想，希望廣邀社會賢達來吃齋談佛法。當時，剛好中華航空公司要淘汰一批碗盤餐具，師父說：「好，我們統統接收下來。」所以每一場素齋談禪的出菜方式，就像飛機上的個人餐點一樣，一道菜一小碟，不像過去請客吃飯，大家圍圓桌，一大盤菜夾來夾去，不符公共衛生。這種吃法既美觀又乾淨，也方便大家交流談話。

　　前來參與素齋談禪的朋友都是與師父有緣的各行各業人士，包含教育界、藝文界、媒體界，乃至各黨派的政治人物等。舉凡對

佛光山協助過的人或是熱心為佛教服務的人士，師父都邀請他們來「素齋談禪」，除了介紹新道場，也感謝他們對佛教的關心愛護。師父強調，大家要把道場當作自己的家，隨時來吃齋飯、來辦活動、講演，不要有拘束。

慢慢地，台北道場信徒多了，師父又想到，都市人生活忙碌常常會誤餐，如果來道場有一碗粥可以吃，會讓他們感受到寺院的人情味。於是，指示我們每天「以粥代茶」，「粥」，可以裹腹，也可以止渴，讓每一位進到道場的人，都有一碗溫暖的臘八粥可吃。吃完後，還有法師為他們解答疑惑，讓信眾都能帶著平安與佛法回家。所以這個粥也稱為「平安粥」，裡面有佛門的法味與慈悲的關懷，這就是人間佛教的人情味。

大師與榮總醫護人員在台北道場素齋談禪，由慈容法師獻唱古德詩偈。1995.05.26

佛光山北海道場

郊區道場　信仰落實修持化

　　佛光山的分別院大部分都在市中心，也有少數位在郊區的地方。這些郊區的道場如何接引信徒？師父教我們要加強修持的功能，比如舉辦多種進修課程，讓信眾能安住於講習、禪修或者齋戒會，像新北市石門的北海道場和三峽的金光明寺，就屬於這類型的發展。

北海道場

　　1982年，我在普門寺弘法的時候，有一名住在京都的日本華僑王村文彥，他在台北石門有一塊32甲的土地，但一直都沒有開發。有一天，他夢見觀世音菩薩指示：「這是一塊福地，要給三寶住持，未來能出高僧。」夢醒後，他就透過朋友介紹，來到普門寺拜

訪師父,說明他捐這塊地的因緣,希望我們圓滿他的心願。

　　由於這塊地的位置比較偏北部海岸線,開車要經過淡水、金山才能到達石門;沿路在濱海公路上彎來彎去,雖然風景優美,但是路途很遙遠。不過,我跟師父去看了以後,覺得這塊地還滿大的,而且山上空氣又好,不受都市塵囂干擾,很適合用來辦教育。於是決定接收下來,先由我兼任北海道場的住持,另派永平法師擔任當家,負責督導建寺工程。

　　這裡雖然寧靜,但台灣北海岸的風勢很強,每到冬季,整座山就煙雨朦朧。為了配合當地的氣候和環境,師父在蓋北海道場的時候,就不用傳統寺院琉璃瓦式建築,而改用石牆設計,可以耐風、耐濕氣又不易腐蝕。這種設計風格,也是當時佛教道場罕見的創新,在佛光山道場獨樹一格。

　　北海道場完工後,我就把台北女子佛學院第四屆的學生,從松江路搬遷過去,在那裡一邊讀書,一邊法務實習。寺院有學院就有生氣了,信眾也跟著慢慢增加。但一群女眾在山上,安全問題還是很掛念,所以又把女子佛學院搬遷到基隆極樂寺;北海道場就改為佛光山叢林學院男眾學部,另派男眾法師主持道場,現在的佛光山都監院院長慧傳法師就是那時候的院長。經過幾次變遷,現在的北海道場不但環境清幽,也成為北部信眾教育培訓很好的進修場所。

金光明寺

　　金光明寺剛開始蓋的時候,我正在美國西來寺弘法(約1997)。當時,師父希望在北區建一座專供信徒作教育培訓的道

人間大學在金光明寺舉行首屆開學典禮,由校長慈容法師主持。2003.03.08

場,同時也是北部的本山。後來有信徒跟師父介紹三峽這塊地,處於山林和市區中間,附近又有辭修高中及專修淨土的西蓮淨苑;師父覺得環境幽靜,很適合辦信眾教育與修道會,就開始規劃建設。

　　2000年,我從美國西來寺調回來的時候,金光明寺的硬體大致上已經蓋好了,2002年落成後,我就被派去擔任住持。金光明寺最初成立時,又取名「佛光山信徒大學」,就是以信徒教育為主的學

校道場。師父告訴我,這個學校不分年齡,讓每個人都可以進修,學生按照學分選課,學分修滿了,就可以參加畢業典禮。許多年長的信眾,一輩子沒有進過大學讀書,當他們在畢業典禮穿上大學服、戴學士帽時,個個開心得不得了,說是這一生最光榮的一刻。

後來,師父又將信徒大學改名為「人間大學」,更符合本山提倡人間佛教的教化,並契合本山宗風理念。

金光明寺寺院大,房間與教室多,很適合辦理「八關齋戒會」等短期修持活動;北區的信徒也終於有一個廣大的住宿空間,可以安心住在寺院過一日一夜出家修持。

近年來,覺培法師擔任住持後,他與里長、道廟宮觀、友寺都常有互動往來,加上師父又把「中華人間佛教聯合總會」總部設在這裡,發揮很大的功能,現在金光明寺已經成為三峽地方的重要道場,佛光會的大小培訓都在此舉辦。

普門寺與台北道場的先後建立,拓展了新北市的學佛人口,佛光山在內湖、永和、板橋、三重、新莊、新店、淡水等地,也紛紛成立講堂。這些寺院位於市中心區,多半是一棟大樓當中的二、三層樓空間。雖然規模較小,但在弘法上比照普門寺的模式,都有很好的發展,從此佛光山在北部的弘法能量就整個發展起來了。

一家寺院要管理得好,首重在人和,只要團結就有力量,信徒的護持也會源源不絕。另外,寺院也不是蓋得富麗堂皇就好,如果沒有教育、文化、慈善作它的內涵,就稱不上是功能完整的道場,只能說是超生度死的香火寺院。台北道場、新惠中寺與南屏別院等,都是很好的示範。

千里因緣　普門寺到五大洲

　　早年的普門寺，除了是本山各別分院弘法的示範，同時也是佛光山對外聯繫的重要單位，等同是佛光山駐台北辦事處。

　　過去台北的信徒或海外人士要到高雄佛光山，總感覺是一段很遙遠的路途；但有了普門寺以後，大家若要跟佛光山聯繫，就會來找普門寺。尤其，師父經常在此與各界人士見面，許多國際佛教人士也會來這裡掛單，所以我們也就有開拓海外弘法的契機與因緣。普門寺就像一個衛星站一樣，連結起各地的弘法網絡，開啟佛光山走向五大洲的緣分。

遠渡重洋　台灣經驗到美國

西來寺

　　1976年，由師父帶領，組團赴美參加美國建國二百週年紀念，當時洛杉磯有一位和師父同鄉的王良信居士，為人很熱心，一直跟師父說願意把一塊地送給師父建道場。1977年，師父就派有建寺經驗的莊法師前往美國勘查，才發現那塊地是位在住宅區，不能作為宗教用途，只得再另外找地。最後選定加州洛杉磯哈仙達崗的山坡上，創建一座中國式建築的雄偉寺院，就是西來寺。

　　美國是一個民主法治國家，所有建築都要左鄰右舍同意才能過關，對人權很尊重，也因此讓工程沒有辦法很好地進展。為了蓋好西來寺，莊法師不僅要配合政府政策，還出席了六次公聽會及一百

美國副總統高爾先生訪問西來寺,大師率僧信大眾熱忱接待。1996.04.29

多次協調會。那段期間,西來寺收到無數次的抗議投書,還被人圍山,甚至建築公司的為難,他都堅強忍耐的承擔下來。經過八年的辛苦奮鬥,最後終於在1986年開工興建,1988年舉行開光落成典禮,及首次水陸法會與傳授三壇大戒。

我是在1995年12月從台北道場卸任,前往美國西來寺就任,成為西來寺第四任住持。之所以去美國的因緣,是我跟師父爭取來的。雖然我不會說英文,師父也不同意我去,但還是自告奮勇向師父請命前往美國。

主因在於美國是我們在西方國家的首站,西來寺又是本山在海外的重要指標。寺院的發展在每個時期,都有不同的使命與任務,初期主力在建寺,之後必須以活動對外接引信眾。我自認為有多年的寺院管理經驗,加上國際佛光會剛起步,非常需要積極開創海外協會;或許這一趟美國弘法,可以把寺院與佛光會一起發展起來。就這樣,為了讓西來寺更大一步跨越,我就義無反顧地前往了。

1996 年西來寺邀請鄰近社區中外人士參加農曆新年活動

讓西來寺走出去

　　到了美國的第一件事情，就是讓西來寺信眾動起來，讓佛教走出去。我首先從洛杉磯開始發展國際佛光會的會務，召集信眾一起舉辦活動。從台灣的經驗給我一個啟示，一個團體因為經常舉辦活動，所以能保持源源不絕的活力與生氣；只有透過活動，才能增強信眾與寺院間的聯結及向心力。

　　但是，海外佛光會的發展，畢竟不像在台灣那麼容易，單靠信仰的凝聚力是不夠的，需要各種活動來充實內涵，帶動大家團結的力量。於是我們開始規劃一系列「走出去」的活動，其中很多都是在美國弘法的創新；這些首創的活動經驗，都成為佛光山海外各別分院在弘法上很好的參考。

祈求世界和平法會

師父常說：「到一個地方，要先給人認識、給人接受。」所以，我到了西來寺辦理的第一個大活動就是宗教聯誼會；佛教與佛教要聯誼，佛教與其他宗教更要聯誼，不能總是各信各的互不往來。我在1995年底就職，1996年1月1日就舉辦「祈求世界和平」宗教聯誼法會，邀請各宗教、政治和僑團領袖一起參加。首屆舉辦就有第一美以美教會、摩門教、伊斯蘭教、日本淨土真宗、印度教、聯合基督教會，還有佛教界南北傳各個教派神職人員來西來寺參與，達到一千多人的盛況。

雖然大家彼此的信仰不同，語言也有隔閡，但我們有共同的信念——為世界祈和平。我讓大家一同在佛前誦念師父的〈為世界和平祈願文〉，每位宗教人士呈現他們各自對教主的讚美禱告，佛教徒唱聖歌，基督教徒朗誦詩歌，回教徒向阿拉禱告。

程序結尾是各宗教一起大合唱，我們採用了融合美國本土文化特色的歌曲，由著名的迪士尼樂園的〈小小世界〉歌曲，把歌詞改成佛教歌詞。這首曲子在美國家喻戶曉，大人小朋友都能琅琅上口；我就善巧方便地把它設計在法會的最後，由佛光會員穿上代表各國的服裝獻供，表示我們不分種族、不分宗教，彼此和諧共存，那種氛圍讓各宗教的參與者都無限歡喜感動。

這個活動從1996年開始迄今，從來沒有停辦過，是我在西來寺推動宗教交流的第一步，讓西來寺與當地主流宗教交流，也讓佛教帶動各宗教的友誼融和。到現在，不只是持續舉辦，同時還維持以西來寺為主辦單位，各宗教每年到西來寺參加盛會，西來寺也因此

慈容法師於美國洛杉磯安那罕大會堂，舉行「點亮希望的燈」祈福法會，由大師親臨主法。
2000.02.27

一直扮演各宗教交流的橋樑，這也是幾任住持多年努力的成果。

「點亮希望的燈」法會

在台灣，佛光會每年一定舉辦一場「禪淨密共修獻燈祈福法會」，多年下來，對於信徒的凝聚力與社會形象都很有幫助。我那時就思考，如何讓它也可以搬到美國舉辦，讓外國人開開眼界。但是這麼大型的活動，要飄洋過海就很費工了。不過，我仍然堅持舉辦，為什麼？過去華人寺廟也好，西來寺也好，弘法活動都僅限於寺院裡，社會大眾看不見，佛教的信仰人口就不易增加，當然很難帶動佛教的影響力。

所以，我一直希望藉著戶外的各種活動，讓美國人看見佛教，聽聽清淨莊嚴的梵唄唱頌。所以宗教祈福法會結束，二個月（1996年3月）後，我們就在加州州立理工大學波莫納分校體育館（Cal

Poly Pomona）舉辦「點亮希望的燈」法會，其實就是台灣的「禪淨密共修獻燈祈福法會」。我們向學校借的場地很大，那個區域的華人也多，西來寺就發動所有信徒與社區、鄰里的人都到學校參加，創紀錄地整個會場全坐滿。

為了讓大家都能感受到跟台灣一樣莊嚴殊勝的法會場面，師父在台上開示時，我就將中間的佛像與主講者的木製舞台，設計成可以三百六十度旋轉，好讓大家都能看得到佛像和師父。但那時並沒有錢可以另外安裝電動遙控舞台，只能請幾位男眾居士，躲在舞台下方狹窄的空間裡，合力推動旋轉，好讓坐在不同方位的每一位信眾都能看到師父。感謝這些金剛師兄都沒有抱怨，一心合力地完成在西方的第一場禪淨密法會。

活動結束後，當年西來寺的當家慧傳法師帶領義工前去整理環境，將學校禮堂有用到的地方、沒用到的地方都打掃得乾淨整潔。兩、三天後，學校場地管理員打電話到西來寺感謝說：「你們把環境打掃得比我們原先還乾淨，讓我們很感動，非常歡迎你們明年再過來辦活動。」這次經驗，不但讓佛教走出去，還在當地社區建立一個良好形象，西來寺獲得美國人的肯定，這一步算是成功了。

傳承中華文化　佛光成年禮

在西方社會中，中國的父母特別感受到孩子在西方教育下產生的問題，如：對親情的淡薄、倫理觀念缺少、感恩心不夠等等。這時，中國寺院常常是他們寄望孩子獲得中華文化薰陶的地方，所以很多華僑都會把第二代帶到寺院禮佛，希望在這裡學一點中國傳統

西來寺舉辦佛光兒童夏令營。1997.04

的禮儀規矩。我因為在台灣有舉辦類似活動的經驗，為了幫助這些中國移民的下一代，就規劃了「成年禮」活動。

1996年，我開始在西來寺舉辦「佛光成年禮」，當天來了百餘位青少年及家長。後來又舉辦「青年生活營」、「兒童夏令營」、「青少年夏令營」，參加的年輕人，有來自歐洲、澳洲、台灣、大陸等地的華人後裔，大家像一家人般相處融洽。我在這些活動中，特別感受到美國是一個多元民族的國家，除了政治民主，社會也非常包容開放，難怪大家都想到美國發展。

國際翻譯中心

為了美國弘法的本土化，在師父指導下，我們在國際佛光會組織裡，成立了「佛光山國際翻譯中心」（1996），將總部設在西來寺，各洲總本山道場設立分部。現今世界各國出版的師父譯著，已經多達二十二種語言，北美國際翻譯中心一直是由依超法師負責，再由美國佛光出版社發行。

在海外，語言是弘法的第一條件，但師父卻能不受這個障礙，一樣在世界各國弘法。我聽慧傳法師說，他剛到西來寺的時候，翻譯人員的水平還不是很成熟，有一次師父舉辦佛學講座，因擔心譯者口譯不夠流暢，特別指示工作人員要到台下看看大家聽講的反應，好做改進提升。

結果發現，當地人並沒有戴耳機聽翻譯，反而是很認真地用心聽師父開示。結束後，他問那些美國人為什麼不戴耳機？他們說：「我戴耳機反而聽不懂，但是我看星雲大師在台上講話，從他的神

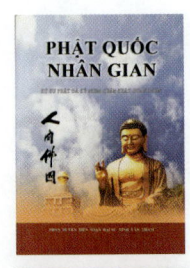

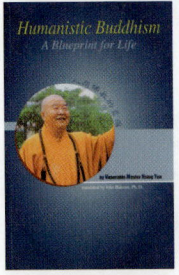

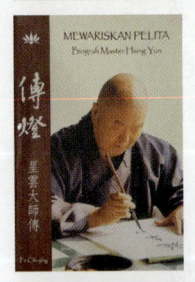

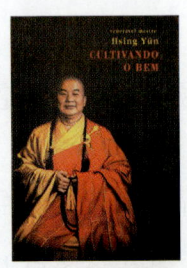

情與手勢,反而讓我了解他在說什麼。」這讓我想到師父所說:「只要心中有眾生,就能度眾。」真是一點都沒有錯。

網路弘法

美國是一個科技很先進的國家,1990年代已經是資訊弘法的時代,所以來到西來寺的隔年(1997),我就馬上成立「電腦資訊中心」。整個西來寺的網頁、國際佛光會網頁、西來大學網路與資訊課程,都一起建構起來。像2006年,師父曾以「佛教對社會問題的看法」為講題,在西來大學展開遠距教學,當時有美、加、巴西、台、港、新加坡等六個國家地區、二十個定點同步連線上課,對於傳播佛教有很大的幫助。

電台與電視弘法

佛教要在美國發展,不能不跟上時代的腳步,最快的方法就是善用電視廣播的力量。西來寺本身就有錄音室設備,又加上我在台灣做過電台弘法,於是我第一個就想到找當地的聯邦廣播電台,每週播出「佛光

美國佛光出版社出版的星雲大師英譯著作

緣」節目。接著,又找到兩家電視台合作,分別是洛杉磯華美電視台和北美衛星電視台,每天都播出五分鐘的「星雲說」、「星雲法語」和「星雲說喻」。又聽說美國人最喜歡互動的節目,我們就製作生活佛法的Q&A,以及教大家如何做素菜等等較為活潑的單元。

總之,如師父所說,要用各種方式,讓佛教被看見、被聽到,做到客廳就是佛堂,不出門也可以學佛法。

真正的慈善是「教育」

美國人很重視敦親睦鄰,也是一個很重視慈善的國家,福利制度很好,還有對失業者的救濟金。雖然如此,我們在當地仍不能忽視以慈善福利社會。但師父說過:「救濟只能濟人一時之貧,教育才是永久的慈善。」所以,我就聯合國際佛光會的會員發起「教育賑濟活動」,捐贈三十餘部電腦給洛杉磯哈崗地區各級學校。

當時的當家慧傳法師說,當他把募集來的五台電腦送到西來寺鄰近的學校時,結果某一個學校的副校長拿到電腦時,熱淚盈眶感動的說:「我們在這個學區,十幾年來你們是第一個來關心的團體。」讓我們不禁感覺到做了一件對當地很有助益的事。這個活動一直到我離開西來寺後,都持續進行著。

哈崗國慶遊行

七月四日是美國國慶日,也是美國人民很重視的日子,各地都會舉辦慶祝活動;我們身處當地社區,當然也要融入他們的慶祝活

聖地牙哥市越棉寮華人協會佘紹漢會長，帶領僑界人士訪問西來寺。1995.12.09

天主教查法拉主教親訪美國西來寺，由住持慈容法師接待。1998.10.21

西來寺舉辦親子活動，住持慈容法師與慧傳法師帶領大家抽獎。

慈容法師發行的美洲版《人間福報》舉行創刊週年慶，大師親臨嘉勉。2001.07.20

動中。那天，西來寺與洛杉磯協會所有信徒、會員、男女老少，通通都出來街上參加國慶遊行；因為大家的參與，美國人就看見國際佛光會和西來寺這個團體。漸漸地，許多美國人都知道要來西來寺參加活動，佛教也就慢慢走入美國人的心中。

　　很多西方人都讚歎西來寺是北美洲最大的佛教寺院，甚至用「美洲的紫禁城」來形容它。記得我到美國的第一年（1996），美國副總統高爾（Al Gore）曾到寺裡拜訪師父，同年，也邀請美國總

第三章　創意弘法——開創佛教新格局（寺院弘法篇）　175

西來寺佛誕節浴佛法會，住持慈容法師主法。1997.05

西來寺短期出家，大師親臨主法。1998.07

西來寺佛誕節首辦敦煌舞表演。1997.05

西來寺積極參與所在的哈崗地區活動，在美國國慶遊行中，多次榮獲第一名。2016.07.12

統柯林頓（William Jefferson Clinton）到西來寺。柯林頓總統稱讚西來寺是西半球最莊嚴的佛教寺院，還對西來寺促進東西文化交流及淨化人心的成就，給予高度肯定。

　　讓西來寺走出去，聽起來似乎不難，但沒有經過一、二十年的努力經營，是不容易被當地人認同的。雖然我在美國只有短短的五年時間，但也帶動了不少的弘法活動，自覺對師父及常住也有一點的交代。2000年7月15日，師父在西來寺的供僧法會開示到最後就

1996~2000年美國西來寺大事記

年代	事件內容
1996/1/1	第一屆「祈求世界和平法會」邀請各宗教、族裔、社區代表等2千餘人參加。
1996/1/16	洛杉磯協會成立「助念小組」。
1996/3/3	舉辦「點亮希望的燈」尊重與包容系列活動，由國際佛光會世界總會主辦，地點位於加州州立大學波莫納分校體育館。
1996/10/25 1996/11/17	美國國防部禮請西來寺法師登上奧雪斯凱航空母艦，以佛教儀式舉行兩場慰靈典禮。
1996/11/30	西來寺與國際佛光會世界總會首次舉辦「佛光成年禮」。
1996	西來寺成立「國際翻譯中心」翻譯星雲大師著作。
1996	於洛杉磯華文廣播電台AM1300製作佛教廣播節目。
1997/8/15	星雲大師與慈容法師首次接受CNN電視台訪問，探討佛教傳統及東西文化差異。
1998/1/16	舉辦「淨業齋戒會」，以念佛為主要修持方向。
1998/1/23	佛光青少年交響樂團應加州迪士尼樂園之邀前往演出，演出內容配合佛教法器引磬、木魚演出，深深吸引在場中外人士。
1998/6/21	「梵音樂舞文化藝術饗宴」美加巡迴表演，在洛杉磯巴沙迪那市立劇院盛大演出。
1999/4/4	舉辦「春季祭典清明法會」，西來寺與玫瑰崗墓園合作，由西來寺法師主持法會。
1999/7/5	洛杉磯協會參加哈崗國慶遊行活動，獲得總冠軍「總匯獎」。
2000/5/9	美洲《人間福報》試刊版一萬份於全美洲發行。

資料來源：《佛法西來25——西來寺25週年紀念特刊》

大師前往關島了解設立道場之事,由僑領張姚宏影(左二)陪同,拜會關島總督鮑達流(左四)。
1986.03.17

說:「容法師在西來寺已經好幾年了,住持做到今天。明天開始由慧傳法師擔任住持。」

我的上台下台就是這麼簡單幾句話,沒有什麼商量,師父怎麼說,我就怎麼做,依教奉行,沒有第二句話。

關島佛光山

關島佛光山的建寺,是觀世音菩薩接引的因緣。

1986年,日月光集團創辦人張姚宏影準備將關島的事業遷回台灣,她派駐在關島的經理馮潤椿在返台的前幾天,不斷地夢見觀音菩薩跟他指示:「關島什麼宗教都有,就是沒有佛教,你要把這件事告訴你的老闆。」馮經理醒來之後,覺得很不可思議,就向董事長張姚宏影報告,張姚宏影聽了,就專程到普門寺找我,表明希望

佛光山可以派人去弘法,她願意把一棟獨門獨院的洋房送給佛光山作佛堂。因為她請法之心非常懇切,師父知道後就慈悲應允,當年底就派我去成立關島布教所。

由於,我與關島有了個起頭的緣分,又擔任都監院院長的關係,所以每年都與平和尚前來主持幾天法會跟皈依三寶典禮。1990年,成立四年的關島布教所的佛堂已經不敷使用,師父又派我前往勘查添購建寺的新用地。在信徒的護持下,新建用地選在Barrigada市,距離國際機場只有五分鐘車程,面積不算小,就是現在的關島佛光山。

巴西如來寺

南美洲的建寺是一個很特殊的緣分,當年我在台北普門寺擔任住持期間,有巴西的華僑在當地出錢蓋了一座觀音廟,建好以後要舉行落成典禮,可是請不到法師來主持。1991年8月,巴西華僑工商協會理事許疊來到普門寺,想邀請佛光山到巴西為觀音寺落成開光,非常希望師父可以前往。

我跟師父報告後,師父認為我們既然沒有去過巴西,就去探探路也好。師父到了巴西,在日本華僑會館做了一場演講,一群華僑聽說星雲大師來開示,通通過來聽師父講話,就這樣認識了世界台灣商會聯合總會會長張勝凱,還有後來成為巴西佛光協會第一任會長的斯子林。

張勝凱是當地僑界的領導,也是巴西台灣商會會長。他和太太陳淑麗早年就從台灣移民巴西經商,兩人都是菩薩性格,很樂於助

大師與慈容法師前往巴西弘法，僑領張勝凱（右一）捐宅為寺，為佛光山在南美洲弘傳佛法的第一個道場──如來寺。1992.04.24

人。張勝凱跟師父說：「大師，這個地方華僑很多，大家都希望有一間佛教的廟來拜佛。我有一棟別墅和一塊地送給您，您來這裡看看可以怎麼規劃？」我們去看了那棟別墅和外面的廣場後，覺得未來發展有限。但是，已經決定在巴西弘法了，就派覺誠法師過去，他就在旁邊又買了一塊更大的地建寺，就是現在的如來寺所在。

早期沒有寺廟的地方，我們都先成立佛光會，像南美洲的智

利、阿根廷、巴拉圭都是。巴拉圭道場在東方市，地點在市場裡的四樓，從菜市場進入後，坐電梯上去就是佛堂。2021年新道場終於建設完成，住在那裡的幾乎都是台灣華僑，對於公益慈善都非常熱心。尤其，宋永金在當地成立慈善團隊，又建立中巴康寧醫院，對巴拉圭大眾的貢獻很大。

一份結緣　我們走向了歐洲

法國法華禪寺

　　台北是台灣面向世界的窗口，各國往來的人士很多，因此我在普門寺做住持時，就與後來海外的弘法多了一些緣分。師父會在法國建寺，最早的因緣是一名越南華裔的明禮法師，他在越戰的時候逃難到法國，後來在巴黎建設「靜心禪寺」。他每一次到台灣，都會掛單普門寺，因為那時台北的寺院沒幾家接受外來法師掛單，所以普門寺成了海外法師最常掛單的地方。師父給我的理念就是，出家人來就要給人方便，所以明禮法師雖然經常法國、台灣二地來來去去，我們也不會干預他的行動，只是禮貌性地接待他。

　　大約兩年後（1989），他跟我說：「我蓋的寺廟要落成了，能不能請大師來幫我們開光？」我把這件事報告師父，師父說：「我們沒去過法國，去看看也好。」我就在普門寺宣布「歐洲考察團」出國參訪訊息，一下子就有八十多人報名參加，一團人就浩浩蕩蕩前往法國巴黎，參加靜心禪寺的落成典禮。

慈容法師（右二）、慈惠法師（右三）、蕭碧霞師姑（右一）攝於法國巴黎古堡前。
1992.01.06

　　師父替他們開光、講演，來了好多華僑聽法。法會圓滿後，有一位黃玉珊老太太來問我們：「師父啊！拜託您來這邊建個廟吧！這邊都是越南廟，我們都不會念越南語，您來這裡建廟，我們一定會護持您。」黃老太太很熱心，當時就載著我們四處去看地了。等我們回到台灣後，她又一直寫信來催促我們，又熱心地找了幾塊地，一定要我們派人去看。所以，師父就派莊法師去巴黎籌備購地和建寺的事情。

起初,買下的是盧努瓦雷諾古堡,那棟房子就像中古世紀的建築一樣,外觀看起來很漂亮,但是能用的空間非常少。而且法令規定古蹟不許拆、不能改,加上距離市區很遠;後來就將古堡賣掉,在市區買了一棟舊傢俱工廠加以改造成寺院——巴黎佛光山,法國的建寺就是從那個時候開始。而後歐洲幾個國家的協會發展也都從這裡開始,對外陸續拓展開來。從依照、妙祥、滿謙、覺容法師等人,都陸續擔任歐洲總住持,現在歐洲弘法已經是穩定發展,也算是佛教在歐洲的文藝復興吧。

華僑請法　大洋洲需要佛教

澳洲南天寺

在澳洲建寺的緣起,最初是一位越南華僑寸時嬌小姐的來信邀請。她的先生是一名香港醫生,因為越南發生戰爭,她就和先生移民到澳洲臥龍崗。1988年,寸小姐到台灣佛光山參訪,當時我是都監院院長,她就來跟我說:「拜託佛光山到澳洲來建寺,這裡很多地都是政府的,可以來買,不會太貴;我們這裡有很多華人,想要拜佛,卻沒有華人的寺廟可以拜。」她說母親年紀大了,很希望接母親到澳洲奉養、照顧。但她的母親說:「我老了想要拜佛,你們那裡沒有廟,我不要去,我要在普門寺。」我就把這件事情向師父報告。

隔了一年（1989）,澳洲臥龍崗國營的BHP鋼鐵公司總裁和臥龍崗市長佛蘭克來到佛光山,參加由中國鋼鐵公司舉辦的「國際鋼

大師主持南天寺落成典禮,右一慈容法師。1995.08.10

鐵學術會議」,並參觀佛光山各項建設,他們看了之後非常讚歎,就邀請師父到澳洲建寺發展。

當時澳洲有「白澳政策」,一向不大喜歡外國人來移民,不過澳洲也收留了一些難民,大多住在臥龍崗和雪梨,所以師父就要我先去看看,勘查一下風土民情。澳洲的飛機都是晚上才有航班,我半夜十一、二點登機,抵達時天已經亮了。臥龍崗的華人很熱心,開了一個多小時車來接我,還特別請了舞龍舞獅來迎接。臥龍崗是一個小城市,華人通常會聚在一起,他們先在市場租了一間小辦公室,作為聯絡的地點;後來看到現在南天寺這塊地,是一座很像麵包的山,我覺得這個地方很不錯,回來後便跟師父報告。

當臥龍崗政府得知我們在找地後,全市議員一致決議通過,支

大師親臨主持中天寺第一期工程竣工典禮，右一慈容法師。1993.10.30

持佛光山在澳洲建寺。1990年，當時的市長亞開爾（Frank Arkell）同意捐贈柏克萊區二十六畝土地給我們，作為建寺用地。

等到要簽約時，師父叫我去和市長溝通、簽約，當時市政府允諾從半座山到平地都可以給我們使用。但最後我想，後面那塊地以後若有人建房子，人家建得比我們更高，從山上可以看到我們的一舉一動，這樣不好。市長就跟我說：「這個地方是保護區，不會再建房子。」我說：「有時政策也可能會改變，將來政策改變時怎麼辦？」市長也很慷慨，最後他說：「那這樣，我租給你們九十九年，一百塊錢。」因為合約不可以超過一百年。我問：「九十九年

後怎麼辦呢？」市長說：「我們再來嘛！」大家都笑了出來。

　　一切建寺的因緣都水到渠成後，師父就帶領莊法師、惠法師和我再去澳洲勘查一次，師父看了之後也覺得環境很好，可以跟當地政府簽約。我們就從1990年開始建寺，但是臥龍崗離市區遙遠，為了能在中途有個據點，我們只好在雪梨市區先建個講堂，就是現今的南天講堂。

　　隔壁昆市蘭省的信徒聽到師父來，立即恭請師父到布里斯本弘法。他們跟師父說：「我們到雪梨共修，要坐一個半小時的飛機，希望師父可以在布里斯本建立道場。」師父說：「好，你們去找地方。」就這樣，找到了國家公園裡面的一塊地，原先是基督教教會準備建教堂使用，但是三四年都沒有建成，我們知道了就把它買下來，才得以在森林公園保護區裡建立中天寺。1993年10月就完成第一期工程，師父派依來法師擔任首任住持。當地信徒常說：「中天寺是上帝去創業，佛陀來坐正殿。」歷經幾年的努力，1995年，澳洲總本山南天寺也終於落成。

墨爾本尔有寺

　　我在台北創辦佛光會的時候，墨爾本有一位越南華僑楊志鎦醫師，他透過基隆的朋友來找我，希望墨爾本有一個中國廟，他是一個社團的團長，自願幫忙我們在當地發展。那時國際佛光會正在各地成立協會，所以我建議他先成立佛光會，透過活動接引大家，未來就可以慢慢發展起來。當時，我還親自到墨爾本一趟，幫他們成立佛光會。

慈容法師與心平和尚前往菲律賓，與華僑呂希宗簽訂慈恩寺管理權。1989.03

後來我們買下一間舊學校，開始辦活動，又在市區買一層樓，設置美術館，就這樣把墨爾本佛光山建立起來。所以佛光山很多海外的分別院，都是從一個小據點，慢慢人多了，經費有了，才真正找一處適合的地點建設道場，不是一下子就能夠有一間大廟的。

傳承信仰　菲律賓日本弘法

菲律賓慈恩寺

菲律賓道場是我擔任佛光山都監院院長時接管的，當時信奉天主教的華僑呂希宗、呂林珠珠夫婦，為了紀念母親，在1988年發起建造慈恩寺。慈恩寺啟建完成後，呂林珠珠的子女希望有法師來管理寺廟，因為他們認為寺廟還是需要三寶住持才能發揮功能。所以

透過也是普門寺信徒的朋友謝淑英介紹,四度到佛光山拜訪師父,希望我們能派住持過去弘法,同時表明他們願意把慈恩寺捐給我們,讓我們管理。

當時師父就叫我先去看看,然後在1989年3月正式簽約接管,師父說:「既然你跟當地有緣分,就由你擔任慈恩寺首任住持,永光法師輔助你,駐守當地擔任監寺。」經過二十多年的深耕,呂林珠珠看見我們對菲律賓的奉獻努力,所以在2012年,無條件地將慈恩寺地契捐贈佛光山,作為人間佛教道場。

早年在菲律賓弘法是困難重重,菲國政局不穩、兵變時常發生,社會的貧富差距很大,經常有暴動、綁架等駭人聽聞的事情。有一次,一個時常在寺院幫忙的菲律賓人,竟然拿起槍指著我們家的法師們,幸好最後大家都平安無事。如今人間佛教在菲律賓總住持永光法師,前任及現任住持永昭法師、妙淨法師等人的努力下,不止是寺院弘法,也創辦光明大學,積極的以教育文化深耕地方,以藝術、音樂、體育弘揚人間佛教。這二十年來,已經進入本土化的發展,算是走上平穩的發展。

日本道場的成立

佛光山在日本的弘法,一開始是西原佑一的因緣。西原佑一是嘉義人,媽媽林慈超是圓福寺虔誠的信徒,所以他很早就跟著母親皈依大師。後來,他前往日本留學、做生意,就在當地定居,因業務關係時常往來美國發展。1987年,師父前往美國白塔寺講演,西原佑一也在場聆聽,聽完後就向師父請求:「能不能到日本設立道

日本朝日新聞吉田實（站立者）及西原佑一督導（右一）至本山訪問。1991.10.15

場，給旅居日本的華僑一個心靈安頓的地方？」師父馬上答應，並派我去東京查看情況。

1991年9月，我先到日本勘查地點，當時西原佑一是明星企業株氏社會社長。他跟我說：「若派法師來這裡，我可以提供東京都永福町的辦公大樓作為布教場所。」我當時就感動他的誠意，畢竟在寸土寸金的東京市能不吝布施，怎能不全力支持。回台跟師父報告後，馬上獲得同意；當年就禮請師父前往東京作三場的佛學講座及皈依典禮，1991年10月27日成立日本佛光協會。

西原佑一提到，在日本的中國人較難適應日本的宗教，而他自己本身在年過四十之後，更深感佛教帶給人類心靈的平和。因此，每次在與朋友相聚時，大家不約而同的談到如何充實心靈等問題，大家對佛教更有著相同的情感和認同。而大師所推動的人間佛教最

令他感動,也是最適合現代社會需要的佛教。

就這樣,我們日本的弘法就從西原佑一的公司開始,每週日所有協會的會員都來參加法會,一樓是信徒共修誦經的佛堂,三、四樓還有兒童班、插花班、日文班等課程。由於參加的信眾越來越多,沒多久佛堂與教室的場地就容納不下了,信徒陳逸民夫婦等人就向師父請求:「希望可以找另一處更大的地方成立道場。」

後來,找到現在東京板橋區熊野町的一處倉庫裝修成道場,面積有三百多坪;1993年5月30日,舉行落成典禮,就是現在的東京別院。在日本建寺不容易,需要取得宗教法人資格,才會被認為是有傳承法系的道場。1999年,我們終於取得東京都「宗教法人」的認證許可,正式定名為「宗教法人臨濟宗東京佛光山寺」。2007年,大師前往主持重建落成啟用典禮時說:「重建後的東京佛光山寺雖小,就如三克拉的鑽石,希望大家到此如入寶山,皆大歡喜而回,未來佛光山的弘法能增加台、日兩國的友好關係與文化交流。」

有了東京別院,佛光山在日本的法緣就漸漸成熟,各地信徒也陸續邀請建寺,1994年大阪道場、1995年名古屋禪淨中心、1999年福岡佛光緣、2002年本栖寺以及2003年法水寺,都是以東京別院為起點而開展出去的。由於我在日本留學過,對日本的環境和文化多少有一點了解,2002年師父指示我擔任「日本教區教育長」,希望我多多關心日本道場的弘法。

三十年來,我們深深感覺到要在日本發展人間佛教比較困難,因為日本佛教的宗派性很強;不容易接納外來的佛教,而外來的佛教也不可能加入他們。日本佛教的特性是不同宗派幾乎不來往,每

大師與各界貴賓出席日本佛光山法水寺大殿上梁典禮，右一慈容法師。2016.05.21

個宗派都有一個總本山，在總本山受訓過的人，回去後就會設一個佛寺作為家廟，以後再傳給兒子。

所以日本的廟平常不開門，一年只開一次，7月是他們的大月，廟裡的住持會到每戶信徒家裡送平安符，信徒也會添油香。如果信徒屬於這間廟，就不可以去別的廟，下一代也是一樣；還有家裡的喜慶婚喪，都由這間廟來做主，稱為檀家制度。因為宗派不同，所以儀式也不一樣，不但佛教之間派系分明，信徒也不相來往。這也是我們在日本弘法比較難突破的地方。

不過日本的大廟只要財力足夠，就會舉辦社會慈善福利事業，如養老院、孤兒院、醫院；所以早期日本佛教的事業比台灣寺院興盛，台灣佛教就是蓋寺廟，日本佛教多做社會福利。還有，日本佛教也會辦學，像佛教大學就是日本的宗派辦的，但是各個宗派辦的大學，彼此也不來往。而家庭式的小廟由於沒有收入，所以和尚都要去上班，有的去當老師、有的去做編輯，他們沒有靠寺廟的香火維生，而是在社會上服務領薪水。

過去師父曾經擔任「中日關係促進協會」的會長，組團去日本觀摩、講演好幾次；他們的會長曹洞宗貫首丹羽簾芳也組團到台灣交流幾次。但是到了第二代，情誼就越來越淡，所以促進會後續的發展，跟我們就沒什麼關係了。

未來希望　非洲淨蓮南華寺

南非南華寺

最早去非洲探路開發的，是我的妹妹依來法師。1992年，五大洲都開始有人前往弘法了，唯獨非洲還沒有因緣。有一次，師父在佛光山開宗委會，討論海外道場的開發因緣。師父說：「我們應該把人間佛教帶到非洲，不知道誰有非洲的因緣？」然後他環視四周，就問：「來法師，你的哥哥不是在非洲嗎？」來法師回答：「對，我哥哥在史瓦濟蘭，是南非農耕隊。」「在那裡多少年？」「已經二十幾年了！」就這樣，依來法師就被派去非洲做開路先鋒，而這一步正是人間佛教進入非洲的重要起點。

南非南華寺大雄寶殿開光落成典禮。2005.10.23 　　　剛果佛光緣法師指導浴佛。2017.04.10

從兒童教育做起，南華寺監寺慧行法師帶領小朋友們在路跑前宣示愛護地球減碳活動。2022.11.15

依來法師過去後，先在南非新堡設立禪淨中心；1994年，成立開普敦禪淨中心；1995年，成立德本禪淨中心，慢慢地帶動南非當地人認識佛教。1994年，我就禮請師父到非洲主持第一次的佛學講座和皈依典禮，同時為十位剛果青年剃度。這不僅是佛光山在非洲的首批弟子，更是中國佛教歷史上的第一次。

佛光山在非洲的發展，迄今三十年，本土化也有了成果。在慧昉法師的領導下，現今南華寺共修的信徒已經有一半以上都是當地人士，多年來我們栽培的黑人徒眾也陸續畢業，擔當弘法的責任，像剛果佛光緣的慧徹法師等弟子。他們的信徒也是清一色的黑皮膚，也辦共修、佛光寶寶祝福禮、佛學會考、浴佛、環保淨灘和植樹等。實在非常不容易。

佛光山進入非洲，不僅是將佛教帶入非洲，也將中華文化帶入非洲，這是歷史性的空前紀錄。可以說，師父把佛教的種子播撒在非洲，現在已經成長成一棵樹，可以庇蔭眾生。未來需要更多非洲的弟子傳承，發揚光大佛教在這片土地上。

總的說來，我與佛光山海外道場的建寺確實有著奇妙的緣分。從普門寺到佛光山都監院，因為師父的法緣帶動了世界各地建寺的開展，而我因為職務的關係也成為接引的一縷因緣。但是，我畢竟也只是一個人，無法分身去管理那麼多寺院；只是作一個起頭的帶動作用，後續的建寺與發展只能交給其他師兄弟去完成。1992年，師父創立海外都監院及佛光淨土文教基金會後，海內外的建寺工程就交由莊法師統籌負責了。

國際佛光會 2014 年世界會員代表大會在佛陀紀念館舉行。2014.10.04

第四章

全台行腳──蓮花遍地開（中華總會篇）

從普門寺到中華總會，是我人生重要的轉捩點，
過去的寺院弘法，接觸的是信眾；
但佛光會會務，面向的是廣大的社會群眾。
我沒有社團經驗，更不懂社會運動；
所幸有師父的帶領，僧信二眾的和合努力，
才能引領中華總會創造全球佛光會的範式。

佛光會成立　人間佛教新紀元

師父的領導一直是帶動佛光山前進的方向，也是佛光山弘法發展的關鍵。民國68年（1979）起，我們開始在電視台製作一系列的弘法節目，像《甘露》、《信心門》、《星雲大師佛學講座》等。不論對師父或是整體佛教而言，都是一個歷史性的里程碑，因為在此之前佛教是無法上電視弘法的。加上，師父全台各縣市的巡迴佛學講座，佛光山的信徒越來越多；大家都要請師父去講經說法，佛光山的分別院也一間一間的建設起來；短短幾年內，師父的名聲很快地就在社會上傳開了。

組織社團　團結信眾的力量

在成立佛光會以前，我們其實不太清楚佛光山的信眾有多少、有多大的影響力；但從三場的「回歸佛陀時代」弘法大會（1988）下來，每場次都有超過五萬人來參加，這讓我們清楚看見佛光山的群眾力量，以及社會大眾的接受度，對後來成立中華佛光協會（1991）是很重要的經驗。尤其，那時台灣社會剛解嚴[1]，政府對民間社團集會與組織開始漸漸開放，這對舉辦大型弘法活動是一個很好的時機。

早年在宜蘭時期，師父就一直推動佛教從寺院走向家庭、走向

1　1987年7月15日中華民國政府解除「台灣省戒嚴令」，該戒嚴令自1949年5月19日頒布，次日開始行使，共行使38年多。

中華佛光協會成立大會於台北國父紀念館舉行，由大師親自主持。1991.02.03

社會；但是因緣時節不成熟，讓他沒有辦法很好地施展理想抱負。尤其，當時台灣剛光復不久，接著又進入戒嚴時期，政府對人民的集會、對社團組織有很多限制；加上蔣夫人宋美齡是一位虔誠的基督教徒，對一些在朝當官的人有很大的影響力。這些官夫人們都顧及先生在朝的官位，紛紛改信基督教；唯獨孫立人將軍的夫人孫張清揚不懼權勢利誘，堅毅勇敢的繼續護持佛教。所以，師父對於孫夫人為教的貢獻，一直感念在心。

為何組織社團的第二個原因，是佛教界的不團結，沒有共識，有如一盤散沙，沒有救世度眾的功能。過去以來，師父一直受到中國佛教會的排擠，為佛教感到很可悲，覺得佛教會已經無法跟上現代化社會的需要；因此，當政府開放民間團體可以籌組社團後，師父便立刻成立國際佛光會。

但其實，在國際佛光會申請前，師父最早想要成立的是「中國佛教青年會」，因為他認為青年是佛教的希望，只有從青年開始，

才能走出佛教的新氣象。因而我在台北別院時，師父就曾召開「佛教青年會」籌備大會（1978年11月），邀請了很多當時的教界大德共同參與，如煮雲法師、聖嚴法師、靈根法師、朱斐、張培耕、藍吉富、游祥洲教授等等。[2] 可惜，終究沒有成功。師父曾說：

就在辦青年會的計畫喊出去以後，最緊張的，不是基督教，也不是天主教，而是中國佛教會。彷彿世界末日來臨，中國佛教會就要被打倒了一樣，他們奔走呼號，到處想辦法阻止佛教青年會的成立。想起來，真為佛教傷心。天主教，有他們天主教的青年會；基督教，有他們基督教的青年團，為什麼佛教不能有青年會？甚至，基督教還有「青年之家」；天主教有「青年教會」，為什麼我們不能成立中國佛教青年會？[3]

當時，中國佛教會甚至透過國民黨社工會主任蕭天讚先生，到佛光山拜託師父取消申請籌組青年會，並且保證師父當選下一屆中國佛教會理事長。這種交換條件的事情，太傷師父的自尊，他這一生從沒有因為名利地位而做什麼，更不用說是為了做中佛會的理事長，而去答應任何的交換條件。但由於蕭天讚先生的黨政背景太強，不得已師父只有退出了。師父說這是他青年運動失敗的紀錄。

2　詳見張優理發行：〈全國各界正熱烈發起籌組佛教青年會〉，《覺世旬刊》第752號，1978年11月22日，頭版。
3　詳見星雲大師：〈我與青年的因緣〉，《百年佛緣11‧星雲大師全集221》，高雄：佛光出版社，2017年，頁71。

話說回來，師父在佛光山做了十八年的住持後，1985年宣布傳法退位；所有信徒都一片譁然不捨，連政府高層都來關心。但師父非常堅定不移，他說他的心願是讓佛教「走出去」，把佛法弘揚全世界，而不在戀棧住持的名位。所以他堅決退位，把住持衣缽傳給心平和尚（第四任住持），要以自身為表率，建立佛光山僧團的民主制度。也唯有這樣，他才有辦法走向全世界發展。

佛教要走出去，光靠出家人的力量太有限，需要全體信眾同心協力來完成。過去佛教都是以法師為主，在家信徒學佛再久，也只能當弟子。師父認為這樣不但違背佛教「僧信平等」的精神，也會讓佛教失去一股強大的護法、弘法的力量，這就是為何要成立以在家信眾為主的「國際佛光會」的原因。只有透過組織的運作，才能做到「從僧眾到信眾、從寺廟到社會、從自修到利他、從弟子到老師、從本土到世界」的教化，讓佛教淨化社會人心的力量真正發揮出來。

1990年，我在佛光山都監院任期已經做滿三年，有一天師父跟我說：「你今天就做到這裡，把都監院院長的職務交給慈莊法師，你到台北幫我組織佛光會，團結佛教徒的力量，為社會做一點事。」我說：「師父，這麼大的組織，我沒有經驗又沒有人手，怎麼做事！」師父說：「你自己去想辦法。」他認為我在台北已經擔任住持十多年了，歷任台北別院、普門寺的住持，應該認識的信徒很多，組織社團一定有辦法。師父這麼說了，必然有他的規劃，我也只能遵照他的意思，先去做了再說。

我到台北後，剛開始是在普門寺的五樓辦公，第一件事就是先籌組一百二十位發起人；1990年8月18日，師父在普門寺召開第一

中華佛光協會在台北普門寺召開第一屆第一次理監事聯席會議。1991.02.04

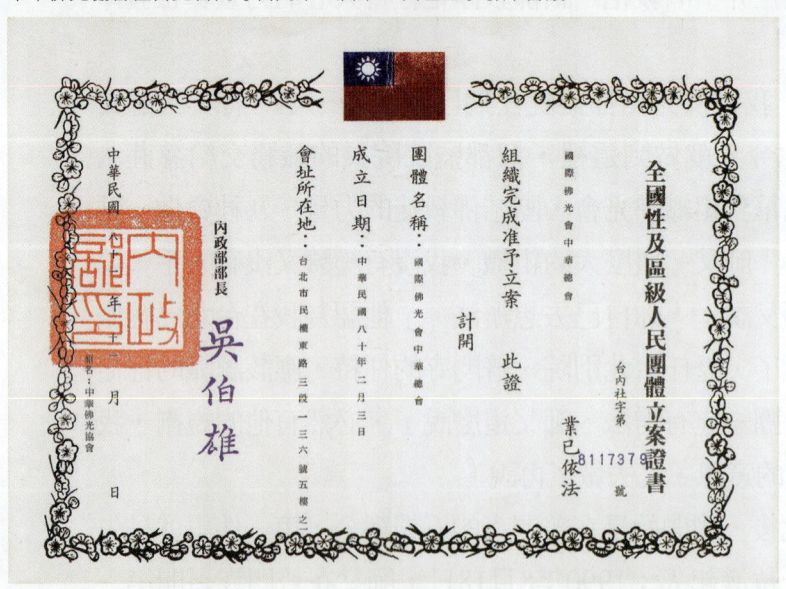

內政部頒給中華總會「全國性及區級人民團體立案證書」，以示正式成立。1992.11

次發起人座談會，說明組織佛光會的原因，那時就在會議中確定了「中華佛光協會」的名稱，並宣布由我擔任祕書長一職。[4] 接著，我們就向內政部提出申請，從申請到立案，不到一年的時間就完成了手續。

短短四個月，1991年2月3日，「中華佛光協會」在台北國父紀念館正式成立，當時總統李登輝特別送來賀電，行政院院長郝柏村、內政部部長許水德、行政院政務委員吳伯雄、總統府資政邱創煥、國防部長陳履安等政府首長以及立委王金平等都出席大會。現在回頭看，前後三任的內政部長、四任的社工會主任也都在列，就算特地去邀約，也不可能如此齊全聚在一起，實在是仰仗師父的威德加持。

師父說這是改寫佛教的歷史，過去佛教界開會，政府官員沒有人出席致詞，但是今天國際佛光會的創立，不但獲得各界支持，還走上國家最大殿堂舉辦成立大會，這些都是過去佛教中看不到的現象，顯示佛教社會地位的提升。

成立大會當天，全台就來了近百個分會，還有三千餘位佛光會員代表出席，大家一致選出師父擔任「中華佛光協會」會長。師父勉勵全體佛光人都要有心懷宇宙的胸襟：一、人在山林，心懷社會。二、立足台灣，放眼世界。三、身居道場，普利群生。四、天堂雖好，人間更美。五、法界無邊，家庭第一。六、今日一會，無限未來。佛光山與佛教在這一刻正式走向新的里程碑。

4　詳見星雲大師發行：《中華佛光協會會員手冊》，中和：中華佛光協會，1991年，頁1。

中華佛光協會北區十九分會聯合成立大會，在台北國父紀念館舉行。1991.05.18

1992年中華佛光協會中區分會成立大會，大師授予牌匾。

中華佛光協會舉辦北區各分會聯合成立大會，大師授證。1991.05.18

師父領航　全球同步創歷史

　　話說回來，我們創立分會的速度很快，可以說沒有找不到人的困難，每天都聽到有新的籌備會成立。從1990年8月召開籌備會到12月底，短短四個月，會員已經遍及全台，籌備會會員人數超過一萬人，具足分會條件的單位已有近百個，使得中華佛光協會在台灣創會後，就迅速獲得海內外信眾的響應，短短一年後就具備國際性社團的條件，直接擴展為「國際佛光會」的世界性人民社團組織。

　　1992年5月16日，國際佛光會世界總會在美國洛杉磯音樂中心舉行成立大會，當時全球已經有四十五個國家、二十一個協會、一百三十多個分會，四千多位佛光會員代表出席。隔年（1993），國際佛光會已經在六十五個國家成立七十多個協會、三百多個分會，會員成長超過五十萬人。[5] 師父就把台灣的「中華佛光協會」，更名為「國際佛光會中華總會」。

5　詳見張優理發行：《覺世旬刊》 第 1272 期，高雄：佛光出版社，1993 年 6 月 1 日，頁 40。

到現在（2024）為止，國際佛光會在全世界的發展，已經超過一千多個分會、近兩百個協會及三百萬名會員，而且每年還在持續成長。這麼多年來，我們在世界各地弘法，確實也發現在藏傳、南傳甚至漢傳的佛教界中，能像佛光會這樣遍及五大洲，又活動力強的佛教組織並不多見。

　　很多人都很好奇地問我：「國際佛光會是一個宗教社團組織，你們是如何在短短幾年時間，達到今天的成就？」這確實是個很難回答的問題。當年師父創國際佛光會時已經六十五歲（1991），他知道一個人的生命有限，所以一直在跟時間賽跑。如同他自己所說：「一個人一天要做五個人的事，人生六十年要活出三百歲的價值。」因此，凡各國協會、分會的創會，只要師父的行程允許，他都親自出席主持。曾經他的書記幫他統計過一年的弘法行程，發現一年的公里數就繞了地球二圈半。

　　同時也很多人問我這麼緊湊的行程，身體怎麼承受得了？當年，國際佛光會創會時，我也五十六歲了，一直以來我都是跟著師父全台行腳，一天之內奔波台灣

中華佛光協會北區各分會聯合成立大會，慈容法師聆聽大師主持會議。

左起：陳履安、王清峰、慈容法師、心定和尚出席中華佛光協會會員代表大會。1995.12.17

中華佛光協會中南區聯合成立大會在台南市立文化中心舉行。1996.06.29

南、北兩地是家常便飯的事。尤其,初創會那幾年都是在高速公路跟飛機上度過,從亞洲、美洲、歐洲甚至非洲,一路下來走過十多個國家,每到一個地方,才下飛機,就有應接不完的說法開示、講習會、座談會、家庭普照,三皈依五戒都超過數十場。活動一個接一個,會客也不曾停過,大家都勸師父要休息,他總是說:「忙就是營養」、「總有休息的一天」。所以我們做弟子怎能動不動就喊累?唯有全力以赴趕上師父的腳步才是。

印象最深刻的一次,是師父第一次在南非弘法(1994年8月),某一天夜裡他忽然心臟絞痛,但是師父仍強忍不適,沒有在當地看醫生,而是等到回台灣才進台北榮總檢查。結果,江志桓醫師告知是供應心臟的三條大血管阻塞,一定要立即開刀治療,但是手術後,有六個月不能出國活動。當時,師父已經答應出席年底的歐洲佛光會成立大會,以及隔年(1995年4月)在菲律賓的世界總會第六次理事會議。

為了履行諾言,師父決定暫緩治療,在這八個多月中,師父完全以他的意志力,靠著醫藥緩和心臟的不適,完成所有已經答應的行程。直到菲律賓的理監事會議圓滿後,他才住進台北榮總醫院,由當時有「台灣第一刀」之稱的張燕醫師為他做開心手術。當年,師父已經六十九歲了,對他而言,這是一個生命中很大的風險,所幸師父以堅強的意志力度過了。

我跟在師父身邊,看著他的勞累,非常不忍心,但又無能為力。尤其,師父對眾生可以說是「有求皆應」;他對自己說過的話、做過的承諾是「永不退票」。師父那種為法忘軀的精神,讓我在個人病痛時,產生很大的鼓勵,所以無論自己多不舒服也要把活

動走完,才能回房躺下來;師父就是我的精神支柱,我人生路上的一盞明燈。

行佛人間　佛光會創會宗旨

國際佛光會是佛光山成立的第二個人民團體,雖然之前已經成立了佛光山慈悲基金會,但那是慈善福利單位,性質與國際佛光會不同。國際佛光會是一個有宗教信仰的社團法人組織,也是僧信合作的民間團體,所以剛成立的時候,佛光會幹部跟寺院法師之間多少有信眾領導權的衝突。因為過去僧團向來都是以出家眾為領導,但是到了佛光會,改變成以在家信眾為主導的模式,兩者有著很大的不同。

所以,要如何領導一個介於宗教性與社會性之間的團體?佛光會的會務非常繁雜,活動很多,還有跟政府之間的往來都不容易。但最重要的是會員之間的聯絡關心最為要緊,因為把會員照顧好,穩定民心,會務就能發展。同時,也不要只叫他們做事,還要提供舞台給他們發展,讓他們的專長都能夠得到發揮,會員就會得到成就感,自然喜歡來參加活動。

特別是輔導法師講習會非常重要,法師先要學習如何當老師,才能開導會員信眾。領導的方法就是尊重他們、讓會員信服、解決他們的困難、開發人才、給會員方便、知道授權,以及舉辦多種類活動接引不同層次的人。而佛光會會務推動的主力是會長,因此對於會長人選要注意:要正派有擔當之人、要對佛教友好的人、要能與常住相應的人、要能務實做事的人、要能與大眾和合相處的人、

要能關懷會員的人、要能提拔人才的人。這些都是一個分會成敗的關鍵。

　　師父常說，過去佛教徒的力量是散漫的、沒有組織制度；佛光會成立後，不但讓信眾有名分、地位，除了是護法，還能跟法師一起弘法，是其他教團少見的例子。對佛光山來講，寺院與分會，就像鳥之雙翼、車之兩輪，相輔相成，缺了一個就無法圓滿。三十年來，佛光山別分院和佛光會之間，都已經步上軌道，合作無間，權責分明。因此，每年都獲得內政部表揚。

　　另外，佛光會每二年都會召開一次世界大會，集合五大洲各協會講習宣導，除了分享各國的弘法經驗，也建立大家的共識。尤其，每年師父為大會所作的主題演說，使全球佛光人有共同努力的方向與目標，再加上佛光會輔導法師及各地別分院僧眾的帶領，佛光山就能有效帶領佛光會，就像地球繞著太陽公轉一樣，不會偏離軌道。這是佛光會今天能夠正常、持續性地維持在正道上的重要因素，也是一般社團難以做到的地方。

　　佛光會的宗旨已經把組織成立的目的跟方向都講得很清楚，就是弘法利生、建設人間淨土。佛光會員都是以道會友、以眾為我、用佛心看人的肚量。大家只有想到自己能為別人做什麼，而不是自己要從佛光會獲得什麼。恰如師父所擬定的〈佛光四句偈〉：「慈悲喜捨遍法界，惜福結緣利人天，禪淨戒行平等忍，慚愧感恩大願心。」師父認為佛光人如果能信受奉行，就能在自覺中走上成佛大道，就好像國際佛光會的會徽是一個地球和一朵蓮花。圓，代表世間的地球，蓮花，代表出世間的佛法；清淨的蓮花也要靠汙泥來長養聖胎，所以佛法在世間覺就是這個意思。

制度領導　僧信和合的關鍵

佛光會現在已經是世界知名的社團，它跟獅子會、扶輪社、同濟會、青商會都名列世界五大社團。2003年正式取得聯合國非政府組織諮詢委員會的會員身分（UNECOSOC），在聯合國認可的一千多個非政府組織中，是非常少數由華人組成的國際性組織，也是第一個漢語系佛教的民間團體代表。我們能夠在國際組織的聯合國占有一席地位，實在非常不容易，這是全體佛光人集體創作的成果。

說到此，要感謝歷任的中華總會秘書長永固法師、永富法師、覺培法師；他們都是深得信眾支持，又有領導力，使得佛光會的發展越來越蓬勃，持續擴大發展。當然，佛光會的成功不是每一個團體都能複製的，除了好的規章制度外，還有一些重要條件都要具備才行。

國際佛光會會徽

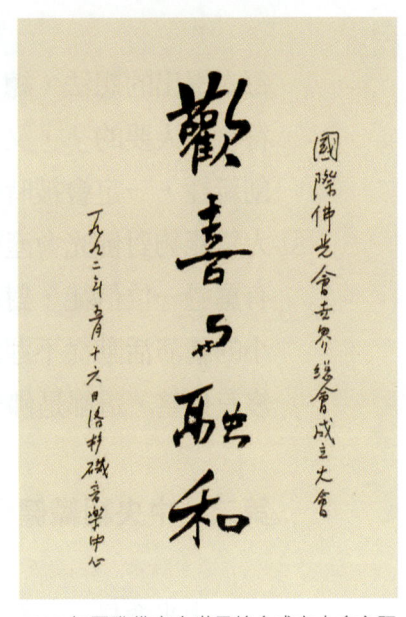

1992年國際佛光會世界總會成立大會主題

第一，師父前瞻性並以身作則的領導

一個組織最重要的就是領導人，領導者的決策決定這個組織的方向未來。師父

2016年國際佛光會世界會員代表大會，各國家地區代表揮舞國旗致意。

2014年國際佛光會世界會員代表大會，印度各協會獻禮給大師。

每次提出的想法，總是走在佛教界的前端，能夠與時代脈動接軌，符合「人要的」，又不離「佛說的」。如果一個組織沒有創造力、創新性，一定會被時代淘汰。尤其，領導人的威德修養是今天會員大眾能夠對佛光會產生強大向心力的重要原因。師父這一生從來沒有罵過一位信徒，對於信眾不分有錢沒錢都平等對待，任何大大小小的講演活動從不遲到、不退票的精神，給每一位信徒都是歡喜，沒有失望，這都是佛光會能夠有強大號召力的原因。

第二，中央組織健全與地方資源配合

　　佛光會是以三寶為信仰中心，從這個信仰出發，中心理念就不會走偏；加上組織的層層負責、權責分工，使會務一直保持順暢進行。例如：在中央有佛光總會領導，在地方有寺院輔助；畢竟總會只有一個，地方就靠分別院關照。總會的事情透過分別院的協助，能夠很快地把訊息傳遞到各分會；而各分會依靠寺院的資源協助，也才能從內而外提升信徒的凝聚力量。

國際佛光會第三次金剛會議,在日本本栖寺舉行。
2002.10.11

國際佛光會世界會員代表大會在佛館舉行。2012.10.10

第三,無我無私奉獻創造善的循環

　　佛光會員的性格有人間性、救世性、服務性、結緣性,就像觀世音菩薩一樣,在社會每個角落「尋聲救苦」,忙著為社會點燈送暖。比如疫情期間,很多素食業者面臨倒閉危險,中華總會就發動會員買便當送溫暖,讓素食店家不要倒閉,讓貧窮的人有得吃。會員們可說是有錢出錢、有力出力,幫助社會的弱勢族群。這些都是會員出自內心的真誠給予,沒有名利的追求,佛光人不談利益,自然帶來好的聲譽。

第四,首創「檀講師」制度提升信眾地位

　　早期大家都認為「白衣上座」就是佛教的末日,所以一般人都不肯請在家眾去演講。但師父知道光靠出家人弘法,不但力量不夠也太慢。因此,1993年國際佛光會成立後,就首創「檀講師」制度。當時很多人都反對師父,但是師父力排眾議,主張「僧眾主持

大師頒贈檀講師證書給受聘者。1997.12.07

佛光會中華總會第五屆會員代表大會在三峽金光明寺舉行，吳伯雄榮任榮譽總會長，心定和尚當選新任總會長。2004.06.06

寺務，信眾發展社教」，就像過去維摩詰、勝鬘夫人到處說法度眾一樣。師父要給具有弘法能力的在家居士定位，讓他們也能從弟子升級為老師，從台下走到台上說法。這種「僧信平等」的胸襟，給予信眾很大希望，自然個個都奮發向上爭取榮耀。

但是檀講師人數畢竟不多，需要更多人加入宣講行列，所以覺培法師擔任中華佛光會秘書長後，跟我說要增加社區的「人間佛教宣講員」。他們講說師父的文章，用大師或自己的生命故事，向社區里民與會員們現身說法，在社區集合鄰里談親子、信仰、健康、婆媳問題等等。這個做法可以更快速傳播佛法，普及社會每個角落，獲得師父的肯定支持，我也樂見其成。

第五，平衡僧信關係並調和領導權

由於佛光會是信眾領導信眾，所以剛成立的時候，僧眾和信眾之間的合作，常有摩擦或糾紛，因此我都要一一去協調溝通，這也花了好多年的時間輔導。例如：會員在禮拜六、禮拜天要借用道場辦活動時，法師說：「星期六不行，我們這裡要辦念佛會。」「不然星期天？」「星期天也不行，要舉行大悲懺。」所以信徒也很苦惱，就會來抱怨：「道場沒有空間給我們辦活動，我們只能去其他

地方。」這樣一來,會員就會漸漸失去向心力,最後就跟佛光會脫節了,所以我都要跟法師們不斷教育。還有佛光會會長與分別院法師開會時,過去都是住持做主席,現在換會長、督導當主席,大家都很不習慣。我就必須跟佛光會的輔導法師說明:「開會程序應該由會長來主持,要把主導權交給在家眾,法師若對事情有意見,可以提出發言建議。」

　　另外,會長與督導的權責也要劃分清楚,才不會對分會發展造成阻礙。例如剛開始,師父立下制度是分會會長兩年一任,如果連任最多做四年。為了發揮卸任會長的能量,我們又增設「督導」的職務;但是督導制度開始後,因為大家都想發心做事,所以督導和會長之間又產生爭執。為了輔導督導,我又成立一個「督導委員會」,日後就能各司其職,達到互相提攜而不會互相干涉的調和。佛光會能夠走到今天局面,我確實花了很多心思去調和人事觀念。

大師在佛光山如來殿主持國際佛光會第四屆第二次會員代表大會暨第四屆理事會議。2001.12.22

走出小我　走向社會的公義

　　國際佛光會雖然是一個宗教性的社團，但只要有關社會公義和公正的事情，也都是我們關心的範圍。一個社會難免有不公不義以及政府無法解決的層面，佛教的因果律、慈悲觀都是最好的良方。師父曾經在2000年國際佛光會世界會員代表大會提出「公是公非」主題，希望藉此呼籲世界佛光人都能共同再造一個公理正義的人間社會，唯有人人具有「公是公非」（意即「大是大非」）的道德勇氣，這個社會才能自我覺醒。

社會衝突　佛教要創造和諧

　　記得佛光會成立後的第一個大活動，就是在海內外五十二個別分院同步舉辦「佛力平正二二八死難同胞慰靈法會」，這個議題非常敏感，但兩黨人士都出席了，有總統府資政邱創煥、政務委員吳伯雄、內政部長許水德、國防部長陳履安及民進黨主席黃信介、高雄縣長余陳月瑛等人。會場設在台北劍潭青年活動中心，也號召會員們參與，由師父親自主持法會。

　　師父提到法會之所以定名為「佛力平正」，是希望藉著宗教的力量來解決過去政治或法律所不能解決的問題，期盼在二二八事件中冤屈枉死的受害者，能獲得名譽上的平正。師父說過，1949年他初到台灣時，也經歷「二二八事件」，心裡一直很想為台灣人民作些什麼，來化解這段歷史的悲劇。四十多年前，他就一直建議政府有關單位為「二二八事件」中的死難同胞予以平正。直到佛光會成

第四章　全台行腳──蓮花遍地開（中華總會篇）　213

中華佛光協會在台北劍潭青年活動中心舉行「佛力平正二二八死難同胞慰靈法會」。1991.02.28

立，在因緣具足的情況下，就在1991年首次發起「佛力平正二二八死難同胞慰靈法會」，圓滿他的心願。

　　當時邀請朝野二黨重要人士、政府官員、民意代表、受難家屬共同來參加，並且師父為家屬們提供佛光山萬壽園，作為受難者遺骨奉安處，由佛光山為死難同胞定期上香祭拜。他的目的是希望透過佛教信仰化解種族、國家、黨派的紛爭，藉此消弭過去政治造成的族群割裂，希望大家都用慈悲包容彼此，創造互助互敬的社會風氣。這件事，讓我更了解佛光會扮演的社會角色，以及身為佛光人的社會責任。

　　1994年，師父又指示國際佛光會舉行「二二八紀念音樂會」，師父特別出席音樂會致詞：「冤家宜解不宜結，放下過去的仇恨，共創台灣的幸福與和平。」當時師父講完這一番話下台後，坐在師

父旁邊的李登輝總統還特別讚歎師父，說他的致辭十分得體寬容。師父的一生都不曾停止過的努力，就是希望佛教可以為國家社會做什麼，而不是要靠國家人民給我們什麼。

當然師父的這個舉動，就開始招來有心人的批評：「出家人還要干預社會，參與政治？」但在師父的想法，出家人也是公民，為什麼對於社會的公平正義、幸福安樂，不能表達意見與關心？更何況社會發生衝突矛盾，佛教更要以佛陀的慈悲來幫助眾生。師父也主張「問政不干治」，凡是國家的公民都應該積極關心國家大事，要做眾生的觀音，才不失一個佛教徒的慈悲。

從這一點就可以看出師父的人格特質，也更明白佛光會與其他宗教團體不一樣的地方。師父一直是大義無畏，為社會發聲，甚至很多人批評他「政治和尚」都無所畏懼。師父帶領佛光會積極促進社會和諧，做佛教徒應該做的事情，這是我看見，也是我理解的師父，一位勇敢為眾生的行者。

愛護佛教　要保衛我們的信仰

又如1994年曾發生「觀音不要走」事件，師父也是為了保衛佛教的信仰挺身而出。整件事的來龍去脈，是1985年大雄精舍創辦人邱慧君居士發起，恭立知名藝術家楊英風雕塑的一座觀音像，當時土地所有權人是板橋林家的後代林宗賢先生，允諾無條件提供土地供奉。於是，觀音就在公園裡的一個角落，從此安座下來。

後來，台北市政府徵收土地計畫闢建成「大安森林公園」時，大雄精舍住持明光法師便代表民眾向市府陳情，希望能保留此一觀

台北大安森林公園「觀音不要走」請願活動，大師與慈容法師蒞臨現場關心請願者。1994.03.25

音聖像。經市長黃大洲裁示、市政府發文「准予保留」。沒想到，竟遭到基督教某教派的抗議，向台北市政府施壓，最後台北市政府就發公文給大雄精舍明光法師，下令將觀音像遷走。

由於市政府出爾反爾，加上有人刻意向觀音像潑灑硫酸和穢物，引來佛教界人士群情激憤，大家都無法再隱忍退讓。所以明光法師就發起「絕食靜坐護觀音」運動，接著昭慧法師與林正杰立委也在公園絕食抗議，演變成宗教與政治的衝突，但是教界長老大德卻無人出面幫忙。

師父為了維護政府的公權力與佛教徒的權益，就說：「我們去幫他們，要讓人家看見佛教徒的力量。」當時，我就跟著師父上台北找黃大洲市長溝通，師父其實是做「公親」的角色，他不但親自拜訪基督教靈糧堂，也和市議員、市政府做各種協調。

可是，黃大洲市長受制於基督教的勢力，不敢採取決策。師父認為「身為佛教徒，怎麼可以不保護觀音菩薩」，所以他說：「如果你堅持要把觀音撤走，我們佛教徒是不會同意的，他們已經表示將北上保護觀音，到時有來自全台佛光會員發動的三百部遊覽車將

聚集到台北。」市長一聽，馬上說：「請他們不要來，千萬不能來，否則台北的交通會癱瘓！」因此，市政府就接受師父的建議，由師父代表佛教徒，將觀音像捐贈給台北市府，並且正式發文，承認這尊觀音為藝術品，將永遠保留在大安公園裡。至此，終於獲得一個圓滿的解決，一場教難才平息下來。

「觀音不要走」這件事，給我很大的啟示，過去我們都是躲在寺廟辦道，但是現在師父帶著國際佛光會要走出去，為佛教在社會發聲。我看見師父的護法衛教精神，也看見師父的勇敢與智慧；他一直告訴我，佛教徒不能老是默不吭聲，這樣最後一定會被社會人士看不起。

凡是佛教的事情，都是我們的事情，也是全體佛光人的事情。在是非對錯間，師父勇敢地展現他「公是公非」的智慧，教我們不要做一位懦弱的信佛者，要做一位勇敢的行佛者。

「觀音不要走」事件，最後由大師出面與黃大洲市長協調達成共識，觀音像終於留下來。1994.03.27

大師偕同諸山長老大德、立委等至行政院拜會蕭萬長院長為佛誕節請命。1999.06.10

佛誕國光　普天同慶的信仰

　　師父這一生對佛教所做的重要貢獻，多不勝數；其中之一就是成功爭取佛誕節成為國定假日。

　　說起這件事，我們可以看到，早在數十年前，佛誕節的宣傳一直都是停留在佛教徒的圈子裡，慶祝活動也只是在各個寺院小型舉辦，很多寺院除了浴佛法會，就沒有其他活動了。但是，遇到耶誕時，不論你是不是基督徒，大家都在寫聖誕卡、送聖誕禮、吃聖誕餐，甚至連佛教徒都會一起去參加聖誕節活動。

　　有感於此，所以師父早在宜蘭弘法時，每年的佛誕節，都會擴大舉辦各種慶祝活動，諸如花車遊行、提燈化妝遊行、話劇表演、園遊會、放映幻燈片、佛教圖片展等，帶動市民一起參加，甚至在

電視台製作佛誕節目,讓全國民眾都知道,有「佛誕節」這個重要的日子。

尤其,師父的心中長久以來一直有個願望,就是希望有朝一日佛誕節能成為全民的節日,讓各行各業的佛教徒,都能在這一天放假一天,到各寺廟道場參加慶祝活動,藉此表達對佛陀的崇敬,同時發揚佛陀的精神,師父認為這才是慶祝佛誕節的意義所在。

這個想法在師父心中蘊釀多年後,直到1991年2月3日中華佛光協會成立,師父就交代我要以佛光會的名義去請願動員,希望將「佛誕節」訂為國定假日。我記得就在佛光會成立後的第一個佛誕節,我們在西門町麥當勞圓環公園舉行「佛誕日浴佛大典」,同時由大安分會會長陳麗麗、高凌風、周邦本等人帶領發起「萬人連署簽名活動」,向政府請願,希望將「佛誕節」訂為國定假日暨世界和平日。

李登輝總統於佛光山如來殿宣布頒定佛誕節為國定假日。1999.08.30。

2000年慶祝首屆國定佛誕節及花車遊行活動，禮請大師開鑼，宣告全世界同時慶祝。2000.04.08

心保和尚引領貴賓浴佛，左一慈容法師。2015.05.10

　　之後，「籲請政府訂定國定佛誕節」成為佛光山與佛光會僧信大眾共同推動的目標。甚至到了1999年初，昭慧法師與沈智慧立委也有意向政府申請立法，希望能將佛誕節訂為國定假日。但是他們也知道，這件事不是一、二人的能力就可以辦到的，必須集合教界全體的力量連署簽名才行，尤其需要二十萬人的名單才能初步過關。為此，他們多次到佛光山來禮請師父，希望師父出來號召教界長老大德及動員佛教徒支持。

　　師父知道後，馬上就同意全力支持，他立刻跟我說要全力動員佛光會的力量來促成這件事。但是二十萬人不是小數字，光是動員所有會員來簽名還不夠，必須宗教界一起響應，才能更有勝算。

　　於是師父帶著我還有當時秘書長永富法師以及沈智慧立委，一一拜訪各個宗教團體作說明（1999年4月），包含道教、一貫道、天帝教、伊斯蘭教等等，希望以最大力量爭取到所有宗教的支持。終於，我們獲得宗教界與立法院二百零七位立法委員的連署同意，順利地通過將佛誕節訂為國定假日的議案。

　　1999年8月31日，李登輝總統特別親臨佛光山，向大眾宣布將佛誕節訂為國定假日，與母親節同一天慶祝。剛好佛光山梵唄讚誦團隔天就要前往歐洲舉行首次公演，李總統也為即將出國的佛光山歐洲梵唄團授旗。雖然佛誕節不能爭取到獨立的假日，但是能與母

親節一起慶祝，也算是普天同慶了。師父多年來的心願終於有了成果，不論是對佛教，還是對台灣，師父所作的努力，再再寫下了史上值得大書特書的一頁。

　　好不容易爭取來的國定佛誕節，當然要讓全台灣人民都普天同慶，隔年（2000）開始，佛光會就聯合全國佛教界策畫一整個月的「慶祝國定佛誕節」慶典系列活動，與母親節結合，於台北中正紀念堂舉行慶祝首屆國定佛誕節，師父還特別題字「佛誕國光」，並在全台北、中、南三區同步進行隆重的浴佛慶典。

　　其中，最熱鬧的創舉就是百部的大型花車遊行。這個構想是師父在美國看見加州的Pasadena玫瑰花車遊行時所引發，師父跟我說：「我們也來做大型佛誕花車遊行！有一百輛花車最好！」但是，美國的花車非常大，台灣不容易找這麼多大型的車輛，最後只好找拖板車廠商，只有拖板車可以達到我們的要求，就租了來改裝成大型花車。

　　有了車子只是初步，最重要的是要有贊助廠商才行。一台車三天的費用至少百萬，不是我們能夠獨立應付的，就找了一些社會企業家和教界團體共同贊助、響應，比如：日月光集團、中華航空公司、法鼓山、慈濟基金會、中國佛教會等，當然最大的支持者還是來自佛光山別分院的花車隊伍。

　　所有佛誕花車布置好後，遊行隊伍就從台北國父紀念館出發，終點站停在中正紀念堂，讓市民可以參觀、浴佛，並參與投票票選名次。一路上花車隊伍浩浩蕩蕩，非常莊嚴壯觀，沿路民眾都很讚歎驚奇：「怎麼有這麼漂亮的花車！」整個台北市街道一下子就美麗起來了，很多騎摩托車的騎士，還特別慢慢跟著花車隊伍遊街，

成了台北市一大奇景。

其他的相關慶祝活動還有：佛誕音樂會、佛誕路跑、佛誕餐、佛誕花、佛誕果、佛誕餅、佛誕茶、佛誕布偶，還有佛誕郵票等等。尤其，剛開始幾年間，每年都在全台各地舉辦佛誕園遊會，各道場也都推行佛誕餅禮盒做贈禮，「佛誕卡」設計徵選活動。同時，各分別院整天都播放師父早年填詞寫的〈浴佛歌〉：「恭維往昔三千年，花卉爭妍四月天，藍毘尼園獅子吼，大同世界我稱先……」可以說把佛誕節辦得熱熱鬧鬧，成為家喻戶曉的日子。

這當中還有一個最新鮮的創意，那就是「四色佛誕餐」，也是師父的發想。2009年，正逢國定佛誕節十週年，佛光山、國際佛光會聯合佛教界，與環保署一起在總統府前廣場舉辦「千僧萬眾慶佛誕」，也是從那一年起，相關慶祝佛誕節活動，正式走上凱達格蘭大道前的總統府廣場進行。

由於早上典禮結束已經近中午了，幾萬人的午餐成了一個大問題。佛光山辦活動，向來不會讓信徒餓肚子，但這麼多人來，中午要吃什麼呢？師父就指示佛光會要提供與會的每個人一盒佛誕餐。

首屆國定佛誕節百輛花車在台北市遊行。
2000.05.12

大師設計的創意四色佛誕餐，包括菠菜、黃薑、紅麴、白米等四種天然健康食材。

佛光會首次在總統府凱達格蘭大道慶祝「國定佛誕節暨母親節」大會。2009.05.10

2013年佛誕節正逢下雨，慈容法師隨侍大師身旁。

　　四色佛誕餐，是師父特別指導，裡面有四條小飯糰，分別用代表佛教教旗的四種顏色：青色（菠菜）、黃色（薑黃）、赤色（紅麴）、白色（白米）作成四色飯捲。每一色飯捲裡頭，有不同的內餡，好看又能吃飽，要多拿一盒都沒問題。

　　當時為了做十萬份餐盒，幾乎找不到可以應付這麼大宗餐點的廠商，後來是請到復興航空的空廚協助製作，才解決了這個問題。就這樣，師父為佛誕節又增加一個創舉「四色佛誕餐」。

　　國定佛誕節的歷史意義在馬英九總統時期，登上最高峰。2009年師父指示國際佛光會在總統府前的凱達格蘭大道，舉辦「國定佛誕節暨母親節慶祝大會」，讓這一塊一向以抗爭為主的廣場，也能

佛光青年抬悉達多太子進場。2015.05.10

佛光合唱團禮讚偉大的佛陀。2015.05.10

2013年國定佛誕節在凱達格蘭大道舉行，大師（中坐者）全程冒雨參加。

2014年國定佛誕節暨母親節大會，慈容法師引導貴賓浴佛。
2014.05.11

藉由佛陀的慈悲與母親的慈愛，將和諧、幸福帶給中華人民。

師父跟我說：「國際佛光會要發動十萬人參加慶祝活動！名稱就叫做『千僧萬眾祝佛誕，一心十願報母恩』。」我跟師父說：「哪裡找這麼多人！就算來也坐不下！」說歸說，大家還是盡全力以赴。這次是全台總動員，從各分會、模範母親、士農工商代表，還有民間宗教社團，可以說認識的、不認識的都發函邀請了。

不過，在總統府前辦活動，有非常多考驗是過去沒有的。例如：總統府門口的舞台架設，通常在前一、二天才能開始進行，因為凱達格蘭大道，白天是交通要道，車來人往，只能在凌晨十二點交通管制後，才能開始進出布置。

凱道佛誕節盛況。2015.05.10

國際佛光會於總統府前舉辦慶祝國定佛誕節暨母親節大會。2011.05.08

尤其，十萬張椅子、帽子、礦泉水的擺設，都只能前一天晚上連夜進行。因此，所有義工菩薩都是從晚上十點開始工作到清晨，但是沒有人抱怨，只有歡喜配合。對於大家無怨無悔的付出，實在非常感動。想到第二天一早，就有來自全台數萬人，共同齊聚在這裡慶祝佛誕節，迎接歷史上偉大的一刻；頓時，所有的疲累都不算什麼了！

　　我們在總統府前連續舉辦七年（2009-2015），每一次總統馬英九先生都親臨現場致詞，師父也從未曾缺席，總是堅持陪同貴賓從開場坐到結束。我們知道師父動過心臟手術、行動不方便，卻仍然堅持坐在台上曬二小時太陽，看了實在非常不忍心。我常跟師父說：「師父，您不要這麼辛苦！讓定和尚去主法就好。」師父說：「這麼多年的努力，就為了看見這一刻的到來，無論如何也要撐過去。為了佛教，犧牲在所不惜！」

　　有一年，佛誕節典禮開始不久，天空就開始下雨，全場出家僧眾、貴賓跟信眾都趕緊戴斗笠跟帽子，把雨衣都穿起來了。只有師父堅持不肯穿雨衣，雖然我們撐著傘幫他遮雨，但是他依然全身都被雨淋濕了！下來後，師父說：「要以這一身和尚的威儀，讓大家看見佛教走上最高殿堂，走向人間的佛教。」

　　我覺得師父的耐力真是少人能及，他以近五十年的歲月爭取教主聖誕的合法化，從偏鄉的佛誕節到總統府前的佛誕節，把無聲息的佛教，做到全民的佛教。他所做都不是為自己爭光，而是為了給佛教有一個歷史定位。事實上，以師父的威德與貢獻，實在不需勞駕他這樣辛苦奔波，但如他寫的弘法者之歌：「個人幸福非所願，只望佛法可興隆。」這就是我心中永遠唯一的師父。

「把心找回來」系列活動,於台北警專大禮堂舉行,大師於張小燕主持的晚會上致詞。
1992.08.29

走出寺院　走向社會的淨化

　　過去的佛教都是以寺院的經懺法會為主,幾乎不辦活動的;佛教的講說也僅止於寺院內,沒有辦法影響社會大眾。因此,國際佛光會很重要的使命,就是要走出寺院去做淨化社會的工作。師父認為許多事情由在家信眾來帶領,更能達到「同事攝」的效果。成立國際佛光會後,我們就開始積極舉辦一系列活動,如「把心找回來」、「七誡運動」、「慈悲愛心人」、「三好運動」、「禪淨共修祈福獻燈法會」等。

把心找回來　歌星名人來助陣

　　國際佛光會成立後的第一年,就響應政府舉辦「把心找回來」活動(1992年7月)。這個活動規模很大,是跟政府部門合作,由中華文化復興運動總會與國際佛光會中華總會主辦,大陣仗地結合數十家電視、廣播、報紙、雜誌等媒體共襄盛舉。

「把心找回來系列講座」於國立中央圖書館舉行,大師致詞時介紹慈容法師。1992.08.01

　　當時,電視廣告流行著一句話「只要我喜歡,有什麼不可以」(1990),這句話影響很多年輕人,以為只要自己喜歡,什麼都可以做。為了導正社會觀念,師父特別請了當紅歌星李亞明演唱「把心找回來」主題曲在三家電視台輪播。又在全省各地舉辦七場不同主題的系列演講,主講人有師父、李艷秋、葉樹姍、李四端、伊能靜、梁丹丰等人。還首次找廣告公司拍攝公益宣導短片,有國語和台語版本在三台播放。又有電台知名人士代言專訪、製作大型電視晚會、出版錄音帶、書籍等配合宣傳活動。

　　大師強調:「把心找回來」雖由中華佛光協會發起,但它並不是一個佛教活動,而是屬於社會性的活動。雖然,不了解的人對佛光山辦這樣的活動,存在很多誤解,甚至批評世俗化、社會化。但是,師父向來認為,只要是利益大眾的事情,都應該勇敢無畏去做,所謂但開風氣不為師。為了眾生必須「走出去」,走向社會,走向人間。

七誡運動　看籃球賽推誡毒

「把心找回來」是佛光會推動淨化社會全民運動的起步，但這只是一個理念的帶頭，真正行動的落實是「淨化人心七誡運動」。當時台灣社會剛解嚴，黨禁、報禁等各種限制都開放了，人心一下子變得很浮躁，社會秩序開始紊亂。

1994年元旦，佛光會在彰化縣立體育館舉辦「禪淨密三修萬人獻燈法會」中，首次帶領與會大眾宣誓奉行「七誡運動」；接著在台北體育館舉辦「淨化人心七誡運動宣誓大會」，從監察院長陳履安、內政部長吳伯雄、法務部長馬英九到立法委員都出席支持。師父特為這個運動寫了〈七誡宣言〉、〈七誡宣誓文〉及〈七誡歌〉，呼籲全民共同來愛社會救國家。

為什麼「七誡運動」的「誡」字要多加一個「言」字旁呢？師父說，「誡」具有教育、警覺的意思；就是希望每個人都能時時提醒、告誡自己，不要沾染不良的惡習，才能成為健全的人。所謂國有國法，家有家規，只要大家能彼此尊重，不互相侵犯，社會風氣自然良善敦厚。

但是，老是講道理太刻板，不容易吸引人；師父就想到大眾愛看籃球賽，不如我們也來辦個籃球賽；看籃球賽比講道理有趣味，藉由運動寓教於樂，可能收效更好。

1994年5月28日，中華佛光協會與行政院法務部、《中國時報》、台北市籃球之友協會、黑松公司、佛光山文教基金會聯合主辦一場特別的籃球義賽，邀請四種特別身分的球員代表參賽，有佛光山法師隊、立法委員民意代表隊、香港明星隊與夢幻明星隊。現

「淨化人心七誡籃球義賽」有立委隊、法師隊、香港明星隊及台灣明星隊參加比賽。1994.05.28

　　任立法院院長的韓國瑜也是當時參賽的立委之一，其實我們都不記得了；是有一次韓國瑜和他的夫人李佳芬來拜會師父，跟師父提起當年的事情，我們才曉得這件事。

　　當然，這種球隊的組合從來沒有過，尤其佛光山的沙彌與男眾法師在公開場合打籃球還是頭一次；加上師父親自上場開球，也就吸引了很多人去看籃球賽。當時，籃球賽的門票所得全部捐給國家戒毒防治單位，確實收到不小的成效。

　　但是，社會教化是長年累月的工作，也不是靠幾個人到處喊話就可以收效。想到歌星唱的流行歌曲經常能一曲傳唱大街小巷，甚至幾年都還不退流行；如果我們也能創作一首大人、小孩都能唱的流行歌，絕對比辦幾場講座效果更大。師父的〈七誡歌〉就是在這

樣的構想下創作的,把要講的道理都寫在歌詞裡,唱久了行為自然會改變;用歌唱來弘揚佛法,可以說是師父一生一直努力的弘法方向,更是佛光教團未來五十年的重要弘法模式。

〈七誡歌〉
社會問題何時了,淨化人心最重要;
七誡運動若遵守,何愁亂象不能消?
一誡菸毒把命保,健康長壽是目標;
戒菸戒毒我做到,家庭社會一定好。
二誡色情沒汙染,夫妻恩愛到頭老;
可憐雛妓我要保,助人助己菩薩道。
三誡暴力不動怒,處處祥和有禮貌;
凡事忍讓一步想,必得順心好果報。
四誡偷盜不貪心,知足常樂沒煩惱;
謹守此戒得富貴,擁有哪有享有好?
五誡賭博除貪念,沉迷牌桌被錢釣;
日夜顛倒不工作,縱贏錢財輸妻子。
六誡酗酒不狂飲,保有清醒的頭腦;
智慧常明體安康,家庭美滿第一招。
七誡惡口防是非,愛語布施是妙寶;
給人歡喜常讚歎,猶如蓮香到處飄。
生活素質要提昇,七誡運動要記牢;
社會大眾齊努力,佛光淨土看今朝。

二千位慈悲愛心人於台北市中正紀念堂舉行宣誓會師,有來自全台約八萬佛光人參與盛會。1997.10.05

慈悲愛心人　社會安全人人有責

　　1997年大師發起「慈悲愛心列車」時,我正在美國西來寺擔任住持。當時因為台灣發生「白曉燕案件」[6],鬧得社會人心惶惶不安。我雖然人在美國,但美國的電視也不斷報導這則新聞,大家都說:「台灣社會是不是生病了?」當時社會各界都來敦請師父,希望佛教能站出來講話,發揮一點道德勸世的作用。師父就指示佛光會發起「慈悲愛心列車」活動,所有佛光會員都是義務的「慈悲愛心人」。

　　為了帶動大眾的參與,我們仿效當年師父在宜蘭下鄉布教的方式,號召佛光人走上大街小巷「街頭布教」,把街頭當作佛堂、布教所,用講演、唱歌來宣導「日行一善」的觀念。為了表示慎重與

6　知名藝人白冰冰女兒白曉燕,在上學途中遭到三名歹徒綁架,後遭殺害,案件震驚全台。

「慈悲愛心列車」宣導遊行活動第一波於台北市啟程，由大師領頭走在隊伍前排。1997.05.25

尊重，佛光會非常正式的舉辦一場誓師大會，召集二千位慈悲愛心人於中正紀念堂集合。師父與副總統連戰先生共同主持大會，並請各宗教團體代表、民間社團等一起代表全民宣誓。之後，慈悲愛心列車就正式起跑了。

為了作最好的宣傳，中華總會發給每一位慈悲愛心人一件連身的黃色背心；前面口袋放文宣，後面揹著四支旗子，旗子上寫著：「心靈淨化、道德重整、找回良知、安定社會」。還有一百句日行一善的話，印在傳單上，那個傳單我們稱它為「傳家寶」。每位慈悲愛心人布教時，就唱著〈慈悲愛心人之歌〉：「恭逢心靈要淨化，重整道德興吾家，找回良知不自誇，安定社會愛中華。」在市場、百貨公司、車站、夜市，只要有人群的地方就有他們。

慈悲愛心人深入社會，關心大眾，正是回應大眾，引領社會淨化的一個很重要的活動。佛教講人人皆有佛性，再惡的眾生都有心軟的一面；只要我們肯多一分關懷，社會就能減少一個不幸。慈悲與愛由我做起，佛光人就是幸福安樂與和諧社會的象徵。

三好運動　大家一起做好事

「三好運動」是佛光會創會以來，收效最好、也最持久的全民運動。1998年，西藏的貢噶多傑仁波切贈送師父一顆佛牙舍利，我們非常隆重地在台北中正紀念堂舉行「恭迎佛牙舍利顯密護國祈安法會」。當時師父邀請到副總統連戰、行政院長蕭萬長與中國佛教會理事長淨心長老等，一起在十萬民眾前讀誦「三好運動」宣誓詞，帶動每一個人都力行三好。師父說，三好就是「做好事、說好話、存好心」，也就是「身口意」三業的淨化，只要人人心中都有佛陀的慈悲智慧，自然能得到好的果報。為了活動有更好的收效，師父又寫了一首〈三好歌〉給大家傳唱。

〈三好歌〉
人間最美是三好，
做好事、說好話、存好心，
平安就是我們的人間寶，
人間最美好是三好。
做好事，舉手之勞功德妙；
說好話，慈悲愛語如冬陽；
存好心，誠意善緣好運到；
三業清淨真正好。
實踐三好最重要。

「恭迎佛牙舍利顯密護國祈安法會」於台北中正紀念堂舉辦，副總統連戰與行政院長蕭萬長，一起籲請大眾推行「三好運動」，獲得數萬人一致響應。1998.04.11

　　一開始師父就指示佛光會要全台去宣導，再擴展到海內外；從檀講師的巡迴講演開始，到各種活動的舉辦，如：三好校園、三好籃球賽、三好微電影、三好徵文、三好繪畫比賽、佛光三好人家等等。由於口訣容易記，做起來不難，二十多年來，已經深入人心，影響社會各階層，現在市面上已經出現很多三好品牌，如：三好國際酒店、三好米、三好飯店；甚至許多團體又增加「做好人」、「讀好書」，變成四好、五好等等。

　　我常說師父就是一位創意大師，他的創意都是有佛法的根據，才能收到這麼大的成效。佛光會所做的事情，看起來像是世俗的活動，但其實佛法與世法是相通的，只要能達到淨化眾生的身口意三業，帶給社會幸福安樂的教法，都是佛法。

2024年佛光山「禪淨共修獻燈祈福法會」，正逢龍年花燈飛空「祥龍獻瑞」，給大眾帶來「龍天護佑」的祝福。
2024.03.02

2017年「禪淨密萬人獻燈祈福法會」，二萬人齊聚林口體育館獻燈祈福場景。2017.02.28

2014年佛光山北區「禪淨共修祈福法會」首度在台北田徑場舉辦，場面盛大。2014.02.22

2004年萬人「禪淨密獻燈祈福法會」在林口中正體育館舉辦，有來自北台灣、馬祖、澎湖等地二萬餘人參與。
2004.02.22

首場「佛光山禪淨密三修萬人獻燈法會」，地點在彰化縣立體育館。1993.01.01

禪淨共修法會　為社會國家祈和平

　　佛光會畢竟是一個以宗教信仰凝聚的團體，除了活動外，我們當然也有修持課程。每年一次的「禪淨密三修萬人獻燈祈福法會」，就是佛光會員的年度大型共修法會，從1993年開始到現在已經有三十年，每次都是上萬人的集會。[7] 早年台灣能容納萬人的場地，就屬台北林口體育館最有條件，所以，從佛光會創會隔年，師父就選擇在林口體育館舉辦全體會員的共修法會。

　　為什麼叫做「禪淨密三修法會」？師父把佛光山的宗風定為「八宗兼弘」，就是希望大家不要分別，不管什麼宗，都是一個佛教。就如禪、淨、密，看起來是三種不同的修行法門，但是在一堂佛事裡，往往修禪、修淨、修密同時進行。禪、淨、密相互融合，所以師父提倡「禪、淨、密三修法會」，讓佛教能融合起來。

　　當初，師父指導的原則：「不要超過二個小時，不要只有念經，要包含念佛、持咒、打坐，讓大眾從修持中也能有欣賞梵唄的莊嚴感覺。」因此，我在規劃設計法會流程時就思考：經文不能太長，也不能太單一，否則氣氛會沉悶單調；但也不能變化太複雜，會讓心不容易收攝下來。所以我就在儀式中穿插靜坐、念佛與持咒，這樣就具備師父指導的禪淨密三種修持的內涵。這十年來，改稱「禪淨共修法會」，更符合大眾的修持。

　　談到會場的布置，師父指導的原則就是莊嚴、大氣但不鋪張。

---

[7]　1993年1月1日第一場「禪淨密三修萬人獻燈祈福法會」，在彰化縣立體育場舉行。2014年更名「禪淨共修祈福法會」。

在舞台布置上，歷年來我們都是秉持師父說的「用智慧做事」，所以從舞台、燈光、音樂、布景都儘量自己來。我曾經設計過的最大特色就是大型蓮花座的舞台，它讓整個會場看起來就像一朵盛開的蓮花；舞台正中央是會旋轉的釋迦牟尼佛像，師父坐在舞台的中間位置、大佛的前面。在固定時間點，舞台下方的人會轉動舞台，這樣師父就能360度看見全場信眾，也滿足大家想見師父的心願。

另外，舞台四周是大型木製蓮花瓣，共有大中小三層，層層延伸開展，每一瓣蓮花上都有小燈圍繞。為了增加法會的動感，我特別設計知賓師姐們在法會開始前，才將蓮花瓣從舞台四周緩緩推入會場；在莊嚴的音樂與燈光襯托下，一下子就把大家的注意力集中了，把整個會場都點亮起來了。尤其，這些師姐都是各道場訓練有素的知賓，氣質好又莊嚴，常能接引新人學佛。2006年起，由覺培法師重新設計的壇場有「禪」、「淨」、「密」三大壇台，又增加佛光國樂團演奏絲竹，是另一種創新設計。

禪淨共修法會對佛光會而言很重要，從室內體育館到露天大型體育場，從兩萬人到十萬人，從會員到社區里民，從佛光敦煌舞團到佛光青年、童軍團及啦啦隊的表演等等，每年都因此增加很多新會員。譬如有一位嘉義的信徒跟我說：「我不是會員，可以參加嗎？」我說：「不要緊，你跟會長報名就可以。」法會結束後，他在遊覽車上就分享：「這個活動太莊嚴、太令人震撼了，我很樂意成為佛光會的會員。」所以，莊嚴的法會自然能度眾，有殊勝的講經說法，也要有美妙的梵唄來助成，這樣更能收到宗教對社會大眾心靈淨化的力量。

第四章　全台行腳──蓮花遍地開（中華總會篇）　　237

佛光山住持心保和尚為「佛光三好人家」得主頒證。2014.12.13

社會參與　全民淨化運動

　　過去師父常常告訴我，佛光會要辦很多活動來接引大眾。有人就說：「為什麼佛光山只有辦活動？」更有很多人說：「佛光會都只會辦活動，不算修行。」他們會認為「這些活動跟修行有什麼關係？」

　　師父說：「有活動才有生命，有活動才有力量。」一個團體如果能經常舉辦活動，必定能充滿服務的動力。所以佛光會的發展一

2015年「佛光寶寶祝福禮」近2500位祖父母及爸媽參與。2015.08.01

國際佛光會世界總會副總會長劉招明、陳秋琴賢伉儷在「菩提眷屬祝福禮」中，引領眷屬代表進場。2020.01.01

千位佛光青年在成年禮上發願，以佛法作為人生道路上唯一的舟航。2016.07.14

「百年好合・佛化婚禮暨菩提眷屬祝福禮」在佛光山大雄寶殿前舉行。2022.01.01

定是將信仰結合在活動上，達到信眾對信仰的向心力。畢竟佛教不同於社會上一般的慈善團體，不是做一點善事就是好人，就盡到一位佛教徒的責任，那是不夠的。尤其，佛教徒的信仰更不可以只停留在誦經的法會上，或自求解脫的想法；要更重視我們對社會的義務，以「化世與益人」的精神，來帶動社會的善念善行。

我記得曾任行政院新聞局局長的邵玉銘先生，在一次電視訪問中談到：「台灣要心靈淨化，只有星雲大師出來才辦得到！」他這一番話讓我們感到既慚愧又引以為榮，師父帶領我們僧信二眾數十年來的努力，可以說被肯定與注意到了。現在已經很少聽人說佛教是迷信的宗教，反而有更多寺院的法師願意來了解、學習佛光山弘揚人間佛教的做法，這點是很欣慰的現象。

我們知道，社會的基本單位是家庭，一個有愛的家庭，才能培養健全的人格，也才能安定社會秩序。國際佛光會從創辦以來，就

國際佛光會於創會十年後在世界各國成立一百多個佛教青年團，圖為「第五屆青年領導人講習會」，慈容法師和青年朋友合影。2001.07.06-09

國際佛光會中華總會首次舉辦「佛光兒童入學禮」，慈容法師頒給小朋友入學禮參加證書。2019.08.31

「佛光緣・長者心」敬老活動，於北、中、南舉行，慈容法師代表國際佛光會致贈紅包予長者。2000.01.16

北區佛光青年推廣「青年受五戒，你我無國界」。2014.10.31

國際佛光會署理會長慈容法師頒發三好校園實踐學校獎項。2020.06.11

非常重視個人與家庭的兼顧，如此才能幫助社會穩定發展；也唯有把佛法普及於社會，讓佛法融入大家的生活，佛教才能永續發展，社會才會和諧幸福。

　　師父指導國際佛光會對於會員一生的照顧，都有一系列的禮儀，讓會員可以依此建立佛化家庭。如剛出生的寶寶，可以參加佛光毓麟禮、佛光寶寶祝福禮、觀音契子祝福禮等等；長大後參加佛光兒童夏令營、佛光兒童成長禮、佛光童軍團各項活動；青少年可以參加成年禮或佛光青年團各項活動。成年後可以參加的活動就更多了，有佛化婚禮暨菩提眷屬祝福禮、三好人家選拔、三皈五戒、全球佛學會考等等，舉凡對會員生活、家庭、人際等等有幫助的，都盡量帶動。

　　這幾年，世界各地新冠肺炎疫情不斷，但是國際佛光會會員參與的熱心不減，不論是線上活動或是實體動員，一直在全球同步進行。例如：e起復蔬捐餐、國際佛光會雲端世界大會、全球三皈五戒、全球同步抄經、全球慶祝佛誕浴佛法會、全球植樹環保活動、全球雲端禪淨共修法會、誦念《心經》回向全球疫情、全球佛學會

世界國際佛教傑出婦女會議於佛光山舉行，有來自全球 15 個國家地區，500 位傑出女性參加。1996.10.25-28

全國佛光金剛知賓千人檢閱大會，分列式隊伍入場。2013.12.29

考，還有雲端家庭普照等等。這些好事不但能夠安頓自己、健全家庭，還能淨化社會、利益人群，對國家社會的未來，都具有和諧發展的作用。

台灣社會　佛教地位提升

師父創立佛光會，改變了一般人對佛教的守舊觀念，為佛教帶來一股生命力，不但讓佛教徒走出寺院，走上社會，還走進每一個家庭。真正把佛教提升到社會的主流層面，深入民心，成為令人尊敬的信仰。

佛光會規劃的活動都非常有次序，不僅顯示佛教徒的素質，也證明佛光會是個有組織、有紀律的團體。好比師父演講的場合，所有流程都井然有序，不論是哪一個團體獻供、獻唱、表演，演出人

2018年國際佛光會世界會員代表大會開幕典禮。2018.10.04　　檀講師及儲備檀講師聯誼會。2020.09.27

員都要經過很好的訓練,還要有統一莊嚴的服裝來襯托。別人看到我們做得好,就開始重視我們,很多政府機關都來找佛光會合作,如果有什麼重要會議,也都會邀請我們出席參加,自然提升佛教的地位。

三十多年來,佛光會連年都獲得內政部表揚,從中我們也看到幾項成就:

第一,弟子可以做老師,也就是檀講師制度。

第二,僧信地位平等,會長就是分會的領導,開會時是會議的當然主席,會長坐中間,法師坐旁邊。分會的帶領,以會長為尊,法師為輔導的立場。

第三,素食人口增加,我們雖然沒有強調一定要吃素,但我們辦各種活動時,所有餐點都是素食,無形中帶動社會大眾吃素的風氣與環保意識。

內政部在新北市府表揚績優宗教團體，佛光山 15 個道場獲獎。
2016.08.18

佛光會舉辦「歌頌偉大的佛陀音樂會」，祈求國泰民安。
2017.05.14

　　第四，帶動佛教人口的成長。佛光會剛開始的時候，沒有強調會員一定要皈依三寶，但是大家來參與會員講習會時，裡面的條文就清楚說明會員一定要皈依。同時，佛光山各道場也鼓勵皈依三寶的信徒，成為佛光會的預備會員。他們對佛教有正確的認識後，就了解佛教與民間信仰的不同，慢慢就會成為正信的佛教徒。

　　第五，帶動佛教事業的發展。佛光山的事業單位，都是以佛光山的信徒、佛光會的會員作為後盾，譬如佛光山系統大學、人間衛視、人間福報三大事業體，都是在佛光會創立之後才有。其中，籌建大學時，師父更提出「百萬人興學」活動，透過佛光會員再走出去，接引廣大社會大眾。

　　第六，提升婦女的社會地位。以前婦女的社會地位比較低，只能是一個家庭或社會的附屬，但佛光會的各項活動百分之八十都是

第四章　全台行腳──蓮花遍地開（中華總會篇）　　245

國際佛光會署理會長慈容法師為 16 位「初階佛光知賓講師」授證，提升婦女專業能力與自信。2023.10.06

佛光山南屏別院佛光啦啦隊大會舞表演。2014.06.22

婦女在承擔，婦女也多半是領導的幹部或會長。很多會員原本只是家庭主婦，後來慢慢做到了會長、督導甚至區協會會長；她們優秀的能力被看見，也從中獲得自我價值的肯定，佛教婦女對社會的貢獻是有目共睹的。

師父信任　以師心為己心

　　我在佛光會，從最初擔任秘書長到後來的署理會長，始終都是跟著師父的腳步行動。師父就像一位領航者，他的法緣是多生累劫修來的，所以每次活動總是成千上萬人，我幫他做事自然沒有太大顧慮。尤其，很多活動的創新創意，都來自師父的想法，我就是配合他，把他交代的事情做出來，事情就成功一半了。

佛光會成立的最初十年間，我除了領導會務，還兼任台北道場住持，中間還到美國西來寺當過幾年住持。因為佛光會的會務非常龐雜，所以我在美國服務期間，仍必須每月回台一次關心會務發展。感謝歷任中華總會秘書長與輔導法師都不計較，只是一心把事情做好，沒有讓我有什麼操心。

　　雖然年紀大了，我負責的工作卻從來不曾減少，甚至活動越辦越大，人數也不斷增加到十萬人之多；但我沒有感到體力無法負荷，更沒有時間生病，想到這麼多事情等著我處理，哪裡還有時間處理自己的煩惱與病苦，我想這就是師父說的「忙，就是營養」、「以眾為我」帶給我的力量吧。

　　對於師父的交代，我一向直下承擔。師父常常對別人說：「只要是容法師策畫的事情、準備的工作，我上台都很安心。」師父的支持和信任，是我勇敢向前的最大動力。這就是我與師父之間心領神會的默契，這種師徒之情，也只能意會，沒有辦法透過語言表達！

第四章　全台行腳──蓮花遍地開（中華總會篇）　　247

「中華民國建國一百年──愛與和平宗教祈福大會」，大師與總統馬英九、單國璽樞機主教共同點亮地球儀，象徵將愛與和平傳到各地。2011.08.23

國際佛光會世界總會第四屆第五次理事會議在新加坡新達城召開。2009.10.18

第五章

邁向國際──佛光世界的先行者（世界總會篇）

師父說過：「只要沒有佛法的地方，都要撒遍菩提種子！」
但是佛光普照三千界，法水長流五大洲的宏願，
是要所有的弟子們同心協力，一代接一代去實現的。
當然，這中間也有很多困難需要去解決。
感謝有師父智慧的領導以及佛光教團的集體創作，
才能有今天佛光普照五大洲的成果。

走上國際　世界總會的成立

1988年美國西來寺落成後，師父就以美國為起點，開啟邁向全世界的弘法因緣。因為他心中的理想，不僅是漢傳佛教的發展，更希望顯密佛教、南北傳佛教都能融和發展。他對我說：「我們應該走出去關心世界各地的佛教徒，為全球的佛教徒服務，用國際佛光會來團結所有佛教徒的力量。」所以，1992年國際佛光會世界總會成立以後，就更好地承擔起他心中理想的藍圖，也因此我們能有緣結識許多非漢語系的佛光之友。

佛光普照　從台灣走向全球

自從中華佛光協會在1991年2月成立後，海外華僑聽到消息也紛紛響應，國際佛光會世界總會很快地就在隔年（1992）5月16日於美國洛杉磯音樂中心成立，總部就設於西來寺內。

這個成立大會就像是全球佛教徒的大團結，不但有來自亞洲地區的香港、日、韓、菲律賓、馬來西亞、印度；還有美洲地區的美國、加拿大、巴西、關島；歐洲地區的法國、英國、德國；澳洲的澳大利亞、紐西蘭；以及最遠的南非、剛果等四十八個國家地區的佛教徒。包含南傳、北傳以及藏傳佛教的僧信七眾弟子，全部海會雲來集，可以說是過去未曾有過的盛況。

大會成立同時舉辦第一屆會員代表大會，雖然前往美國的機票非常貴，但是沒想到世界各國佛光會員都踴躍出席；我們就在大會現場布置各國國旗歡迎他們，使會場看起來就像聯合國的國際會議

國際佛光會世界總會於美國西來寺正式成立。1992.05.16

廳一般。由於參加的佛光人非常多,我記得當時日本東京佛光協會會長西原佑一非常興奮地說:「佛光會實在太棒了,讓我們在一天之中就結交了二千多位佛光人!」

　　成立大會在洛杉磯音樂中心舉行,受到台灣與美國總統府的關注,李登輝先生和布希(George Herbert Walker Bush)總統都送來賀函,也派代表與會。會中,大家一致推選師父擔任世界總會總會長,同時選出時任中華民國內政部部長的吳伯雄、日本佛教大學校長水谷幸正、香港慈善家嚴寬祜、澳洲企業家游象卿,還有斯里蘭卡凱拉尼亞大學副校長阿那努達法師(Anuruddha)等人擔任副會長。這樣就充分展現國際佛光會的世界性規模,以及社會層級的廣度與影響力。

國際佛光會世界總會成立暨第一屆會員代表大會在西來寺舉行,大師與慈容法師向大眾展示佛光會旗幟。(大師左為心定和尚)1992.05.16

    當時加州蒙特利市(Monterey)市長姜國樑,還特地把5月16日訂為「國際佛光日」。這是因為在我們召開大會的前一個月,正值洛杉磯暴動[1]、到處冒煙,警察都荷槍實彈站在路邊警戒。我們擔心師父與大眾的安危,都勸師父:「現在不要去美國,很危險。」可是師父並沒有因此打消念頭,還帶著二千名佛光人蒞臨加州舉辦世界大會。所以,姜國樑市長非常讚佩師父對蒙特利市的支持,就有了「國際佛光日」的由來。

    從這件事情,也可以看到師父的菩薩性格,一般人都是往安樂的地方去享福、享樂;但是,師父一向都是無所畏懼,想方設法要

---

1 1992年4月29日,美國加州洛杉磯市陪審團宣判四名被控「使用過當武力」的警察無罪釋放,導致上千名對此判決不滿的非裔與拉丁裔上街抗議,最終引發一連串暴動,波及包括亞裔在內的各社群。

把苦難的地方變成人間淨土。我想，這也是我們弟子們要學習的，不怕難、不怕苦，眾生在那裡，我們的淨土就在那裡。

　　大會成立的隔天，我們回到西來寺大雄寶殿前的廣場上，舉行隆重的升旗典禮。當美國國旗和國際佛光會會旗迎風飄揚在大雄寶殿前的廣場時，師父說：「這兩面旗子，象徵佛法起源於印度，弘揚於美國；現在世界處處有佛法，國際佛光會要讓佛法照耀世界，更要照在每一個人的心田裡。」聽到這裡，全場響起如雷的掌聲，許多人都跟我一樣，留下激動的淚水。想到今天二千多位佛教徒，能站在這裡見證美國佛教歷史性的一刻，是多麼不容易的事。

會員大會　讓世界看見佛教

　　過去佛陀弘法於五印度，如今人間佛教走向世界，走向全球五大洲，師父可以說是第一人。師父將佛教「從山林走向社會，從出家走向在家，從寺廟走向講堂，從老年走向青年，從自修走向共修，從沒組織走向有組織，從沒制度走向有制度」，幾十年來，佛光人在師父帶領下，一步一腳印將人間佛教，從地區的發展到全球化的傳播。

　　早期，國際佛光會世界會員代表大會每年輪流在世界各地舉行，如美國、台灣、澳洲、香港、加拿大、法國都辦過。這樣不僅方便各地協會能在地成立，同時世界佛教徒也可以透過開會，互相觀摩聯誼。只是海外道場住宿空間畢竟很有限，參加的人都要住飯店，實在不方便；後來就改成一年在海外，一年在台灣舉辦。最後，又改成兩年一次都回到台灣佛光山舉辦，畢竟總本山場地大、

2012年國際佛光會世界會員代表大會，全球五大洲 100 個協會近 3000 位代表，在佛陀紀念館合影。2012.10.11

會議室多，住宿吃飯與動員義工都不困難。最重要的是，讓會員回來認識總本山，了解佛光宗風，才能維持他們對佛光山的向心力，不易退道心。

除了會員代表大會，還有理監事會議、金剛會議、婦女會議、青年會議、各洲聯誼會等等。這些國際會議，就像聯合國的會議一樣，我們都會發函邀請地主國的政府首長出席致詞；每次他們出席看到這麼國際化的佛光會組織，都非常讚歎驚訝，尤其我們還是一個華人的國際社團。這對當地協會的在地化發展，能產生很良善的友誼支持，增加我們在地弘法的助緣。所以舉辦世界會議，是讓佛教走出去，也是讓世界看見佛教。

大師頒發國際佛光會世界總會副總會長當選證書予慈容法師。
2014.10

2016 馬來西亞檳州首席部長丹斯里許子根博士出席大會。

2018 年世界會員代表大會開幕，副總會長劉長樂（前任鳳凰衛視董事局主席）致詞。2018.10.05

多明尼加總統塞紐瑞爵士（大師左），蒞臨國際佛光會世界總會成立大會。1992.05.16

　　每次世界大會的場合總是冠蓋雲集，像過去台灣監察院院長陳履安、司法院院長林洋港、內政部部長吳伯雄等都曾出席；在澳洲召開時，有代表總理的參議員貝琳達（Belinda Neel）、臥龍崗市市長（Lord Mayor David Campbell）、移民局局長（Keieh Owen）。法國開會時，有巴黎市副市長馬卡斯、法國天主教在內的十多個國家宗教團體參加。在香港開會時，有香港特別行政區律政司司長梁愛詩太平紳士等等。還有，許多國家元首的賀電如：美國總統柯林頓、副總統高爾、法國總統府等等。可以說，經由佛光會在世界召開大會，打開佛光山在國際的知名度，也走出漢傳佛教的影響力。

佛教信仰　安定了華僑的心

　　國際佛光會的成立，對海外的華人有很大的心靈安定力量。許多華僑由於經商的關係，長年在海外奮鬥，最後就留在當地組織家庭生兒育女。甚至有些人因為國家戰爭，被迫離開親人，流浪到海外；雖然多年後能夠生活穩定，但心靈總覺得空虛沒有依靠。自從有了佛光山的法師、佛光山的道場和國際佛光會後，讓他們找到家的歸屬感，靠著佛光會與法師的關心，心靈上就有了慧命的依靠。

　　走過世界很多國家後，我們發現亞洲人多半有宗教信仰的傳承，華僑即便在西方國家，他們平時依然會祭祖，年節會到寺廟燒香禮佛。比如越南人，他們主要信仰佛教；新加坡、香港或馬來西亞華僑則是佛教、道教、一貫道都有。因此，世界各地華僑不論到哪裡，都會尋找一間寺廟，作為精神的依靠。其中，香港華僑由於在世界各地經商，所以對佛光山在世界各分別院的建寺幫忙最大。

　　佛光會與佛光道場是一體的，每一位會員入會後，就像進入一個大家庭。在這個大家庭裡，雖然彼此來自不同國家，但同是佛光人，所以無論是生活、就業、結婚、兒女教育、婆媳問題，一直到老病、往生，都會在這裡找到幫助。師父希望大家都能以法為家，受到佛光的加被，這就是人間佛教的人情味。

　　記得在澳洲布里斯本，有一位華人因生意經營不下去，又沒有退路，原本全家要去自殺了；後來接觸佛光會後，在法師們愛心的關照下，一家人終於得到重新活下去的力量。又如有一位非洲信徒，他是當地佛光協會的顧問，因為孩子要到美國紐約讀書，我們就請紐約道場就近代為關照，後來這位青年還成為紐約道場青年團

2014 國際佛光會世界會員代表大會於佛陀紀念館合影

的團長。還有,若是美國某位會員要回台灣定居,他的佛光會籍就會轉回台灣;當地分會的會長會接續關照他,就能保持他們一直在佛光會,信仰也不會中斷。

因此,國際佛光會在全世界的成立,除了傳播佛教信仰,更重要的是可以凝聚華人的力量。雖然華人在海外有各種不同的商會、同鄉會,但從他們的談話中知道,他們會與會之間幾乎很少往來。可是因為佛教,佛光山、佛光會跨越了族群、地域、國家,就像一根線串起海外所有華人的心,使原本散落在世界各地的僑民,都因信仰而團結了。

對於傳播人間佛教,有些人說建寺院就有這個功能,何必組織在家眾的社團?我們知道,如果只建寺院讓大家單純去拜佛,參加法會,這樣佛教是走不出去的。信仰的產生,有時也要靠活動來接引,沒有佛光會的活動,社會上看見佛教的人有限;沒有走出寺院,外國人不知道佛教的好。

寺院是信仰的家,佛光會則是推動信仰的車輪,所以師父常說寺院與佛光會相輔相成;如鳥之雙翼、車之兩輪,寺務與會務無法分割,是一體的二面;唯有二者共同推動,互相扶持,佛教才能在世界發展。

師父願力宏大　五大洲協會成立

　　佛光山在世界各洲的發展，多數都是先從成立佛光會開始，很多地方剛開始沒有道場、只有信眾，之後才一個一個發展起來。比如，日本東京協會、南美洲巴西協會、加拿大多倫多協會、澳洲雪梨協會、昆士蘭協會、香港協會等各國家地區早期創立的協會。有了協會後，就能開辦一些活動，自然信眾就會慢慢增加，這時候就有建設道場的條件了。

　　國際佛光會並非屬於某一宗派、某一寺院或某一個人所有，而是屬於全世界有心佛教的人士；甚至異教徒，只要認同佛光會宗旨

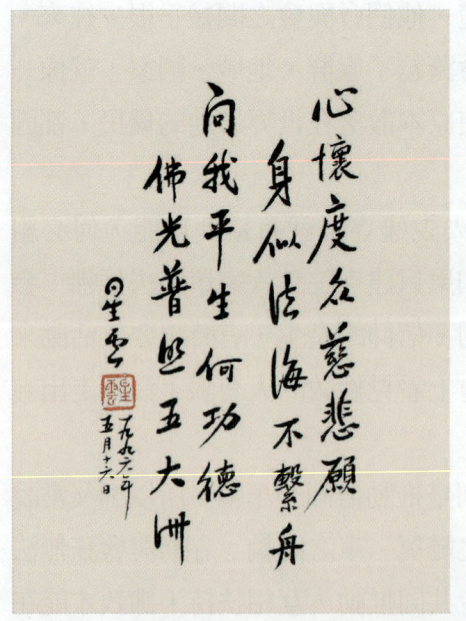

1992 年 4 月 4 日，大師已經寫下自己畢生的努力願心。此幅書法寫於 1996 年佛光日（5 月 16 日）。

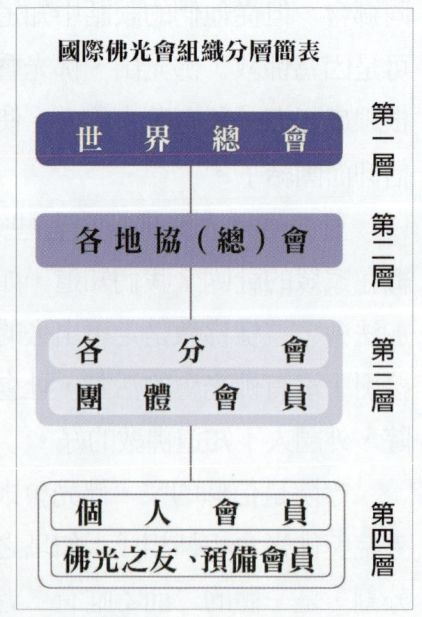

國際佛光會組織分層簡表

第一層	世界總會
第二層	各地協（總）會
第三層	各分會／團體會員
第四層	個人會員／佛光之友、預備會員

和精神的人，都歡迎加入成為「佛光之友」。

為了接引各國人士，師父有很多善巧方便的開通，比如，總會規定加入佛光會者，必須皈依三寶；但有人不想改變信仰，只想參加佛光會的活動，我們就讓他們成為「佛光之友」，因為「佛光之友」不一定要皈依三寶，只要理念相同即可。如：美國堪薩斯協會沒有法師駐錫當地，是由會長、督導帶領，因此每次辦活動都是在戶外租借場地。他們所舉辦的親子活動、浴佛節等都很成功，常常很多美籍人士前來幫忙及參與，所以當地就有很多佛光之友。

在海外，佛光協會的創立發展多數都從當地僑領開始，除了在語言上較能溝通，在信仰上也比較認同。如：美國洛杉磯協會首任會長吳劍雄，他是洛杉磯二十六個社團的總聯絡人；巴黎協會會長江基民，是柬埔寨越緬寮總會長；泰國佛光協會會長余聲清、余劉素卿夫婦，二人都是泰國台商會的僑領；聖地牙哥協會會長陳學長，也是聖地牙哥印支商會會長。他們都是僑界重要人物，在社會上有一定的地位與威望，大家自然對他們產生向心力與認同感，所以佛光會在他們的帶動下，會員成長就很迅速了。

以下就舉一些協會來讓大家認識。

【歐洲地區】巴黎與倫敦佛光協會

歐洲各國協會的成立過程非常不易，畢竟佛光山在歐洲一開始沒有信徒的基礎，等於是去拓荒開墾，播撒人間佛教的種子。歐洲人的信仰，從過去到現在都是耶穌教、天主教人口為多，他們對於佛教很陌生。在我們到歐洲前，只有幾個南傳佛教跟藏傳佛教的出

歐州佛光協會幹部講習會在德國柏林佛光山舉行，大師與慈容法師親自主持。2004.11.07

家人在當地弘法，漢傳佛教的寺院幾乎看不到。三十多年來，佛光山的徒眾們飛越千山萬水，不懼困難，從無到有把道場建設起來，才有今天法、英、德、瑞、荷蘭、比利時、奧地利、瑞典、葡萄牙、西班牙等國，總計十四間道場、十九個佛光協會。不容易啊！

　　我們如何能在異國他鄉，人生地不熟的國家成立這麼多佛光協會，除了仰賴當地僑界同鄉會的幫忙，還有就是華人對信仰的依靠。如：法國的海外移民很多，其中華僑就不少，大約一百個人中就有一位。他們大部分來自東南亞，如：越南、寮國、柬埔寨、緬甸等中南半島國家，因為他們有些過去曾經是法國的殖民地，二次世界大戰後，許多僑民逃亡到歐洲後就留下來了。我們在當地的會員，幾乎都是從這些移民的華僑開始。

歐洲的協會中，最早成立的是巴黎佛光協會，前面提過，我在普門寺時期，因為明禮法師之請，開啟了我們去歐洲弘法的因緣。所以，1991年，我們就在法國巴黎郊區的雷諾古堡成立了佛光山巴黎道場。

　　一開始，師父先派依照法師過去負責，沒多久就遇到農曆七月，這在中國習俗裡一定要上寺院誦經超薦祖先，法國的華僑一樣保有這個習俗，所以依照法師就先在巴黎古堡舉辦一場盂蘭盆法會，給他們心靈一個安慰。沒想到，當天竟然來了一千多人，很多人都因法會的莊嚴而感動流淚；他們說，沒有想到有一天能在這麼遙遠的歐洲，聽見中國的梵唄誦經。所以結束後都一一加入佛光會，還要求皈依成為三寶弟子。

　　由於依照法師個性爽朗，很熱情又會唱誦又會燒素菜，很快就度到許多中國飯店的老闆。其中有一位在巴黎「新中國城大酒樓」的老闆江基民，是柬埔寨（高棉）華僑，為人熱誠海派，在僑界很具影響力。他做過世界華人法國協會會長、旅法湄江聯誼會會長、歐洲越柬寮華人團體聯合會會長等。他這樣的經歷，可以說是當佛光會會長不二人選，於是就請他擔任巴黎佛光協會的首任會長。

　　因為江基民的關係，我們又認識了其他華僑同鄉會，如湄江同鄉會、潮州同鄉會、梅州同鄉會、海南同鄉會、福州同鄉會等十八個同鄉會。他們本來都是拜神明或觀音的，聽到台灣佛光山的星雲大師要在這裡建立道場，成立佛光會，大家都四處幫我們宣傳招生。很快地，幾個同鄉會會員全都加入，一下子巴黎佛光協會就有三千名會員，成為世界總會創會伊始，會員人數最龐大的協會。

　　1992年4月17日我們在巴黎華僑文教中心舉行協會成立大會，

國際佛光會第五次世界會員代表大會在法國巴黎召開。1996.08.04

師父感慨地說道:「我們中華民族在世界上到處遷徙,從這個地區流浪到那個地區,從這個國家走到那個國家,好像世界難民;但我們不氣餒,不灰心、不放棄,只要地球不捨棄我們,我們就做共生的『地球人』,世界都是我們的家。」聽了這一番話,我看見現場好多人都在擦眼淚。

尤其,創會會長江基民說他非常激動,覺得師父的話簡直講到他們的內心深處,是他們的知音。依照法師說:「從那次以後,江基民就成為佛光山的堅強護法,對佛光會忠心不二的擁護,凡有活動必發心供養,把他們餐館的油鹽米醋都直接載到禪淨中心供眾。」畢竟,師父與他們都歷經戰爭,同為天涯淪落人,最能了解流落異國他鄉的苦楚。

話說,巴黎雖然有好多華僑成立的鄉親會,但聽說他們彼此間都不怎麼往來。他們說,大家流浪到巴黎後,都是遠離國家的難民,什麼團體都不想參加。原本有很多人都在觀望要不要走向佛光會?後來聽說星雲大師要親自來,大家好像看見生命的希望;本來還在猶豫的人,全都趕緊填好皈依報名表等待。這些華僑皈依後,

幾次到巴黎佛光山聚會，全都被法師的親切招呼感動，歡喜地說：「終於『回家』了！戰亂後，逃難異鄉長年的孤獨與寂寞，終於有了一個靠岸的地方。」

聽到這些話，我們也不禁鼻酸，想到這世界上，多少人過著有家歸不得的日子，他們非常需要佛法的信仰作依靠，今天國際佛光會的成立，終於讓他們漂泊的心找到靠岸的歸宿。

因此，1996年，我們決定將國際佛光會第五次世界會員代表大會選在巴黎舉辦，雖然機票與住宿等活動費用非常高，但是來自世界各地的佛光會員代表都非常踴躍支持，出席人數超過五千人。這一次的大會成功開啟人間佛教在法國的發展，也讓佛光山在歐洲的弘法走出穩健的第一步。

與巴黎協會同時成立的還有英國倫敦佛光協會。佛光山在英國成立道場和分會的因緣，大概在1990年師父參加巴黎靜心禪寺落成典禮前，就已經先派依益、永有二位徒眾去英國留學[2]，當時師父已經在醞釀未來在歐洲的發展，要成立佛光協會以及建設道場。

剛開始，他們二人告訴我，華僑只找到三十人，我就說不急，沒有人就不要勉強成立。但是沒想到二年後（1992年4月18日），師父前往英國倫敦創會時，現場竟然來了八百人聽講，還包含各界僑領與台灣駐英國代表，一下子就轟動整個英國僑界，我們在英國

---

[2] 1982年3月，大師率領歐洲考察團，第一次到歐洲。1990年的7月，大師先派遣依益法師、永有法師到英國留學。他們先到威爾斯大學攻讀教育碩士，希望藉著讀書的因緣，為未來弘法找尋因緣。同年11月10日，大師應明禮法師之請，到巴黎為越南寺院系統的靜心禪寺主持落成典禮，有80多位信眾前往，當地信眾向大師請願在歐洲建立道場，大師當即慈悲應允。

2011年慈容法師為國際佛光會葡萄牙波爾圖協會及英國、西班牙、葡萄牙新成立的11個分會授證。

的發展就這樣有了知名度。不久,就聽說有一座百年神學院要賣,師父認為是非常好的因緣,就指示他們二位趕快買下來,就是現今的倫敦佛光山。

三十多年來,歐洲各地佛光協會在所有法師們的帶領下,像滿謙、妙祥、覺容、覺彥、妙多、妙益、如海等,都跟當地的基督教、天主教、伊斯蘭教、印度教等不同信仰的宗教團體和平相處,尤其經常舉行宗教對話。

像巴黎佛光山每年都有多元宗教對話,荷蘭佛光山發展到今天,已經成為政府部門積極爭取合作的對象,柏林佛光山也接引好多學者與知識分子進行翻譯。佛光山在歐洲能快速發展,正因有佛光會的參與,從語言翻譯到各界關係的互動,都要道場與佛光會共同合作才能成就,這實在是師父創設佛光會的遠見與智慧。

【北美洲地區】洛杉磯佛光協會

　　國際佛光會世界總會在1992年於美國洛杉磯成立後，隔年就在西來寺成立「國際佛光會洛杉磯協會」，當時就有三百多位會員加入，發展到現在，會員已超過兩千多人，範圍遍及南加州地區。洛杉磯協會設址於西來寺，最大優勢就是有西來寺作後盾，又能就近接受總會輔導；加上創會會長吳劍雄非常認真，人脈廣、人緣好；洛杉磯協會在他的帶領下，無論是寺院道場的需求或對外界的聯絡，都得到很大的助力。

　　吳劍雄之後，繼任會長的是陳居。講到陳居，就得從他的丈母娘范鄭查老太太說起。范老太太是一個很虔誠的佛教徒，佛光山

慈容法師頒發督導長證書予洛杉磯協會會長陳居。2013.07.19

國際佛光會洛杉磯協會會員大會在美國西來寺舉行，大師親臨主持。1993.05.01

　　剛開始創建時，還沒有錢蓋百位信徒集會、住宿的地方。有一次，范老太太來到佛光山參觀，在朝山會舘住了一晚，被大師的說法感動，回去後就跟孩子說：「我要拿一筆錢幫佛光山建一棟可以讓很多人住宿的地方。」這個因緣，幫助了麻竹園很快地興建完成。

　　陳居是范家女婿，本身是會計師，受到丈母娘學佛的影響；加入佛光會後，很認真地在佛法上用功，後來也考上佛光會的檀講師。當時在西來寺舉辦的活動，都是由洛杉磯協會來承擔，或是與西來寺共同承辦；也是從那時候起，佛光會和西來寺開始蓬勃發展，幾乎每個禮拜、每個月都有活動，會員也迅速增長。

　　因世界總會設址洛杉磯，在美國登記立案，所以我們就借助陳居的長才，聘請他擔任世界總會的財務長，幫忙把關各協會的財務問題並給予指導。除此之外，他本身對經典有很深入的研究，經常帶領讀書會，並在西來大學授課，是一位非常有教性又有人間性格的菩薩。

【非洲地區】南非佛光協會

　　非洲，對身處亞洲的我們而言，是一個很陌生的國度，一直都存在著種族歧視、貧窮饑荒、戰亂動盪等問題；過去我們也沒有信徒在那裡經商發展，尤其也沒有看見其他佛教的寺院，真是赤手空拳，白手起家。

　　後來，師父知道我弟弟在南非做農耕隊，便派依來法師去作開路先鋒。1991年他先到最多台灣人居住的新堡了解民情，在當地認識了南非新堡市議員黃士豪居士，並在他的協助下認識了一些華僑。就這樣，我們逐漸有了一些信眾的基礎，師父就派我去成立佛光協會，有約堡、普利托利亞、布魯芳登、新堡、德本等五個佛光協會。1993年，佛光會就正式在南非展開各項弘法活動。

　　目前，佛光會在南非、賴索托、剛果三國已經成立八個協會，在五大洲中是最少協會的洲別。主因是非洲華僑人數少，協會的成立又有一定人數的規定，加上中國文化、佛教文化都跟當地原本的文化有著很大的差異性。以非洲的經濟、治安、飲食習慣等條件來講，都不及其他國家的方便，所以佛教在這裡的弘揚，需要更加努力播種，才能讓它生根發芽。

　　佛光會在非洲能做的事就是「慈善」與「教育」。2001年，「國際佛光會第三屆第一次理事會」在南非布朗賀斯特市召開，師父與我先前往史瓦濟蘭（後稱史瓦帝尼）國王官邸，出席了兩百輛輪椅的捐贈儀式。之後，佛光山南華寺與國際佛光會仍持續進行各種物資發放賑濟及輪椅捐贈，三十多年來，已經捐贈上萬輛輪椅。

　　但是，慈善只是一時的方便法，最究竟的慈善還是教育。所

南非總統祖瑪非常驚艷南華寺天龍隊的中國舞龍表演。2015.12.17

　　以，在佛光會約堡協會會長馮德滿、副會長陳養衡等百餘人護持下，就有了「南華電腦教學班」的開設；二十年來已幫助三千多位非洲青年學會使用電腦，培養一技之長，除了提供工作機會，也增加社會安定的力量。

　　另外，南華寺有一支特別的隊伍「天龍隊」，是招收未婚女性青年，教她們擊鼓、舞龍、舞獅、溜直排輪等等中華文化技藝，透過表演藝術讓她們習得一技之長，每年並帶她們到世界各地巡迴表演。2023年8月，她們還受南非政府邀請到總統府官邸演出，歡迎大陸領導習近平總書記，還受到總書記讚賞。

　　佛光會在非洲的發展，雖然距離佛教本土化的目標還有很漫長的道路，但是這麼多年來，經過南華寺住持慧昉法師及僧信二眾的努力，已經逐漸展現成效。例如，在中非剛果共和國的剛果協會，現在是由出生非洲本土的慧徹法師領導寺務，經常往來的會員已經多達數百人，他們平時共修都是用漢語拼音來誦念經文，對佛教信仰的虔誠並不亞於華人。

　　目前已經有五百多位當地黑人朋友正式皈依三寶成為佛教徒，

最近又有幾位兒童自己跑來，自願住在寺院幫忙，不願意離開，這都顯示師父人間佛教的教化是人要的教法。我們相信只要肯發心結緣，佛教終有一天會在非洲大陸成長為大樹，為當地人民帶來幸福與安樂。

【大洋洲地區】雪梨佛光協會

澳洲在佛光山還沒有進去以前，佛教並不興盛；但經過我們在當地建寺與佛光會長年的服務奉獻，佛教目前已躍升為澳洲第二大宗教。這些都是所有佛光人集體創作的成果。

澳洲佛光協會的成立，是先從昆士蘭佛光協會開始。1989年，師父前往澳洲新南威爾斯省臥龍崗勘察南天寺的籌建，當時已經移民布里斯本經商的小港信徒邱錫寬、陳春龍等人，聽說師父來到澳洲，非常積極地邀請師父前往弘法。沒想到大師講演後，現場六、七十人全都表示願意加入佛光協會，昆士蘭佛光協會就這樣迅速成立了。

1993年，布里斯本中天寺圓通寶殿完工，在住持依來法師與協會會長劉招明、陳秋琴夫婦的努力下，把布里斯本的佛教帶動得有聲有色。尤其，每年五月與布里斯本市政府合辦的佛誕節慶祝活動，都有超過二十萬人參與的盛況，也帶動澳洲人學佛的風氣，這都為澳洲佛教寫下歷史新頁。

澳洲一開始是我牽線的，最初並不了解臥龍崗在哪裡，以為是市中心，後來才知道它不在市中心點，但我們已經決定在此建設澳洲本山南天寺了，也就要努力克服一切困難。海外建寺很不容易，

大師與澳洲各道場歷任住持合影於南天講堂。左二起滿可法師、依來法師、慈容法師，右一起覺善法師、滿信法師、滿謙法師。2015.03.04

　　許多建築磚瓦、工法、土地法規都需要不斷開會協商才行。因此，我們就先到附近交通便利的雪梨市區建立「南天講堂」，作為發展會員與就近支援的方便。1991年，「雪梨佛光協會」首先在南天講堂成立，現場來了一千多位華僑，轟動了整個雪梨市。

　　首任會長廖德培，早年親近佛光山北海道場，後來移民澳洲經商，為人積極熱心又有教性，加上從美國移民澳洲的游象卿居士擔任顧問，佛光山在澳洲的發展，就漸漸從昆士蘭、雪梨、墨爾本，擴展到西澳，全洲都有佛光山與佛光協會的成立。

紐西蘭南、北島佛光協會

　　最後，鄰近的紐西蘭信徒也來請求成立協會。紐西蘭北島的賴耀森居士夫婦跟我們說：「我這塊地願意捐給佛光山，您們只要人來就可以成立了。」賴耀森是佛光山員林講堂功德主賴義明的哥

大師為紐西蘭北島佛光山開光，六千信眾同霑法喜。大師帶領貴賓民族事務部長 Honourable Chris Carter、瑪努考市長 Sir Barry Curtis、Sophie Muru、國家黨國會議員 Pansy Wong、警察總長 Mr Steven Shortland 等在大雄寶殿前剪綵。2007.10.02

哥，當初建設員林講堂的那塊地就是他們捐贈的，賴耀森大概受到弟弟的鼓勵，所以願意把位於紐西蘭北島的土地捐給佛光山。北島佛光協會會址就設在創會會長賴耀森居士的農莊，我們因此就有了在當地開發的因緣。

再說，與北島同時創會的紐西蘭南島（1991），起初是由古捷廉醫生夫妻熱心護持。古會長非常積極，創會前專程搭飛機前往台灣請教我怎樣籌組佛光會的事情，而且還創立全球第一個「星雲佛教研究中心」。創會初期，先借用會長古捷廉醫師的處所作為會員共修場地，隔年，師父指示我前往南島勘查環境，才買下一間老舊基督教堂，翻修改建為佛教寺院做為共修場地。2007年，師父親自前往紐西蘭主持南、北島道場開光啟用典禮。

現在整個紐西蘭的佛光會員在住持滿信法師的帶領下，跟當地政府、警署部及學校都有很好的合作交流，活動也辦得有聲有色，獲得當地政府很高的評價。

LEI FEDERAL Nº 12.623
9 de maio de 2012 – publicada no Diário Oficial da União em 10 de maio de 2012

Institui o **Dia do Aniversário do Buda Shakyamuni** e o inclui no **Calendário Oficial de Datas e Eventos Brasileiro** – Lei Federal de autoria do Deputado Federal **William Woo**

A Presidenta da República

Faço saber que o Congresso Nacional decreta e eu sanciono a seguinte Lei:

Art. 1º Fica instituído o Dia do Aniversário do Buda Shakyamuni a ser comemorado, anualmente, no segundo domingo de maio.

Art. 2º A data comemorativa ora instituída passará a constar do Calendário Oficial de Datas e Eventos Brasileiro.

Art. 3º O Poder Executivo poderá, nos termos da lei, apoiar eventos ligados à comemoração da data ora criada, inclusive autorizando o uso de espaço público, visando à preservação da tradição religiosa e dos valores culturais.

Art. 4º Esta Lei entra em vigor na data de sua publicação.

Brasília, 9 de maio de 2012; 191º da Independência e 124º da República.

DILMA ROUSSEFF
Anna Maria Buarque de Hollanda

天主教國家巴西總統羅塞芙頒布新法令，訂定每年五月第二個星期日為釋迦牟尼佛誕辰「佛陀日」，並併入官方日曆，成為巴西國定假日。2012.05.09

巴西如來寺落成，左三慈容法師，左四張勝凱，右一斯碧瑤，右二覺誠法師，右三洪慈和。2003.10.05

【南美洲地區】巴西佛光協會

　　南美洲佛光協會成立的緣起，可以說是師父的慈悲不捨眾生而有。1992年，一位巴西的企業家許疊到台北普門寺找我，他說他建了一座觀音寺，希望能請師父到巴西主持落成及佛像開光典禮。因為這樣的因緣，師父首度前往南美洲弘法，同時應邀舉辦一場三時繫念法會，結束後，師父便把所有淨財收入都贊助他們建寺。

　　當時，在巴西接待我們的是當地的僑領張勝凱，他是世界台灣商會聯合總會會長，企業做得很大，在僑界很有聲望與地位，跟政府的關係也很好。他是台灣大學的高材生，畢業後到日本東京大學深造，後來帶著太太移民巴西發展創業，事業做得風生水起，含括整個南美洲都有他們的據點。他的太太陳淑麗就是台灣聲寶公司創辦人陳茂榜的女兒。

　　張勝凱本身是一位佛教徒，他告訴師父，如果佛光山派人到巴西弘法，他願意捐贈別墅作為共修弘法之用，並帶動華人來學佛，師父也慈悲應允。沒多久，巴西佛光協會成立了，推派同樣是華商的斯子林為第一任會長；當時還有劉學琳、劉學德這個家族也很護持，他們同時還協助成立巴西「如來之子教育中心」。所以張家、斯家、劉家這三大家族，對佛光山在巴西的發展有很大的助力。

　　巴西佛光協會成立時，來參加的會員幾乎都是台商，也就是當初參加觀音寺開幕的那批人。他們對師父非常敬仰，直到今天都非常護持。當時張勝凱把會址設在距離寺院不遠處，走路不到三、五分鐘的地方；那裡有他們經營的六座網球場、兩座籃球場的休閒空間。自從佛光會成立以後，張勝凱便公告一個訊息：凡是佛光會員

到此打網球，一律免費。當時聖保羅愛好網球的三百多人全都加入了佛光會，成了最初的會員。

巴西協會因為人數眾多，所以成立沒多久，就成為國際佛光會世界總會下著名的五大協會之一；五大協會分別是台灣、馬來西亞、香港、洛杉磯和巴西佛光協會。

【東南亞地區】菲律賓佛光協會

菲律賓協會其實很早就開始運作，但一直到1995年才正式成立。這個協會成立的時間比較晚，但它是在籌備協會中，就先承辦世界總會第一屆第六次理監事會議，然後才授證成立佛光協會，創下還沒有正式授證的協會，已先承辦世界理事會的先例。又因為辦得非常成功，被師父稱讚為「零缺點的理事會」。

佛光山到菲律賓弘法，最早是宿霧慈恩寺開始，但是那是私人建設的家廟，沒有信徒在那裡，師父就指示永光法師應該到首都馬尼拉去開發信徒。但是，剛去到馬尼拉誰也不認識，怎麼找信徒？永光法師常開玩笑說：早期菲律賓的信徒都是從菜市場撿回來的。為什麼？

首先，他在唐人街菜市場裡找了一棟五層樓的一個小房間作共修場所，也就是馬尼拉禪淨中心的開始。然後每天在市場裡走來走去，見到會講華語的人，就跟他們多聊聊，介紹他們認識佛堂。就這樣，慢慢地找到一些華人成為信徒；幾個月下來，竟然也度到一千多位菲律賓華人。

1995年總會長星雲大師親自授旗，菲律賓協會正式成立。

　　馬尼拉的華僑因為經濟寬裕，一個家庭都有幾個保母，有專門洗衣、煮飯、掃地、打掃的僕人。這群企業家夫人一到下午時間，就會去飯店喝下午茶。所以，只要下午打電話去家裡沒人接，就是去飯店喝茶了。雖然物質生活無缺，但心靈上少了一份重心，所以佛光會成立後，正好把這群人都度進道場當幹部。由於她們的熱情參與，對於佛光會的開拓發展起了很大的作用。

　　歷任的會長都是有聲望又肯為人服務的人，佛光會的形象很快就樹立起來，這樣一來，入會的華僑就漸漸多了。尤其，1995年4月，國際佛光會馬尼拉協會成立時，師父在菲律賓舉辦一場可容納三、四千人的大型講演[3]，讓我們非常意外的是，在講座前半小時會場就已經全部坐滿。而且那一場講座後，現場的信徒都主動加入

3　星雲大師於 1995 年 4 月 9 日下午二時舉行佛學講座——「六根的修行」，菲國副總統特派秘書拉美禮斯律士代表宣讀副總統講詞，另紅衣主教秘書長辛海棉、菲航董事長夫人邱秀敏、台北駐菲經濟文化事務處代表王愷等貴賓都到場聽講。出自 1995 年 5 月 11 日《覺世旬刊》第 1342 期報導。

2012年大師偕同慈容法師與馬來西亞佛光協會邱寶光等佛光幹部會面。

協會，成為佛光會的會員。一下子，馬尼拉協會創會就有上千人。

從世界各協會的創立，讓我深刻感受到師父的法緣不論在世界的哪個角落，都是無遠弗屆的寬廣綿密，就像《法華經》的〈從地湧出品〉，只要有師父出現的地方，人潮就從四面八方齊聚過來。

馬來西亞佛光協會

師父最常給馬來西亞信徒的評語，就是「熱情」、「宗教情操高」，所以當佛光會在全球開展的時候，馬來西亞就是最先成立協會的國家之一。1992年3月，師父在檳城和吉隆坡主持弘法大會，同時正式授證國際佛光會馬來西亞協會的成立。

馬來西亞佛光協會成立後，與當地的馬來西亞佛教總會（簡稱馬佛總）、馬來西亞佛教青年總會（簡稱馬佛青）相互支持，經常舉辦各種大型活動。馬佛總從馬來西亞開國獨立以來一直都存在，馬佛青則是大馬佛教青年的領導機構，成員相當年輕，歷屆的會長

馬來西亞清真寺開齋晚宴邀請貴賓，左起：慈善組主任柯美芳、中馬協會督導長梁謝強、佛光山新馬泰印教區總住持覺誠法師、世界和平組織執行長法米、國際佛光會馬來西亞聯合會會長林汶階和副會長謝木輝。
2023.04.17

　　幾乎都跟師父有很深的因緣。師父圓寂前，一直都是馬佛總的導師。正因為有這兩個重要單位的合作，所以馬來西亞協會在當地的弘法很快就步上軌道，同時與馬來西亞佛教界有很好的友誼交流，共同帶動整個馬來西亞佛教的發展。

　　在世界各國弘揚佛法，首先，一定要尊重當地文化，入境隨俗。像我們在馬來西亞弘法，對人家的邀請要隨喜結緣，同時也歡迎他們來道場參訪以及舉辦活動。遇到伊斯蘭教的禁食節，就不能在人家面前吃東西，或是遇到齋戒月，有時警察局希望佛光會能在開齋日布施蛋糕，我們也樂於跟他們結緣。

　　我常說，馬來西亞佛光協會的本土化很成功，最主要因素是在於派駐當地寺院弘法的弟子，都是馬來西亞籍，他們懂得當地文化法令，彼此相處就不會摩擦。畢竟，馬來西亞是以伊斯蘭教為國教，伊斯蘭教徒享有政府的優惠，佛教要在那裡發展真的不容易。

　　其次，要尊重當地文化的規矩。比如不要去改變伊斯蘭教徒的信仰，也不要刻意在他們面前宣傳佛教的教義。佛光山新馬泰印

教區總住持覺誠法師每次舉辦賑災時，國際佛光會都會跟《星洲日報》合作，把物資送給受災民眾，但不會刻意貼上佛光山的標籤。弘法有時候也不能一直宣傳自己，低調一點，反而更能被當地社會大眾接受與歡迎。這一點，從慧顯法師到覺誠法師都做得很好。

一個宗教要在當地弘法、發展，社會大眾的接受度很重要，當地政府的支持更不可少。覺誠法師告訴我，馬來西亞六位首相中，就有三位到過東禪寺拜訪；甚至1996年4月，馬來西亞佛光協會在莎亞南體育場舉行星雲大師弘法大會，首次創下八萬人參加的歷史紀錄。

根據馬來西亞憲法規定，伊斯蘭教是大馬國教，所以佛教活動只能在寺院裡進行。可是，那次弘法大會不但走出寺院，還獲得政府的支持，首相馬哈迪聽到師父要來，馬上核准這場活動；他跟師父見面時，還親自贈送一根鷹頭枴杖給師父，並捐了馬幣5萬元給弘法大會。

師父深明弘法的微妙處，他在回向祈福時說：「慈悲偉大的佛陀！希望在座的佛教徒，將心靈的燈光獻給佛陀；在座的耶穌徒，將心靈的燈光獻給上帝；在座的回教徒，將心靈的燈光獻給阿拉。」當時很多人都很驚訝師父這麼說，難道不怕佛教徒會流失？師父說：「如果佛陀在這裡，相信佛陀也會這樣做。」尊重與融和就是佛光山的基本立場，不管他信仰什麼教派，一切眾生皆有佛性，在人間佛教的信仰上都是平等一如的。

師父在馬來西亞的法緣很深，從過去的交通部部長林良實、內政部部長黃家定都非常友好，到馬來西亞華人公會第八位總會長翁詩傑、第八任首相署首席部長許子根、現任的教育部副部長拿督

馬漢順都是佛光會員，也是師父的徒弟。他們本來就很景仰師父，相信佛教是最和平包容的宗教，所以無論是反對黨也好、執政黨也好，馬來西亞的政府官員對佛光山都非常支持。

師父一直交代我們，佛光會也好，寺院道場也好，在海外傳播人間佛教的過程，不是用佛法或中華文化去征服別人，而是要體現人間佛教的融和精神；要跨越宗教、族群、地域，把所有人當朋友一樣，開導他、了解他、關心他、幫助他，這樣雙方就不會有對立，只有理解與包容。

汶萊佛光協會

汶萊佛光協會是一個非常特殊獨立存在的協會，創會過程一直很艱辛。汶萊是一個純伊斯蘭教國家，其他宗教都受到排擠。在汶萊，政府強制規定不准有寺院、不准有出家人，更不能出現佛書、佛像，佛教徒也被禁止有宗教性的聚會，所以在汶萊發展佛教非常困難。但是我們中國人世代都有宗教信仰，不管移民到哪裡，都會尋求佛祖或神明的信仰，這不是政治有辦法限制的。

1993年5月，汶萊佛光協會正式成立，但是佛教的講經說法、集會活動，以及經書的傳入，仍然不能公開，所以參加的人數一直非常少。經過兩任會長的苦心經營，直到洪健清督導接任會長，才有較大突破。雖然他常常被汶萊宗教部叫去問話，但因為對佛教有很堅定的信心，加上我們的法師一直給他鼓勵，所以還能撐持到今天，也是一位現代富樓那。

近十年來，汶萊宗教政策稍有改變，佛光會也就更熱絡起來，

包括兒童營、讀書會、共修會、朝山等。雖然，每次活動都不斷遷徙變換場地，卻不減當地會員的向心力，仍然每場都辦得很成功。像佛教最重要的衛塞節，竟來了一千五百多人參加，讓他深深感受到眾生對佛法的那分渴望，更篤定未來不管多辛苦，他都要堅持把佛法傳承下去。

現今汶萊協會已經從原本只有十幾位會員，到目前的三百多人，參加過各種活動的人也超過三千人。汶萊佛光協會能夠走到這一天，其中的辛酸甘苦，絕非局外人可以了解的；感謝佛光人總能秉持「佛教第一，自己第二」，堅定「佛教靠我」的信念，未來，我們需要更多像洪健清督導這樣勇敢護法衛教的人，繼續傳揚佛陀的教法，才能讓佛法傳播無遠弗屆。

【南亞地區】拉達克與印度各佛光協會

早期的時候，師父幾乎每幾年都帶團去佛陀的祖國印度朝聖，他曾經說過，除了要接引不同族群的人，也希望能與南傳佛教及藏傳佛教的出家人交流往來。師父認為佛教雖然有不同的派系，但都是佛教，大家應該團結合作，一起為佛教的前途努力，不論南傳還是北傳佛教，都應該均衡發展比較好。尤其，他幾次帶團去印度朝聖，看到當地人的生活是這樣困苦、佛教那樣沒落，實在很不忍，因此更決心要為復興印度佛教努力。

我們在漢語系國家成立協會非常快速，也比較容易，因為語言問題不大。但是在非漢語系國家成立協會，就比較困難，主要是沒有語言的人才。但是，師父的願力很大，經常讓我們看見很多不可

國際佛光會拉達克協會成立大會，由大師主持，右一為創會會長僧伽先那法師。1992.07.08

思議的奇蹟。

　　世界總會當中屬於非漢語系的協會，最多的就是印度各協會，其中最早成立的是1992年的印度拉達克協會，然後才有加爾各答協會。加爾各答協會最特別的地方，是印度非漢語系協會中唯一由華人組成的協會，而拉達克協會則是與我們最常有互動往來，很有作為的協會，更是印度各協會的領導。

　　剛開始，我們連拉達克在哪裡都沒聽過，後來才知道拉達克過去曾是一個古老的佛教國家，位於印度西北邊境外的高山區，海拔超過三千公尺，全境都是高原，整個冬天都是滿山白雪。去那邊弘法最大的挑戰就是要先適應高山症才能生活。而我們怎麼會有因緣走到這裡？是因為認識了僧伽先那比丘（Sanghasena）。

　　僧伽先那比丘是拉達克人，說得一口流利的英語，是一位年輕有為、有心為佛教做事的比丘。我們最早跟他認識是在1991年，他到台灣訪問時，特別到佛光山見師父；他看見師父對佛教的貢獻，心裡很敬仰，很想跟師父學習，所以就邀請我們到拉達克弘法。剛好，國際佛光會正在世界各國成立協會，師父就答應前往，同時藉由在當地成立協會來共同發展印度佛教。

記得1992年7月，我們到達印度拉達克時，僧伽先那法師把拉達克佛教寺院最重要的負責人，即聯合會主席兼佛教僧統圖登仁波切（Togdan Rinpoche），以及南傳、藏傳各國比丘和喇嘛將近百人都請到機場迎接我們。機場外還有四、五百名當地信徒手捧花、薰香、吹打法器列隊歡迎，二十輛摩托車在前面開路。可以說，對師父一行人的到來，是用最高規格的禮節歡迎，表達他們對師父無上的禮遇。

那次，我們就在拉達克佛教會舉行國際佛光會拉達克協會的成立大會，有數百名比丘、喇嘛到現場道賀，僧伽先那法師擔任第一屆會長，典禮非常盛大。佛光協會能夠在拉達克設立據點，可以說是僧伽先那法師的人脈。當地的佛教領袖僧統圖登仁波切還特別批准這件事，他認為由師父主導的拉達克佛光協會，一定能帶來印度佛教復興的希望。

協會成立以前，僧伽先那法師已在拉達克成立了一個「摩訶菩提國際禪坐中心」，接引很多當地人學佛。師父知道後，認為他是一位非常有心弘法的僧青年，樂意支持他在拉達克做的佛教事業，包含興建貧困學童的住宿學校、修馬路、建僧寮，裝設自來水管、開鑿水源等等。當時國際佛光會剛成立，也沒有什麼基金，但是師父就交代我，要以世界總會名義致贈二萬美金支持他所做的事情。之後，每年世界總會就一直維持對拉達克佛教弘法的支持。

因為師父的支持，每次佛光會舉辦世界大會，僧伽先那法師都會帶團來參加，佛光山國際佛教僧伽會議時，他也一定積極號召數十位世界各地的比丘參加會議。因為他的熱心，所以拉達克協會就成為世界總會當中非漢語系協會的龍頭。

佛光山出家的拉達克徒眾與大師合影。2018.09.06

　　由於他的積極與作為，師父跟僧伽先那說，佛光山可以每年提供十名獎學金給拉達克佛教青年，到佛光山叢林學院或美國西來大學讀書。那以後，僧伽先那就年年派學生來佛光山讀書，三十多年來，在佛光山出家的弟子也有十多人，已經都在世界各地弘揚人間佛教，有些人則是回到他們的寺院或社會工作。在我們而言，不必一定要他們都留在佛光山，只要他們有了人間佛教的思想，印度佛教的復興就有希望，世界佛教的發展就有融合互助的契機。

印度各協會陸續成立

　　拉達克協會成立後，我們在印度又陸續成立加爾各答協會、安特拉協會、大吉嶺協會、菩提迦耶協會、尼泊爾協會、清奈、古笈拉和海德拉巴協會，2004年又成立德里大學佛光協會。比較有印象的是安特拉協會的會長僧護法師，以及菩提迦耶協會的會長阿難陀（S.T. Ananda）法師。1998年師父在印度傳授國際三壇大戒後，連續三年都持續在印度舉行賑濟活動，而每一次阿難陀法師都前來協助。還有，大吉嶺協會每年都會固定到偏遠貧困山區做義診、發放

大師至海德拉巴 Osmania University 達格爾大禮堂主持佛教論壇開幕典禮，右一慈容法師。2006.10.15

物資、施粥慰勞等慈善活動，他們都很有人間佛教的性格。

這當中，比較特別的是印度德里大學佛光協會。當時，師父派覺明法師前往德里大學留學，覺明法師很不容易地在學校成立了協會，會長是他的佛學系系主任護法真諦上座長老（Professor Bhikshu Satyapala Mahathera）。這個協會的成員，大部分都是南傳佛教國家的法師，有緬甸、泰國、斯里蘭卡、寮國、柬埔寨等，他們在自己的僧團中都是未來的接班人。我們希望藉由佛光協會與他們建立一點因緣，未來能夠有機會帶動南傳國家的人間佛教發展。

在印度的佛光協會，對人間佛教的傳播確實也有許多貢獻。比如我們在印度做過最大規模的皈依典禮，在2006年10月15日，師父應安特拉省佛教界邀請到南印度出席「佛教論壇」。論壇前一天，他們禮請師父為當地人主持皈依典禮，皈依大典的場地是在海德拉巴市的十字街道上舉行；我們就站在一個搭好的台子上面主持皈依，安特拉協會副會長僧護法師就負責印度話的翻譯。

皈依的人潮就像海水般從四面八方湧來，結束後，現場有二十多位重要政府官員都皈依大師，包括安特拉省內政部長K.Jana

Reddy、前總督Bute Singh及觀光局長Jgeetha Reddy等。在以印度教為主要信仰的國家，這一次的皈依典禮，對佛教以及佛光會在南印度的發展，具有相當重大的意義。

從印度佛教的發展讓我們看到，佛教的復興不在於寺院的多少，不在於僧眾的多少，而是在於佛教教育的建立。為了復興印度的佛教，師父是盡心盡力地幫助他們，從來不計較你是南傳、藏傳或北傳，他的目標就只有一個：「為了佛教」。只有互相合作，才能讓印度佛教的復興有一點希望，這也是他一直以來從未放棄過的努力。

泰國曼谷佛光協會

我們在泰國的弘法因緣，最初是1992年師父派莊法師先到曼谷設置道場，莊法師找到曼谷市中心的金融地帶，一棟正在興建的商業大樓第32層，就是現在曼谷文教中心的地點，這也是我們在全球別分院中位於最高樓層的道場。1994年泰國曼谷協會成立，由施皇旭擔任創會會長，接著有余劉素卿、蘇林妙芬接任，他們都對道場的發展有很大的貢獻。

余劉素卿的先生余聲清是協會的顧問，同時也是世界台商會創辦人、台灣商會聯合總會名譽總會長、泰國華人慈善團體的負責人，他對很多慈善機構、神道寺廟都很熱心，被當地僑胞稱譽為「余大善人」。

最初，余聲清跟僑界的人比較有往來，較少接觸佛光會，但由於太太是佛光會會長，經常進出曼谷道場發心護持，最後先生也

心保和尚代表國際佛光會世界總會,致贈泰華寺住持心定和尚(右四)一幅以寶石鑲嵌的星雲大師像。左六余聲清、右三劉招明、右二陳順章。2024.06.16

被她度進來幫忙會務。兩夫妻出錢出力為佛光會的會務發展盡心盡力,余聲清後來還被推選為國際佛光會世界總會副總會長。卸下副總會長職務之後,師父邀請他擔任佛光會「長者」,很受大家的敬重。所以,我們雖身處南傳佛教國家,因為佛光會的助力,使我們在當地能推動人間佛教,為南北傳的融合交流走出一條路。

2012年11月,師父特別派佛光山退居定和尚到泰國建泰華寺,南北傳佛教交流就有了更進一步進展。現在,泰華寺不僅有泰華翻譯中心,也是泰國十大莊嚴寺院以及泰國漢傳佛教的代表。很感謝定和尚的發心,他現在也八十歲了,願意把自己的餘生都奉獻在泰國,去實踐師父交代的任務,可說是佛光教團弟子的榜樣。

我對佛光會的期許與展望

三十多年來,全球五大洲幾乎都已經有佛光會,唯獨中東國家長久以來都少有接觸。中東地區給予一般人的印象比較多戰爭,政治不穩定,當地的宗教政策比較保守,不容易讓其他宗教在當地進

行傳教。不過，這個困局在這幾年有了重大的突破。2022年，新馬泰印總住持覺誠法師，代表佛光會世界總會走進阿富汗進行人道救援；2023年我們在中東國家杜拜，成立「阿聯酋杜拜協會」。不但是國際佛光會發展歷史上的一大突破，也是佛教跟伊斯蘭教交流的一個重要里程碑，覺誠法師功勞很大。

師父說：「我們不是政治團體，我們只希望為世界帶來幸福與安樂，這就是國際佛光會的宗旨。」全球佛光會之所以能迅速成長，跟佛光山世界道場的建設不可分開；寺院與佛光會的關係，就如同手心與手背的關係，是一體的二面；不論任何文化、教育、慈善、共修活動，都是寺院與分會共同合作完成。所以，佛光會的事就是寺院的事，寺院的事也是佛光會的事；二者互相依存、相輔相成，才有今天五大洲的發展。

不論是誰，一旦身為佛光會的輔導者、幹部，對佛光會的理念、修行、利益、人間佛教內容等等問題都要了解，才能夠關心和拓展會務。在各單位工作，要學習吃苦、忍耐、委屈、吃虧，要有「但願眾生得離苦，不為自己求安樂」的願力，才不愧為從事宗教師的身分。

佛光山開山五十七年來，靠著師父帶領僧信二眾共同努力，已經把佛法傳遍到世界各地，所有能夠成立道場的地方，都把佛法播種了。只要有人用心來帶動，就有辦法讓佛法在那裡開花結果。未來靠我們每一位接棒的人，用心愛護，把家園守好，把佛教廣為弘傳，不是靠別人，是靠我們自己。每一個人都要有「佛教靠我」的信念，不是我靠佛教給我什麼，這是未來每一位佛光人都應有的觀念與承擔。

日本東京佛光協會成立大會。1991.10.27

莫斯科聖彼得堡佛光協會在國立聖彼得堡大學舉行成立大會，左一慈容法師。1993.07.14

大師在韓國主持「國際佛光會釜山協會」成立大會。2003.09.15

荷蘭佛光協會和比利時佛光協會在荷蘭瑪肯帝音樂廳舉行成立大會。1994.08.11

美國關島佛光協會成立大會。1996.01.26

第五章 邁向國際──佛光世界的先行者（世界總會篇） 289

大師至西班牙成立馬德里佛光協會暨佛學講座，受到當地電台盛況報導。1996.08.16

1997年國際佛光會第六次世界會員代表大會在香港召開

慈容法師主持瑞士佛光協會幹部講習會。1997.10.10

大師與紐西蘭南島協會創會幹部合影。左起唐振旺、周大中、大師、古捷廉（創會會長）、楊卿震、游友金。1998.11.04

國際佛光會世界總會第四屆第五次理事會議於新加坡新達城會議中心開幕，全程五天在麗星郵輪處女星號進行理事會議。圖為在泰國普吉島合影。2009.10.21

國際佛光會第三屆第一次理事會議在南非南華寺舉行。
2001.04.18

慈容法師與美洲聯誼會法師於西來寺成佛大道合影。2013.07.29

2015 國際佛光會世界總會大洋洲聯誼會議，大師與慈容法師親臨揭幕，近 400 位來自五大洲佛光人出席盛會。
2015.02.28

國際佛光會第六屆第一次理事會議在宜興大覺寺召開。
左起妙士法師、慈容法師、慧傳法師、覺培法師。
2015.10.18

2018 國際佛光青年會議，歐洲各國佛光青年揮舞國旗。
2018.07.12

第五章 邁向國際──佛光世界的先行者（世界總會篇） 291

巴西佛光協會全體法師與幹部合影。2021.10.03

菲律賓總住持永光法師帶領菲律賓佛光人線上參會。2022.10.05

國際佛光會署理會長慈容法師為芝加哥佛光青年分團授證。2023.07.14

2023 亞洲佛光青年聯誼會。2023.04.28

2024 年歐洲佛光聯誼會在柏林 Titanic Chausse 酒店盛大舉行。2024.06.22

慈容法師訪談錄　有容乃大——走進佛光　走向世界

全球佛光協會分布圖

美國芝加哥協會	BLIA CHICAGO, USA
美國聖路易協會	BLIA ST. LOUIS, USA
美國底特律協會	BLIA DETROIT, USA
加拿大多倫多協會	BLIA TORONTO, CANADA
加拿大渥太華協會	BLIA OTTAWA, CANADA
加拿大滿地可協會	BLIA MONTREAL, CANADA
美國康州協會	BLIA CONNECTICUT, USA
美國波士頓協會	BLIA BOSTON, USA
加拿大哈里法克斯協會	BLIA HALIFAX, CANADA
美國紐約協會	BLIA NEW YORK, USA
美國費城協會	BLIA PHILADELPHIA, USA
美國紐澤西協會	BLIA NEW JERSEY, USA
美國華府協會	BLIA WASHINGTON D.C., USA
美國北卡協會	BLIA NORTH CAROLINA, USA
美國佛羅里達協會	BLIA FLORIDA, USA
多米尼克協會	BLIA DOMINICA
美國邁阿密協會	BLIA MIAMI, USA
丹麥哥本哈根協會	BLIA COPENHAGEN, DENMARK
德國萊茵協會	BLIA RHINE, GERMANY
德國法蘭克福協會	BLIA FRANKFURT, GERMANY
荷蘭阿姆斯特丹協會	BLIA AMSTERDAM, NETHERLANDS
比利時安特衛普協會	BLIA ANTERWERPEN, BELGIUM
比利時協會	BLIA BELGIUM
英國曼徹斯特協會	BLIA MANCHESTER, UK
英國倫敦協會	BLIA LONDON, UK
法國巴黎協會	BLIA PARIS, FRANCE
葡萄牙波爾圖協會	BLIA PORTO, PORTUGAL
葡萄牙里斯本協會	BLIA LISBON, PORTUGAL
西班牙馬德里協會	BLIA MADRID, SPAIN
西班牙巴塞隆納協會	BLIA BARCELONA, SPAIN
瑞士協會	BLIA SWITZERLAND
瑞士日內瓦協會	BLIA GENEVA, SWITZERLAND
義大利米蘭協會	BLIA MILANO, ITALY
捷克布拉格協會	BLIA PRAGUE, CZECH REPUBLIC
奧地利維也納協會	BLIA VIENNA, AUSTRIA
奈及利亞協會	BLIA NIGERIA
剛果協會	BLIA CONGO
史瓦濟蘭協會	BLIA SWAZILAND
南非普利托利亞協會	BLIA PRETORIA, RSA
南非約翰尼斯堡協會	BLIA JOHANNESBURG, RSA
南非開普敦協會	BLIA CAPETOWN, RSA
南非布魯芳登協會	BLIA BLOEMFONTEIN, RSA
賴索托協會	BLIA LESOTHO
加拿大愛民頓協會	BLIA EDMONTON, CANADA
加拿大溫哥華協會	BLIA VANCOUVER, CANADA
美國俄勒岡波特蘭協會	BLIA PORTLAND OREGON, USA
美國內華達協會	BLIA NEVADA, USA
美國舊金山協會	BLIA SAN FRANCISCO, USA
美國洛杉磯協會	BLIA LOS ANGELES, USA
國際佛光會世界總會	BLIA WORLD HEADQUARTERS
美國聖地牙哥協會	BLIA SAN DIEGO, USA
美國夏威夷協會	BLIA HAWAII, USA
美國鳳凰城協會	BLIA PHOENIX, USA
美國科州協會	BLIA COLORADO, USA
美國堪薩斯州協會	BLIA KANSAS, USA
美國奧斯汀協會	BLIA AUSTIN, USA
美國達拉斯協會	BLIA DALLAS, USA
美國休士頓協會	BLIA HOUSTON, USA
貝里斯協會	BLIA BELIZE
宏都拉斯協會	BLIA HONDURAS
哥斯大黎加協會	BLIA COSTA RICA
智利協會	BLIA CHILE
巴西協會	BLIA BRAZIL
巴拉圭協會	BLIA PARAGUAY
烏拉圭協會	BLIA URUGUAY
阿根廷協會	BLIA ARGENTINA

第五章　邁向國際——佛光世界的先行者（世界總會篇）

亞洲、歐洲、非洲、大洋洲分會分布圖

- 挪威奧斯陸協會 BLIA OSLO, NORWAY
- 瑞典哥登堡協會 BLIA GOTEBORG, SWEDEN
- 瑞典斯德哥爾摩協會 BLIA STOCKHOLM, SWEDEN
- 俄國聖彼得堡協會 BLIA ST. PETERSBURG, RUSSIA
- 俄國莫斯科協會 BLIA MOSCOW, RUSSIA
- 德國柏林協會 BLIA BERLIN, GERMANY
- 匈牙利布達佩斯協會 BLIA BUDAPEST, HUNGARY
- 印度菩提迦耶協會 BLIA BODHGAYA, INDIA
- 印度拉達克協會 BLIA LADAKH, INDIA
- 印度德里大學協會 BLIA UNIVERSITY OF DEHLI, INDIA
- 印度新德里協會 BLIA NEW DEHLI, INDIA
- 印度德里協會 BLIA DEHLI, INDIA
- 印度古笈拉協會 BLIA GUJARAT, INDIA
- 印度古笈拉薩爾席達協會 BLIA SAURASHTRA-CENTRAL, INDIA
- 印度馬哈拉什達協會 BLIA MAHARASHTRA, INDIA
- 印度安特拉協會 BLIA ANDHRA PRADESH, INDIA
- 印度班加爾羅協會 BLIA BANGALORE, INDIA
- 印度清奈協會 BLIA CHENNAI, INDIA
- 印度馬德拉斯協會 BLIA MADRAS, INDIA
- 斯里蘭卡協會 BLIA SRI LANKA
- 坦尚尼亞協會 BLIA TANZANIA
- 南非彼得斯堡協會 BLIA PIETERSBURG, RSA
- 南非新堡協會 BLIA NEWCASTLE, RSA
- 南非德本協會 BLIA DURBAN, RSA
- 尼泊爾協會 BLIA KATHMANDU, NEPAL
- 印度加爾各答協會 BLIA CALCUTTA, INDIA
- 錫金協會 BLIA SIKKIM
- 印度大吉嶺協會 BLIA DARJEELING, INDIA
- 孟加拉協會 BLIA BANGLADESH
- 孟加拉吉大港協會 BLIA CHT, BANGLADESH
- 金門協會 BLIA CHINMEN
- 香港協會 BLIA HONG KONG
- 澳門協會 BLIA MACAU
- 中華總會 BLIA CHUNGHUA
- 北區協會 BLIA NORTHERN, CHUNGHUA
- 南區協會 BLIA SOUTHERN, CHUNGHUA
- 菲律賓協會 BLIA PHILIPPINES
- 馬來西亞東馬協會 BLIA MALAYSIA EAST
- 汶萊協會 BLIA BRUNEI DARUSSALAM
- 印尼峇淡島協會 BLIA BATAM, INDONESIA
- 寮國協會 BLIA LAOS
- 泰國曼谷協會 BLIA BANGKOK, THAILAND
- 印尼蘇北協會 BLIA NORTH SUMATERA, INDONESIA
- 馬來西亞中馬協會 BLIA MALAYSIA CENTRAL
- 馬來西亞東海協會 BLIA EASTERN COAST, MALAYSIA
- 馬來西亞南馬協會 BLIA SOUTH MALAYSIA
- 馬來西亞聯合會 BLIA MALAYSIA FEDERATION
- 新加坡協會 BLIA SINGAPORE
- 印尼雅加達協會 BLIA JAKARTA, INDONESIA
- 西澳協會 BLIA WESTERN AUSTRALIA
- 韓國首爾協會 BLIA SEOUL, KOREA
- 韓國大邱協會 BLIA TAEGU, KOREA
- 韓國漢陽協會 BLIA HANYANG, KOREA
- 韓國釜山協會 BLIA BUSAN, KOREA
- 韓國濟州島協會 BLIA JEJUDO, KOREA
- 日本大阪協會 BLIA OSAKA, JAPAN
- 日本大和協會 BLIA YAMATO KYOKAI, JAPAN
- 日本關東協會 BLIA KANTO, JAPAN
- 日本東京協會 BLIA TOKYO, JAPAN
- 日本名古屋協會 BLIA NAGOYA, JAPAN
- 日本福岡協會 BLIA FUKUOKA, JAPAN
- 國際佛光會世界總會亞洲總部 BLIA WORLD HEADQUARTERS ASIA REGIONAL OFFICE
- 桃竹苗區協會 BLIA TAOYUAN HSINCHU AND MIAOLI, CHUNGHUA
- 中區協會 BLIA CENTRAL, CHUNGHUA
- 美國關島協會 BLIA GUAM, USA
- 巴布亞新幾內亞協會 BLIA PAPUA NEW GUINEA
- 所羅門群島協會 BLIA SOLOMON ISLAND
- 澳洲昆士蘭協會 BLIA QUEENSLAND, AUSTRALIA
- 澳洲雪梨協會 BLIA SYDNEY, AUSTRALIA
- 澳洲墨爾本協會 BLIA MELBOURNE, AUSTRALIA
- 紐西蘭北島協會 BLIA NORTH ISLAND, NEW ZEALAND
- 紐西蘭南島協會 BLIA SOUTH ISLAND, NEW ZEALAND

資料提供：2023 年國際佛光會世界總會

來自全球五大洲、16 國、近 60 位教界人士,於佛光山參與第一屆國際佛教僧伽會議。
1993.10.05~22

國際僧伽會議　南北傳佛教橋樑

　　佛光會世界總會今天能有許多非漢語系協會的成立,都跟師父過去舉辦的「國際佛教僧伽會議」有關。歷年來的「國際佛教僧伽會議」,都是由本山的「國際佛教促進會」與佛光會共同承辦;目的在協助佛光會促進非漢語系協會的發展,兩個單位的關係就像兄弟一樣,不可分割。所以,每次大會都安排在佛光會世界大會前一周舉行,國際佛教僧伽會議結束後,他們就留下來繼續參加國際佛光會世界大會,三十多年來已經促成十六個非漢語系協會的成立。

　　團結力量大,師父認為,佛教雖然在世界各國有各種派系的差異,但是他希望融合南北傳與漢藏佛教,增加國際間各教會、教派、教團之聯繫,讓大家都朝向一個人間佛教邁進。他認為不同傳

承的出家僧眾,可以在「異中求同,同中存異」的原則下,集體創作,共同發展,促進佛教的現代化與國際化。所以,他要透過「國際佛教促進會」與「國際佛光會」的組織,把過去散漫的佛教,有效地組織起來,發揮力量,達到世界各地佛教徒的團結、動員與統一。

國際佛光會世界總會創立的隔年(1993),師父就開始舉辦「國際佛教僧伽會議」,持續七年都邀請世界各地出家僧眾參加,他希望各地的教友都能友誼交流,互助合作,發揮力量。這種大型會議的舉辦,也不是容易的,所以世界總會要出資贊助「國際佛教僧伽會議」的舉辦,並提撥經費支持印度各協會的發展。為了協助這些非漢語系協會,師父就安排國際佛教促進會執行長覺門法師(現在是世界總會南亞專員)長期駐錫斯里蘭卡、印度,就近關照印度各協會的發展。

每次國際佛教僧伽會議的召開,都有好多不同語系的僧眾來參加,包含:越南、印度、泰國、新加坡、馬來西亞、澳大利亞、荷蘭、瑞典等國的比丘跟比丘尼。每一屆會議至少二十多國、上百位出家眾與在家眾;幾屆僧伽會議下來,最大的成就就是在印度恢復傳授比丘尼戒法。

1995年舉辦第三屆會議時,師父在開幕典禮中提出,南傳佛教到目前都沒有比丘尼教團,等於失去了佛教一半的弘法力量,太可惜了。他就跟現場各國南傳長老說,我們應當把失傳的比丘尼戒法回傳印度,讓比丘尼教團得到發展。隔年(1996)會議時,全體表決有超過一半以上的出家僧眾一致連署,並恭請師父代表邀約世界各國佛教領袖,共同發起「恢復南傳比丘尼戒法」。

第一批受具足戒的斯里蘭卡戒子與戒師合影。1998.02.15

　　不過，在印度傳戒要能成功需要很多助緣，幫助很大的是斯里蘭卡比丘阿那努達法師（Ven. Anuruddha）。他曾經擔任斯里蘭卡克拉尼亞大學（University of Kelaniya）副校長，也在佛光山英文佛學院教書。阿那努達表示，他會努力去達成這件事。同時，師父特別指派本山的定和尚、依華法師和覺門法師等人前往印度達蘭莎拉拜訪達賴喇嘛，他表示樂觀其成。之後，又前往香港、馬來西亞、泰國、柬埔寨、尼泊爾等地，徵得當地南傳佛教長老同意，這樣才算獲准舉辦。

　　1998年2月，我們終於可以在印度菩提伽耶傳授國際三壇大戒，有「三藏國師」之譽的斯里蘭卡阿難陀彌勒長老（Ven. Ananda

1998年佛光山於印度菩提伽耶傳授三壇五戒,三師與戒子於佛陀成道處合影。

Maitreya),對於舉辦戒會給予很大的肯定,也派代表出席。還有八十歲的斯里蘭卡達摩洛卡長老(Ven. Talalle Dhammaloka Anunayake),他不但親自出席戒會, 並且派了八位長老比丘當尊證,還有二十位沙彌尼前來受戒。可以說,就是代表上座部佛教給我們戒會的肯定與助力。

那一場戒會共有來自印度、西藏、尼泊爾、法國、美國、泰國、緬甸等二十三個國家地區、一百六十位尼眾參加。首次跨國家、跨種族、跨區域以及超越法脈傳承的戒會,可以說是創佛教界的紀錄。這當中協調南北傳佛教各派間的溝通,世界各地購買機票、辦理簽證通關手續問題,都須國際佛光會世界總會居中斡旋。

1998年印度菩提伽耶國際三壇大戒戒會圓滿,三師和引禮法師合影,右三慈容法師。

　　但是,當我們看見這麼多南傳與藏傳尼眾都來受戒,尤其斯里蘭卡來的尼眾就有四十位;其中好多位都是出家資歷很深的長老尼,他們都在菩提迦耶正覺大塔完成受比丘尼戒。這次的傳戒是漢傳、南傳、藏傳的融合,是佛教傳播史上史無前例的新里程碑。這許多受過戒的比丘尼,有的後來在西方國家傳播佛法,也都深受肯定,我們也同感歡喜祝福。

　　那次印度傳戒可以成功舉辦,印度當地各協會發揮很大作用,感謝戒會籌備會的秘書,拉達克協會會長僧伽桑那法師、菩提伽耶佛光協會的阿難陀法師以及斯里蘭卡阿那努達法師的協助。透過他

們與在地佛教會的關係，幫我們聯繫上菩提伽耶大覺寺悟謙長老、菩提迦耶佛教寺院聯合組織會秘書長偉普拉沙拉法師（Mapalagama Wipulasara Maha Thera）。兩位長老都同意借用菩提迦耶大覺寺為戒壇，提供正覺大塔前廣場丹墀給戒子們做早晚課與禪修活動，戒子、引禮法師和工作人員的寮區就租借當地的賓館。

事前的各派系長老大德溝通底定後，接下來最重要的就是戒期進行中各組的工作規劃。所幸，世界總會有全世界的資源，除了印度各地佛光協會的大力支援外，世界各地佛光會會員也同心護戒，有錢出錢，有力出力。會場裡至少有七種語言同步翻譯，還有交通、典座、行堂、場地布置、環保等等，大家不分彼此，真正體現佛光人集體創作的精神，也為佛教在印度的復興跨出重要的一步。

世界總會副總會長阿那努達法師曾說過，「國際佛教僧伽會議」與佛光會是很有意義的組織，讓他們可以跟不同語系的佛教團體相互聯誼。南北傳、顯密教平常都很少交流往來，但是在佛光山的會議上大家相處融洽。透過這些世界組織與會議，師父把藏傳、南傳、漢傳，乃至顯密佛教都團結在一起，真正超越了國界、族群、宗派的界線。

雖然國際佛光會印度各協會的經濟能力並不寬裕，但他們都友善的參與我們舉辦的活動，成為我們在印度推動人間佛教的種子。畢竟，風土民情跟語言思想不同，只要願意加入佛光會，就有機會了解人間佛教的思想，一點一滴在生活中實踐。從自己開始去影響他人，一個帶一個，好比一粒菩提種子種在泥土裡，終會有發芽成長的一天。

國際佛教僧伽會議歷屆一覽表

屆別時間	會議地點	與會者
第一屆 1993.10.5~10.11	佛光山	研討佛教趨勢之現況及未來，大師作「人間佛教之藍圖」及「國際佛教之展望」講演，強調加強彼此的認識與往來，與會者有五大洲16個國家、50多位僧信二眾。
第二屆 1994.9.20~9.22	加拿大溫哥華講堂	討論國際佛教趨勢之現況與未來、建立國際佛教發展之共識融合、促進國際佛教組織之交流合作、提升國際佛教弘法之能力，以異中求同原則，集結智慧與經驗，促進佛教現代化與國際化。總計有20個國家地區、60位僧侶與佛教學者參加。
第三屆 1995.11.11~11.13	澳洲南天寺	研討佛教弘法者應具有解行並重的佛學常識，迎合當今社會需求，善加利用現代科技，並吸收各宗派不同傳統的理念。今南傳佛教尚無比丘尼戒法，計畫恢復南傳比丘尼戒法。與會有19個國家地區、50名僧伽學者。
第四屆 1997.5.6~5.8	佛光山	會中不分南北傳、顯密教的僧信二眾，連署恭請星雲大師領導世界各國佛教領袖，共同發起「恢復南傳比丘尼戒法」。與會有20個國家地區、50多位代表。
第五屆 1998.9.29~10.1	加拿大多倫多	大會決議：1.恢復比丘尼受戒的傳統。2.加強禪師、法師的訓練。3.成立佛教弘法中心。4.推動國際語言的學習及佛教著作的翻譯。5.各宗派融合團結。6.在不同國度弘法，要配合當地的國情。7.保持原始佛教的風貌，但義理方面要讓現代人易於了解。8.珍藏佛教文物。9.設立佛教總部分享多元化的經驗。與會共有17個國家地區、47位代表。
第六屆 2000.5.17~5.19	佛光山	討論「僧眾教育的重要性」、「比丘尼僧眾的教育」及其後續發展等，南北傳佛教應取得了解與共識，以達到互相尊重包容的良好關係，同時應善用網際網路的弘法發展。與會有18個國家地區，68位法師及居士。
第七屆 2004.8.28~8.31	佛光山	未來佛教發展的目標：1.南北傳佛教皆是平等存在，互尊互榮。2.異中求同，同中存異。3.佛教要有一位領導人。4.要走出去，與時俱進，要本土化。與會有20餘個國家地區、近百位代表。

資料來源：編輯小組整理

第二屆「世界佛教論壇」閉幕典禮在台北小巨蛋舉行，大師與諸山長老大德共同出席。2009.04.01

世界佛教論壇　兩岸交流的契機

　　「世界佛教論壇」是由北京中國佛教協會和中華宗教文化交流協會共同舉辦，目的是為了讓全世界的佛教都有一個對話、交流與合作的窗口。我們為什麼會參加這個論壇？因為師父是這個論壇的八大倡議人之一[4]，國際佛光會世界總會是主辦單位之一。

4　八位倡議人，分別是一誠長老、本煥長老、星雲大師、祜巴龍莊勐、惟覺長老、聖輝法師、嘉木樣・洛桑久美・圖丹卻吉尼瑪、覺光長老，共同發出「世界佛教論壇」倡議書。

第二屆「世界佛教論壇」首創把會議辦在海峽兩岸的合作模式。2009.04.01

　　2006年4月，第一屆世界佛教論壇在浙江杭州舉行開幕典禮，邀請師父出席發表主題演說。第二屆「世界佛教論壇」舉辦之前，師父提議在無錫舉行開幕典禮，在台北舉行閉幕典禮，獲得大家的共識，就這樣，2009年3月，首度寫下由兩岸四地共同合作舉辦世界佛教論壇的模式。

　　當時，師父特別把閉幕典禮選在台北南京東路的可以容納二萬人的小巨蛋體育館舉行，住宿及歡迎晚宴則在台北著名的圓山飯店，而會議地點除了佛光山台北道場，也同步設在法鼓、華梵、慈濟等各佛教團體的場所。一來代表主辦單位的熱情歡迎，二者讓全世界佛教領袖、大德、居士、學者、專家代表們都能來到台灣作交流觀摩。

　　那一次，世界各國的佛教徒看見現場台灣各大佛教寺院團體，

信眾代表穿著莊嚴的制服陸續入場，把看台上二萬席次的小巨蛋全數坐滿，台下貴賓席又有來自五大洲近六十個國家地區的佛教領袖代表等千餘名。大陸的朋友非常驚訝：「你們這兩天不是才在無錫參加開幕嗎？怎麼有辦法把閉幕典禮辦得那麼好？什麼時候綵排的？」我說：「我們才剛回來，哪有時間綵排呢？都是平常訓練有素。」他們看到我們的信眾及活動的秩序那麼好、內容那麼豐富，都相當驚歎。

另一件讓與會貴賓讚歎的事情，就是會議中有來自世界各地的人士，需要多種語言同步翻譯。師父指示說：「把佛光山在世界各國弘法擅長當地語言的出家徒眾，通通都調回來幫忙。」就這樣，全世界的佛光弟子與佛光會員，從大陸開始陪同，跟隨班機回到台灣全程接待。一路上雖然有層出不窮的問題，但是都一一克服了，也算非常順利圓滿。

這次的經驗，讓所有與會者乃至大陸人士非常驚訝：「佛光山是怎麼做到的？能培育出這麼多國語言的僧眾人才？」這次會議以後，世界各國看到佛光山具備多種語言人才的實力，更看見師父人間佛教國際化的高瞻遠矚。

此外，兩岸飛機包機直航，也創下不可能的任務。為了避免與會大眾分乘不同班機，或時間上、或轉機等繁瑣問題，我們就跟大陸官方洽談，希望搭乘大陸航空以包機方式直飛台灣。但這是兩岸政治問題，不是單方面可以一廂情願決定，大陸那邊溝通好，還要再溝通台灣這邊。經過多次來來回回的周折後，台灣高層也終於同意讓大陸人士可以包機直飛台北，寫下兩岸首度直航的創新紀錄。

在台灣這邊，還有在各教團創辦的大學，如：華梵大學、法鼓

文理學院、慈濟大學等,開設分論壇地點協商問題。由於過去大家都各辦各的弘法活動,沒有什麼問題,現在要一起合作,就會有很多想不到的情況都跑出來,例如參加分論壇時,人員如何接送、如何用餐、用餐地點等等。還好國際佛光會中華總會秘書長覺培法師都一一去拜會、協調,總算都圓滿達成共識。

從那次論壇之後,大陸佛教界對佛光山、佛光山的比丘尼才有較為深入的認識,態度上也有了改變。若不是師父的帶領,兩岸的宗教、社會、政治都很難有這樣重大的歷史性突破。師父畢生為佛教與兩岸融合的努力過程,是我們佛光弟子都要謹記在心,共同繼承的使命。

同體共生　佛光人全球救災

面對天災人禍,國際佛光會為了有效全球動員,在世界總會下成立三個慈善組織,作為工作的執行單位。而我因身兼世界總會副總會長及署理會長職責,具有啟動全球救災號令的機制與責任。

世界慈善委員會

這個組織是從事全球各地濟弱扶貧的慈善關懷,長時間積極幫助弱勢族群,比如:巴拉圭中巴康寧醫院的「早產兒安置」方案、愛心豆漿站的「零飢餓」計畫、南非女青年「天龍隊」教育計畫、印度貧民村「安全水井」、「希望之村」、巴西「如來之子」計畫、緬甸、拉達克、斯里蘭卡等助學計畫,以及大陸偏遠鄉鎮的

巴西如來之子足球隊亞洲巡迴友誼賽前合影。2015.11.30

「希望小學」工程。

　　另外，在世界各地也長期提供獎助學金計畫，貧困地區的糧食濟貧計畫，以及各地戒毒所戒治關懷輔導等等。如果是經濟條件較好的地區，就發動會員募集慈善基金、收集糧食等物資寄送到災難與貧困的地區。以下舉幾個事例作為了解：

南亞海嘯

　　2004年12月26日，印尼蘇門答臘外海發生九級大地震，引發南亞地區百年來最嚴重的海嘯災難，共有二十三萬人死亡及失蹤。師父隨即指示以世界總會名義撥款五十萬美金協助各地災區重建，並發動全球佛光會員為南亞海嘯賑災、救濟、重建家園、心靈輔導，同時也配合聯合國和各國外交部進入災區救援。

我們因為有921大地震賑災的經驗（1999），這一次國際佛光會的動員就很快速了。首先，從印尼蘇北的佛光協會先前進災區進行物資發放；印度地區，由馬德拉斯佛光協會協助受災民眾緊急疏散，遷移到當地的學校、教堂等安全地區安置；安德拉佛光協會則全力支援災區勘查，並即時賑災；而泰國曼谷佛光協會則結合當地政府、軍方進行賑災，同時透過直升機，直接進入災區救援。

　　師父派了覺門法師作為南亞專員，坐鎮當地協調印度各佛光協會會員救災。當時，最迫切的問題，除了受災民眾的家園重建、生活飲食補給，還有上萬個孤兒等待領養。所以師父再指示世界總會號召全球各地佛光會員，籌募美金五百萬元投入印度賑災，以及後續進行家園重建與心靈教育的工作。

世界總會秘書長慈容法師代表國際佛光會泰國協會，捐贈 60 萬泰銖予泰國佛教局長 Mr. Jaktham Thammasak 作為賑濟南亞款項，另捐贈 1000 萬泰銖，幫助因南亞震災受損的泰國普吉島高雲小學建校。2005.01.29

國際佛光會世界總會成立「海嘯婦女和學生就職訓練所」，協助災區婦女及青年學習一技之長，圖為開營典禮。2005.10.22

隔年（2005），透過印度海德拉巴佛光協會的幫助，很快就在安德拉邦區（Andhra Pradesh）給漁民建設了上百間房子，安頓他們的生活；又在南印度琴格阿爾帕圖區（Chengalpattu）設立「希望之村」，領養貧民幫助他們受教育。世界總會結合當地政府及其他非營利組織，協助重建校園、孤兒院、房屋、成立「南亞海嘯婦女和學子就職訓練所」等。這些都是我們對當地的一點關懷幫助。

中巴康寧醫院

南美洲巴拉圭的「中巴佛光康寧醫院」，是佛光會與巴拉圭華人慈善基金會在2003年共同建設完成。這是由巴拉圭佛光協會會長宋永金等出資興建，由師父親自命名的醫院，也是華人與當地政府合作的唯一一間醫療機構。

相較之下，巴拉圭是個經濟上比較貧困的國家，很多人民生活在缺乏醫療與營養不良的狀態下。所以，中巴醫院從一開始就是免費為貧病孤獨的人義診，並且幫助許多貧困家庭的婦女就醫，是巴國唯一可免費醫療的婦幼醫院。

　　二十年來，前來門診就醫的人數已經超過六十萬人次，接生嬰兒超過五萬名，還有四千多位早產兒。這十年來，佛光會又進一步捐贈豆漿機，教導貧窮人家自己磨豆漿補充營養，改善因為營養不良而需要就醫的問題，受益者達百萬人次以上。

　　其實，宗教勸化世人的方法雖然不一樣，但是神、佛救度世人的慈悲心是一樣的。為了表示自己的信仰，也為了尊重當地人的信仰，院方在醫院的大門入口處，左右兩邊各供奉了一尊聖母瑪利亞及觀音抱子像，以表示院方不分宗教與種族，凡是貧窮病患，都一視同仁關懷醫治，因此多次獲得政府與總統夫人（前任蘇珊娜與現任總統夫人葛羅莉）表揚。

華人慈善基金會理監事與康寧醫院的醫生護士大合照。2018.11.12

國際佛光會巴拉圭華人慈善基金會，贈送早產兒保溫箱與偏遠地區。右二為創會會長宋永金。
2018.07.05

　　現在，中巴康寧醫院已經成為巴拉圭政府和華人合作的慈善事業楷模。所謂「救人一命，勝造七級浮屠」，秉持觀音菩薩救苦救難的精神，慈善工作不分國籍、不分種族、不分宗教，希望我全體佛光人效法並且踐行，為人間苦難者作不請之友。

菲律賓救災

　　說到菲律賓，當地佛光人的愛心不落人後。

　　菲律賓跟台灣一樣，每到夏天都要面臨颱風的侵襲，加上位於地震帶，常常造成水患、地震等各種天災。

　　由於國家經濟不穩，人民的貧富差距很大，比如馬尼拉的計順市Payatas垃圾山，可以說是首都馬尼拉最貧窮的地區，這裡住了成千上百的居民，從爸媽到孩子，整個家庭都靠撿垃圾維生。

　　記得1998年8月，我跟永光法師及世界總會慈善委員會的成員到Payatas垃圾山發放物資。當我們抵達現場時，只見滿山的垃圾以及不斷迎面而來的刺鼻臭味；那一瞬間，我們所有人都愣住了，一種痛楚從心底湧上無法形容。為什麼世界上有人可以生活在這樣的環境裡？

慈容法師分發紅包給菲律賓垃圾山居民。1998.08.01

　　他們看見有人來，一群天真的小孩與他們的父母馬上都圍過來，為了不讓他們感受到我們難過的心情，我趕緊把已經準備好的百元紅包，發給他們，並且一一合掌說謝謝，表達對他們的真心關懷。從菲律賓回來後，我跟師父報告當地的情況，師父當下指示，在菲律賓，我們不只要在此做慈善，更要做教育。

　　如今，在永光法師和所有佛光人的努力之下，我們在馬尼拉已經辦有政府立案的光明大學，在宿霧也設有音樂藝術學院，凡是資質好但家境貧困的青年，都可以免費就讀。希望透過教育改變這許多孩子的未來，讓貧窮不要再延續到下一代。如果我們能為這塊土地留下一點改變的因緣，那麼，就不辜負人間佛教在菲律賓弘法的使命。

世界急難救助委員會

　　國際佛光會的「世界急難救助委員會」是針對世界重大災難發生時，本著「無緣大慈，同體大悲」的精神，不分族群、國家、膚

色,以最快的速度動員世界各地的協會,投入急難救助。

像1999年台灣的921地震、2000年印度古笈拉省地震、2001美國911事件、2004年菲律賓呂宋島颱風災害、2009年台灣莫拉克風災、日本311地震、2011年紐西蘭基督城大地震、2014年馬航空難、馬來西亞水患、2015年尼泊爾地震等等,只要世界各地的災難一發生,我們就會及時伸出援手,給予物質上及精神上的幫助。舉例說明幾次大災難的協助如下:

汶川大地震

2008年5月,四川省汶川縣發生規模八級的大地震,那次地震的威力據說相當於四百顆廣島原子彈的能量,造成中國大陸地區甘肅、陝西、重慶等多省市地區嚴重的災情,超過八萬人罹難、二千多萬人流離失所,災情慘重。

師父第一時間在台北接到消息,即刻打電話給中國宗教局局長葉小文,以世界總會名義捐款人民幣一千萬救災;師父並特別撰寫〈為中國四川大地震祈願文〉,指示全球各別分院為「四川雅安大地震」受災、罹難者消災祈福。於台北緊急成立「佛光救援指揮中心」,囑我擔任總指揮,覺培法師擔任總幹事,發起「送愛到四川」專案,展開「搜救、醫療、物資、人道關懷」等「四合一」的救援團隊。

但是,救災並沒有我們想像中的容易,後來我們決定發動緊急救援計畫,把台灣、香港、馬來西亞的佛光協會組織成一個救援團隊,深入重災區搜救、醫療、發放物資等。

四川汶川遭逢大地震，大師率國際佛光會捐贈72輛救護車。（大師右二為慈容法師）2008.07.23

　　第一階段緊急救援任務完成後，我們跟四川簽定「災後重建計畫協議書」，那年七月，師父還親自帶領我們上百位佛光人前往汶川致意。那一次行程中，不但協助重建江油市的彭明中學，還有彭州縣的三昧禪林等佛教道場六十一間，並興建三昧慈善醫院；還代表全球佛光會員捐贈四川省政府救護車七十二輛、輪椅兩千台，並且前往重災區為不幸罹難者誦經、灑淨。

　　師父在這次捐贈救護車的儀式上，特別表達了他的想法：「救災不是救濟、施捨，而是報恩感念眾生的恩情，這才是真正的慈悲精神。」師父說：

　　我的成長受益於四川很多；例如詩人杜甫、李白、蘇東坡，都是四川人，他們的詩文孕育我成長，給我很大的恩惠。另外，在我青少年的時期，對於桃園三結義的關雲長等人，他們的行為、舉

止、智慧,都讓我非常的欣賞。如劉備在四川立國,當時魏蜀吳三國鼎立,諸葛亮在此貢獻多少的計策,三國時期精采的空城計、連環計、美人計,讓青少年的我,真是廢寢忘食的閱讀這些歷史書籍。

在那個時候,沒有報紙可看,也沒有電視可看,只有這許多與四川有關的才子書,陪我度過青少年時期。所以仔細算來,我的人生,四川人對於我的恩惠,可說奇大無比。因此,現在四川人受災難了,我是來報恩的,並不是來救災的。我如果是來救災的,就有我大你小、我有你無的這許多分別,那便不符合佛法了。

由於我出家數十年,我是以報恩的心情前來,並不感覺四川需要救濟,而是我需要回報四川人。甚至我對於過去全國同胞們施捨給我的恩惠,我都應該有所回報。我們大家,應該你來我往,彼此關聯一體,施者與受者,同等功德,我是這樣子的想法。就如佛門中的修行,是無我相,無人相,無眾生相,無壽者相;能夠做到「布施無相,度生無我」,平等對待一切眾生,這才合乎佛法。

或許因為這段緣分,在師父圓寂後,四川省峨嵋山各道場都主動啟建法會,為師父誦經回向,感念師父曾經給予的幫助。

馬來西亞佛光救護隊

由於馬來西亞的風災、水患,加上東南亞災難頻傳,熱心的新馬泰印總住持覺誠法師,決定在2022年組織一支在地的「馬來西亞佛光民防救護隊」,這也是全馬唯一由佛教組成的民防救護隊,並且受到國家正式的認證。從2008年四川汶川地震開始,他們就經

大師、慈容法師、覺誠法師與佛光救援隊合影。

常以「佛光救護隊」名義前往泰國、尼泊爾、四川、斯里蘭卡、印尼、印度等地救災。

　　隊伍是由很多熱心的會員培訓而成，現在已經有三十位訓練合格的民防隊員。整支隊伍配備有一輛救護車、四尺大卡車，還有四艘救生艇。不論是國內外災難，都可以隨時出動。疫情期間，隊員不畏傳染風險，協助送醫療設備到醫院、學校；送氧氣機到印度救難，將食物籃送給貧困的人等等。佛光人救苦救難，只要哪裡有需要就到哪裡去。

世界殘障福利委員會

　　1998年我們在世界總會之下成立了「世界殘障福利委員會」，這是由已故的曹仲植先生提議，將他自己創辦的「曹氏基金會」與「世界殘障福利委員會」結合起來運作，大師見曹老非常熱

心公益，就請他擔任主委，他也響應以「聯合輪椅捐贈辦法」來把慈善關懷送到全世界，至今透過佛光會，已經捐贈超過十二萬輛，七十多個國家地區受惠。

2001年我們跟著師父前往南非弘法，那一次很特別的是，我們捐贈輪椅的地方是史瓦濟蘭（後改稱史瓦帝尼）國王官邸，由當時的國母代表國王接受捐贈。2002年師父前往中南半島作一個月的慈善弘法之旅，我們也捐贈了一千多部輪椅給寮國、柬埔寨、緬甸、越南等國家作友好交流。

自從推動這項公益後，世界各地像中國大陸各省、南美洲的巴西、巴拉圭；中美洲的薩爾瓦多、多明尼加；南亞的印度、斯里蘭卡；非洲的普利托利亞、馬達加斯加等，都有世界總會與曹氏基金

2002年，大師指示國際佛光會捐贈450輛輪椅予柬埔寨，由柬埔寨紅十字會署理會長歐克丹摩尼代表接受。（右一佛光會世界總會副總會長余聲清、右二巴黎協會督導許尊訓、右四慈容法師、左一泰國佛光協會督導余劉素卿）

會合作的輪椅捐贈紀錄。南非南華寺住持慧昉法師表示，從1998年開始在非洲各地發放過將近一萬部輪椅，這是我們對這個世界的一點幫助。

我們常說「施比受更有福」，曹老因為聽師父的一句「行佛」，幾十年來奉行不斷，把慈善當作事業在經營。他常說：「行佛做善事，必能延年益壽。」後來活到一百零五歲，他自己就是一位高壽的長者。所以他雖然走了，但是他的福德壽命是無量光、無量壽，是一位大菩薩長者。

進聯合國　為人類幸福發聲

佛光會是一個有活動力、號召力又有宗教信仰的國際性社團。三十多年來，在全球五大洲所做的教育、文化等各項淨化人心的成果有目共睹。

佛光會在2003年獲得「聯合國經濟社會理事會」的同意，正式授證為「聯合國非政府組織諮詢委員會」的會員身分（UN ECOSOC），有資格參與「聯合國非政府組織」的開會、發言與提案。據派駐聯合國的代表覺泉法師的報告，我們是聯合國一千多個非政府組織中，少數由華人組成的國際性 NGO 組織，也是當時唯一的佛教民間團體。

幾年前（2018），世界總會秘書長覺培法師第一次帶領美東地區副秘書長永固法師、歐洲地區副秘書長滿謙法師、東南亞地區副祕書長覺誠法師等人，前往美國紐約聯合國總部參加「聯合國婦女地位委員會第六十二屆會議（CSW62）」並作分論壇報告。聽說這

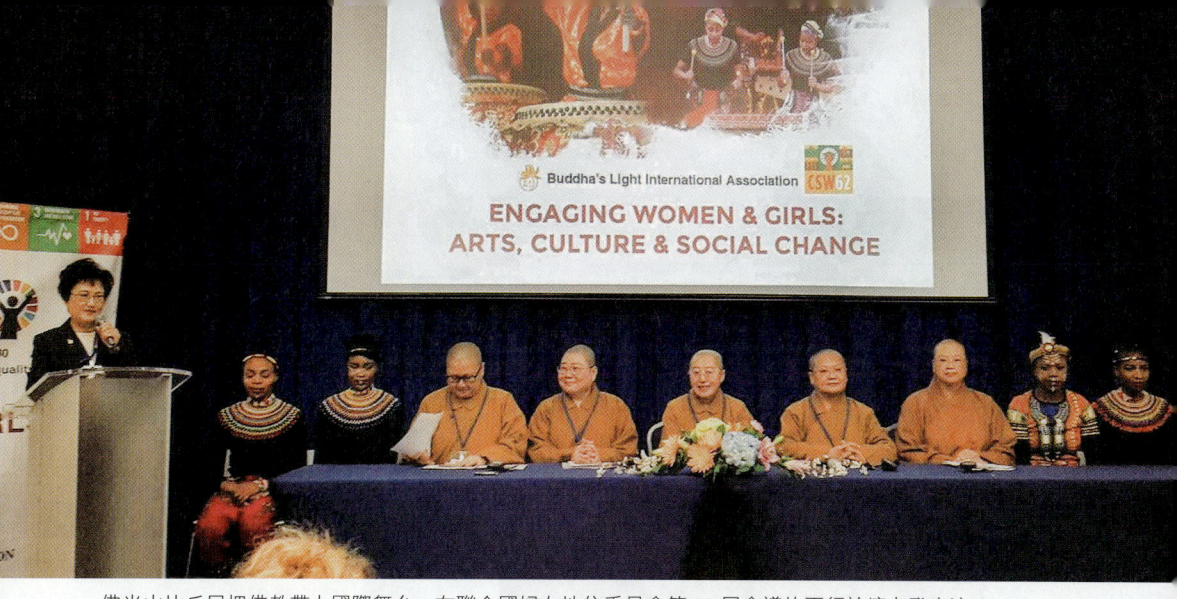

佛光山比丘尼把佛教帶上國際舞台，在聯合國婦女地位委員會第62屆會議的平行論壇上發表演講。2018.03.15

次簡報的內容很成功，讓我們後來有了進入「巴黎聯合國教科文組織」會場召開國際佛光會世界理事會議的因緣。

　　進入聯合國參與論壇會議這件事不簡單，一直以來，只有社會菁英人士才能進入聯合國開會。如今，佛光山的比丘尼也能走進聯合國，實在是人間佛教國際化過程中一項偉大的紀錄。這不僅僅是來自佛光山在國際上的影響力，更是全球佛光人數十年來弘揚人間佛教的奉獻而有。這種肯定不是憑空建立，而是通過對佛光山、佛光會在世界各地行佛的觀察，一步一步建立起來的。

　　以前西方人說到佛教，大多只知道藏傳佛教或是南傳佛教，很少看見漢傳佛教。三十多年來，國際佛光會已經在世界五大洲成立了近二百個協會、一千多個分會，超過三百萬名會員；從北半球的莫斯科到南半球的紐西蘭南島，乃至位於喜馬拉雅山脈海拔三千公尺的拉達克，都有佛光人的足跡。

　　正如師父的心願，只要「有太陽的地方就有佛光會，有海水的地方就有佛光人」；所謂「佛光普照三千界，法水長流五大洲」，不是口號，而是事實。

慈容法師與世界總會慈善委員，前往菲律賓計順市 PAYATAS 垃圾山賑濟並教小朋友唱歌。1998.08.01

廣西平南縣遭洪水之害，佛光人賑災，有 2000 多戶人家受益。2005.08.01~03

921 地震後，佛光山法師至台中大里災區現場灑淨。1999.10.31

在國際曼德拉日當天，南非約堡協會捐贈輪椅，與會大眾唱南非歌回饋。2018.07.18

佛光會在印度舉辦「佛光人廣結善緣活動」，由大師主持，右一慈容法師。

第五章　邁向國際——佛光世界的先行者（世界總會篇）

國際佛光會暨慈悲基金會認養新竹尖石七二水災「吉祥組合屋」落成捐贈儀式，慈容法師將代表吉祥屋的鑰匙授予災民，由新竹縣長鄭永金代表接受。2005.01.21

慈容法師前往台北第二殯儀館主法「為復興航空GE235號班機空難罹難者超薦法會」。2015.02.05

洛杉磯佛光協會捐贈梵唄演出所得一萬美元，作為911受難救災基金，慈容法師出席代表致詞。2001.10.28

尼泊爾四合一救援總隊深入尼泊爾Bara Bhanjyang山區捐贈白米等民生物資。2015.05.03

國際佛光會印度海德拉巴協會舉行慈善活動，慈容法師送筆記本給學生。

大師與慈容法師前往泰國北部金三角慈善救濟。1988.03

大師與慈容法師於中南半島慈善弘法行程，會見寮國國家建設陣線主席斯莎萬橋文邦，捐贈傳真機及影印機予宗教事務局。2002.11.13

澎湖空難、高雄氣爆全國宗教界追思祈福大會，大師率領佛教界長老一同祝禱。2014.08.12

佛光山印度德里文教中心沙彌學園為「北方邦義診」擔任翻譯。2012.03.13

南非約堡協會督導馮德滿（著佛光會服）、陳養衡伉儷，20多年來長期支持南華電腦教學中心，義務培養當地人學習電腦專業。2015.12.12

第五章　邁向國際——佛光世界的先行者（世界總會篇）　　321

由菲律賓佛光人支持的菲律賓光明大學藝術學院學生，獻唱歌曲給大師，慈容法師、永光法師與同學合影。2016.10.14

澎湖空難、高雄氣爆宗教追思法會結束，慈容法師發送便當予家屬。2014.08.12

大馬佛光協會捐贈愛心物資，至阿富汗人道救援。2022.02.23

巴黎佛光協會募集超過 100 箱、近 5000 件的民生用品，送愛到烏克蘭。2022.03.11

倫敦佛光協會到 Euston Foodbank，進行食品及日用品捐贈。2023.12.02

2001 年大師與慈容法師率領「恆河之聲——美加梵唄讚頌團」，前往美加巡迴公演

第六章

開創新局——全方位弘法展現活動創新力（跨宗教篇）

國際佛光會的承擔，是我這一生中最重要的職務，也是我走向世界的重要助緣。從國父紀念館的佛學講座、電視弘法、佛光山梵唄音樂會以及恭迎佛牙、佛指舍利來台活動等等。許多大型活動，我都很榮幸參與到了，如同師父所說「我在眾中」，這一生很值得了。

電台弘法　從講故事開始學

　　早在四〇年代初期，台灣有電台廣播開始，電台廣播就成為大家接受資訊來源的唯一媒介。當時，中國佛教會已經在全台幾家電台播出講演節目，比如台北民本電台、高雄鳳鳴電台都有佛教的節目；上電台講經的人有台北華嚴蓮社的南亭法師，鳳山蓮社的煮雲法師等等。不過，當時的佛教布教內容還比較保守，只有講經、課誦等等，沒有太多吸引人的節目。

　　師父的電台弘法大約起於1957年，宜蘭念佛會講堂落成隔年開始。最早在宜蘭的民本電台《佛教之聲》節目播出，參與的青年有我、慈惠、慈嘉等幾位。當時我們都是慈愛幼稚園的老師，有的人負責國語講說，有的人負責台語講說。由於我們沒有主持電台節目的經驗，師父就安排我們第一個節目先講《釋迦牟尼佛傳》的內容，講一段文章，再唱一首歌，所以初期只有唱歌和講演這兩個節目。

　　在民本電台錄音五年多後，1961年4月中國廣播公司宜蘭台的台長溫世光先生也到念佛會邀請師父，希望在中廣宜蘭台開闢一個《覺世之聲》節目。當時師父已經是宜蘭佛教會的理事長，想要為佛教會做一些有影響力的事情，加上我們幾位參與者已經熟悉電台錄製的經驗，又長期在幼稚園帶領小朋友，平常就有設計教案與帶動唱的經驗，因此錄製節目就不太擔心。

　　這些節目都是師父設計規劃的，有趣味的動態消息、生活解答、聖歌、讚偈到佛教故事等等，由我跟慈惠、慈嘉、慈莊、慈證等五個人輪流擔任節目播報員。從剛開始每周一次到後來每天都有

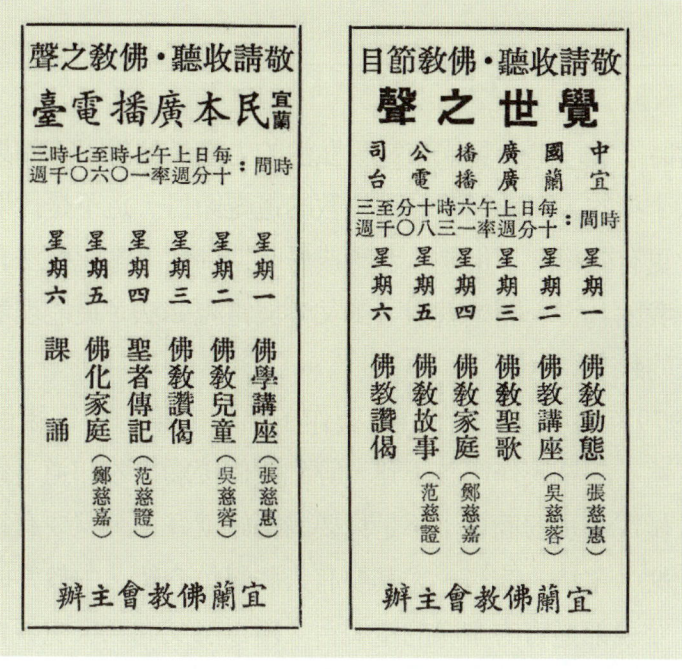

第六章　開創新局——全方位弘法展現活動創新力（跨宗教篇）　　325

資料出處：《今日佛教》第 53 期　1961.09.01

節目播出，而且是二個電台都有節目，每天從清晨六點到七點半輪流播放，獲得很多蓮友好評。

　　宜蘭念佛會沒有錄音設備，我們如何錄音？就是拿著師父給我們的一台錄音機去雷音寺廂房錄製，原因是那邊沒有人來往，比較安靜；錄完之後，再把卡帶送到廣播電台給他們播放。現在看來是很克難度過，但我們還是把節目做得很好，一點也不輸其他正規的節目。

高層施壓　上節目如登天難

　　我在台北別院（1978-1984）與普門寺（1984-1988）住持期間，正是台灣經濟起飛的時期，也是電視機開始普及的年

代。當時師父已經看見未來電視弘法的力量,他說:「如果台灣有一百八十萬的人口都能收看到佛教的電視節目,這不是比聚眾講經千百次更有效率?」但是,台灣戒嚴時期佛教上電視弘法真是千難萬難。我因為從一開始就跟著師父參與電視弘法,更能理解他這一路走來的艱辛歷程。

1979年9月,師父在華視製作了佛教的第一個電視節目《甘露》。原本認為製作應該不難,等到我們接觸後才知道,做電視不像過去做電台那麼簡單;不是只要講得好就好了,還要有錄影、剪接、配樂、主持、演員,尤其要有人脈幫忙介紹。由於當時台視、中視、華視都是官方主導的電視台,所以師父向三家電視台提出想要製作半小時節目的提案時,通通都被否決了;探聽後才知道因為電視台的高層被政治(蔣夫人宋美齡信仰基督教)施壓,不敢答應我們的要求。

後來師父認識了電視製作人白厚元,師父跟他說:「天主教、基督教都在三台製作了那麼多節目,可是佛教卻連一點跟現代生活有關的節目都沒有,其實人間生活很需要佛教的引導啊!」說也奇怪,白厚元雖然是回教徒,但是他聽了師父的話後,覺得很有道理,就幫我們跟電視台牽線了。

有了白導演的因緣,感覺節目製作有希望了,沒想到得到的回答是,半個鐘頭的節目,電視台竟然要價十二萬的播出費。十二萬在當時可以在台北買一棟房子了!不但如此,還需要一筆七、八萬的製作費。這麼多的錢,對於正在開山的佛光山,根本就是一筆天文數字!但是師父說:「佛教不能一點聲音都沒有,即使耗費巨資,我也要讓佛法的聲音在社會裡傳播!」所以他力排眾議聘請了

第六章　開創新局──全方位弘法展現活動創新力（跨宗教篇）　327

佛光山製作的電視弘法節目《甘露》，在中華電視台播出，為時三年，是佛教史上第一個電視弘法節目。1979.09.04

佛教電視劇《甘露》於1968年12月至1969年2月的節目表

白厚元擔任製作人。

　　原本以為這樣就萬事具備了，沒想到仍然欠東風。當我們進一步和華視談合作時，電視台開出三個更嚴格條件：第一，不可以講經說法；第二，和尚不可以上電視；第三，節目的名稱要由電視台指定。這簡直是強人所難，不近人情。

　　為了讓佛教能順利上電視，師父忍耐地做了很多妥協。比如節目名稱原名為《佛光普照》，但這個名字太佛教了，審查沒有過關；又改名《無盡燈》，電視台還是不同意。我們只好擬出三十個名稱讓華視選，最後華視選了師父最不喜歡的《甘露》，因為師父覺得《甘露》這個名詞過於柔性；但是為了讓佛教能走上電視台弘法，縱然有諸多不滿也都得勉強接受了。

　　好不容易節目做好了，第一集的主題是「改良拜拜」，內容在宣導中元節不殺生、不浪費，希望大家以鮮花水果代替殺豬宰羊。

因為是第一次播出，所以節目有一個三分鐘的開場，由師父來介紹這個節目。到了要播放的那一天，《中央日報》也已經刊出節目的名稱和幾點鐘開播了，結果電視台竟然在下午臨時發出「不可以播出」的通知。

我們聽了非常著急，四處打聽詢問電台，師父也找遍所有認識的人請他們協助，甚至還打電話找郝柏村上將和蔣緯國將軍幫忙，雖然他們也盡力了，但最後都回說沒有辦法。後來才知道是蔣夫人宋美齡下的政令，因為她信仰基督教，所以三台對於佛教上電視都很顧慮。

辛苦走到這一步，已經是箭在弦上不得不發，我們要如何對萬千信徒交代？於是師父親自到華視，跟當時的副總經理梁孝煌說：「今晚的節目非播出不可，如果你們不播，我只好把事情的原委，明明白白都告訴全體佛教徒。」

他一聽，擔心事情鬧大不可收拾，就跟師父說：「要播出也可以，但是必須把前面三分鐘的開場說話剪掉。師父說：「為什麼？」他回答：「和尚不能上電視。」師父反問：「平常電視劇上也好多和尚，為何可以？」他回答：「因為您是真和尚。」我們終於明白事情的真相！但是為了佛教能走上電視弘法，師父也只得退一步，同意把開頭講話拿掉了。

經過種種挫折與奮鬥，《甘露》終於能夠順利出現在觀眾面前。這個節目不只是有劇情內容，還宣傳佛教界的動態、寺院的活動。尤其，我們編劇的《甘露》很正向積極，內容有益人心淨化；9月才播出，11月就得到新聞局和教育部的表揚，獲頒「社會教育建設獎」。不但讓製作團隊很有信心，也讓社會民眾對佛教有了新

佛光山首開佛教電視弘法之先例，在華視製播《甘露》節目，獲教育部頒獎表揚。1979.11.12

的觀感。[1]

　　我們之所以能獲新聞局嘉獎，要感謝師父親自把關故事的腳本，以及全山大眾的集體努力，當年為了把節目製作好，還出動全山僧眾配合劇組拍攝外景。

　　例如：中華電視台為《甘露》金山活佛一劇的製作，在佛光山拍攝外景；本山發動全部出家僧眾，客串演出知客師送活佛外出參學的畫面。師父希望拍出叢林的恢宏氣勢，於是安排所有出家眾從寶橋列隊，緩緩走到朝山會館前，在朝山會館前分成東西二單，一直列隊到不二門階梯。

　　由於排場大、出家僧眾有一百多人，加上全體披上黃色袈裟，莊嚴威儀很能攝受人；又佛光山的建築很宏偉，令白導演與飾演活佛、知客師的演員，還有劇組人員都讚不絕口。那時飾演活佛的明星是當時知名演員常楓，在拍攝時就引來好多圍觀的觀眾，前後左右包圍，我跟攝影師一直喊：「請讓開一點，謝謝！謝謝！」可以

1　詳見星雲大師：〈佛法電視化〉，《星雲大師全集148・隨堂開示錄25》，2023年，頁64。

想見當時拍攝時的熱鬧。

　　為了把戲拍好，師父常常帶領著我們不斷地跟劇組討論劇本；為了讓場面更像古代寺院場景，特地請全山出家僧眾參與；又為了演員能演得如法如儀，師父也指示我需事先教導他們佛門行儀，好讓他們的舉止更像個真正的出家人。總之，為了把佛法傳播人間，師父是不惜一切的代價，也要把佛教搬上大螢幕。

千難萬難　信心門終於開播

　　《甘露》之後，1980年我們又在中視製作第二個佛教節目《信心門》。最初製作的因緣是師父認識了名製作人周志敏。當初周小姐因師父的一句話：「希望你能透過電視節目，捕捉大陸的山川之美，用佛心見證神州壯麗。」就這樣製作了家喻戶曉的《大陸尋奇》。這個節目的收視率非常高，也得過好幾次金鐘獎；每次頒獎典禮上，周志敏都會說：「感謝星雲大師提供給我的建議，今天才能有這個節目的播出。」因為這個緣分，我們就跟周小姐有了合作的開始。

　　最初，她替師父製作《慈航普度》，已經拍好前三集的存片，預定3月1日要在台視播出；但是有關單位認為節目名稱的佛教意味太濃，不讓我們通過。後來師父帶領我多次前往電視公司周旋，最後終於將節目定名為《信心門》，並同意在7月6日播出。但沒想到台視後來又改變態度，說節目不能播出了。但節目都做好了，怎麼可能就這樣放棄播出，經過多次折騰周旋，總算在9月6日由中視正式播出。

《大陸尋奇》製作人周志敏（左），主持人熊旅揚（右）。

《信心門》播出後，收視一再創新高。圖為人間衛視重播的節目片頭。

　　還記得前二集播出後，各方的反應都非常好，也播出得很順利。尤其當時設在松江路台北別院的「電視弘法委員會」，每天都不斷地收到社會大眾的回饋電話。所以，節目播出一季後，中視就主動將《信心門》改在每週三晚間八時半的黃金時段播出。消息傳來，大家都非常興奮，覺得辛苦的努力終於獲得肯定。

　　結果，這一調整引發了電視圈不小的騷動，電視界的人都感到不可思議；因為自從台灣有電視以來，從未有任何一個宗教性節目可以在黃金八點檔時段播出！尤其，我們的收視率屢創新高，節節上升至十八點，相當於每次大約有三十多萬台電視機在收看節目；如果每台電視機前有五位觀眾在看，平均一集下來就有近二百萬人在收看節目，弘法的傳播速度是一年幾場講座都無法追上的。[2]

　　隔年（1982年2月），《信心門》就榮獲新聞局頒發金鐘獎項的「最佳社會建設獎」。又過一年（1983年5月），《信心門》再

---

[2] 詳見慈惠法師發行：《覺世旬刊》第 834 號第 1 版，1981 年 4 月 1 日。

度獲得時任法務部部長李元簇頒發「教化功弘」銀盾一面。這次獲獎是由法務部、教育部、新聞局聯合組成評審小組，由三家電視公司所播出的全部節目中，挑選三個節目，再經過嚴格的評審，從中選出中視的《信心門》及法律劇場兩個節目，給予最高榮譽。

因為《信心門》連續兩年獲獎，就開始受到廣播界的注意，許多家電台都來詢問製作方式。師父說，我們的期望就是佛法能千家萬戶廣為流通。隔年（1983），中國廣播公司就開始播出《信心門》，時段是每星期日上午十時至十一時，是廣播的黃金時段。從華視、中視到中廣全省聯播，佛光山的弘法確實走進每一戶人家家裡，有了一大步的跨越。

從《甘露》到《信心門》的獲獎，一路就像玄奘大師西行求法一樣，一個困難解決又一個困難在眼前，我們大家幾乎都要放棄了，只有師父堅定不移地堅持著，才有最後的成功。同時，也要感謝製作人周志敏和所有工作人員，因為他們對於佛教都很認同，從合作中越來越了解我們想要表達的意思，才能更好地詮釋佛教的精神與觀念。

比較少人知道的是《信心門》主題曲的歌詞是師父寫的。第一次《甘露》播出時，是採用吳居徹先生作曲的〈觀音靈感歌〉[3]。到了《信心門》開播時，製作人知道師父的文學素養很好，寫過很多

---

[3] 吳居徹於 1958 年作曲，師父寫詞如下：南無觀世音菩薩，大發慈悲心，功行海洋深，駕慈航渡迷津，感化有緣人。十四種無畏，三十二化身，千手及千眼，降伏眾魔軍，大慈大悲救苦救難，靈感觀世音。蓮座湧慈雲，隨處現金身，楊枝水灑凡塵，甘露潤群生。朝念觀世音，暮念觀世音，念念從心起，念念不離心，永離八難一切災殃，苦厄化為塵。

首歌詞,特別邀請師父為節目寫一首主題歌曲。師父當時就在台北別院即席揮筆,才幾分鐘內,就完成了一首對仗工整,又符合現代精神的歌詞。他要我拿去給名音樂家李中和先生譜曲,這就是我們現在唱的佛教聖歌〈信心門〉的由來。

李中和與蕭滬音(右)教授於佛光山與大師討論樂曲。

〈信心門〉
　　世間的財富　要用信心的手去取
　　遼闊的江海　要用信心的船來渡
　　豐碩的果實　要用信心的根生長
　　無盡的寶藏　要從信心的門進入
　　有信心　就有希望　有信心　就有力量
　　信心是道德的根源　信心是智慧的保母
　　信心門裡有無盡的寶藏
　　信心門裡有無盡的寶藏

　　《信心門》開播後,我們終於鬆了一口氣,以為一切障礙都掃除了,沒想到魔難尚未停止。得獎半年後,就傳出中視受到其他宗教徒的壓力,想要打退堂鼓停播節目。消息傳來,引起觀眾激烈的反應,甚至驚動多名立法委員如鍾榮吉、溫錦蘭等人,在行政院提出質詢後,中視才表示不會再停播《信心門》。節目總算保住了。在那種戒嚴時代,佛教的弘法可以說難如上青天。

組織委員會　護持電視弘法

　　雖然節目保住了，但後面還有無窮的經費，才是個永無止境的大問題。製作節目的花費就像水龍頭的水，一開就嘩啦嘩啦的一去不回。《甘露》開播一年（1979年9月至1980年2月）就花去六百多萬台幣，《信心門》的開播，更高達每季三個月一百二十萬，播出三季就耗費三百二十萬元。我們從《甘露》到《星雲大師佛學講座》，前後六年時間，投下的經費大約有四千多萬。在那個年代，對我們而言簡直就是天文數字。尤其，那時候佛光山還處在開山期間，台北普門大樓剛破土興建，西來寺也才動工；可以說日日難過，日日要過，佛光山實在無力再負擔這筆弘法費用。[4]

　　於是，師父決定組織「護法會」號召十方大眾共同來支持。我當時是台北別院住持，師父就說：「台北的信徒都是你管的，你也最有人脈，電視弘法就由你負責吧。」我自知能力有限，但了解到開山期間，各方都缺人手，師父這麼說，我也只能把這個重擔接下來。1979年，「佛光山電視弘法委員會」成立，師父指派我擔任副會長，負責推動電視弘法基金的籌募。感謝台北信徒熱心又很有布施的性格，這個護法會多少減輕了常住的壓力。

　　自從師父開始做電視弘法後，其他電視台也陸續出現佛教電視節目，同一個時期有台視的「星雲大師佛學講座」，華視的「光明世界」、「慈濟世界」，還有中視的「大法輪」。佛教的弘化因為

4　1978年美國西來寺正籌備資金建設，1980年5月普門寺破土興建，1981年佛光山淨土洞窟、大雄寶殿落成開放。

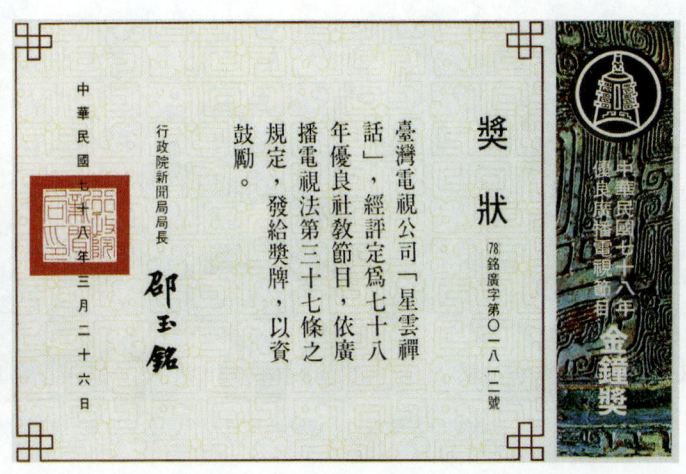

第六章 開創新局──全方位弘法展現活動創新力（跨宗教篇） 335

台灣電視公司播出「星雲大師佛學講座」節目，獲頒「廣播電視社會建設金鐘獎」。1985.03.26

台灣電視公司播出「星雲禪話」節目，榮獲行政院新聞局頒發「優良廣播電視節目金鐘獎」。1989.03.25

電視的開播，有了一日千里的進步，這一大跨越，佛光山可說是開路先鋒。[5]

　　前面說到有二個節目得獎，得獎效應引起三家電視台的關注，紛紛來找師父製作其他節目；因此又有中視的《星雲說》、華視的《星雲法語》、台視的《星雲禪話》、《星雲說喻》等等，這些都是每天固定時段播出。其中，《星雲禪話》在台視播出多年，收視率一直在12%左右，是當年同類節目中收視率最高的，甚至《星雲法語》還曾經在民視播出一段時間。這是師父為台灣第四家電視台──民視成立後所錄製的，寫下了先後在台灣有線、無限電視台弘法的紀錄。

5　詳見慈惠法師發行：《覺世旬刊》第1008號第1版，1986年2月1日。

佛教第一家電視台「佛光衛星電視台」（今更名「人間衛視」）於台北林口體育館舉行開台典禮。
1997.12.14

不再受刁難　人間衛視開台

　　過去，我們的節目雖然很叫座，也有很多人收看，但是常常在播出時段上受到阻撓，或是開播前被調整時段。本來講好七、八點黃金時段播出，等到播出前幾天，突然來電話說這個時段要漲價，就把我們改到晚上十一、十二點。這種狀況一再發生，但總不能這樣一直被刁難，最後師父決定：「我們自己成立電視台！」

　　歷經十九年的努力，加上開放民營電視台，終於，在1997年12月14日，「佛光衛星電視台」正式開台。為了讓社會大眾都知道有一個佛教電視台開播，我們特別選在彌陀聖誕法會那天，在台北林口中正體育館舉行開台試播典禮，隔年元旦（1998）正式開播。佛光衛視跟別家電視台最大的差異是，別人是以收廣告維持經費，我們不但不收廣告且不以營利為目的，完全為了淨化人心而製作，在經費上當然更為辛苦。

佛光衛視雖然資源不多，但是剛開播幾年就有不錯的成績，比如：1998年越洋實況轉播曼谷舉行的「恭迎佛牙舍利祈安典禮」；2002年，全程實況轉播「恭迎佛指舍利來台供奉」；2009年，實況轉播兩岸四地首度合作舉辦的「第二屆世界佛教論壇」。就這樣，慢慢地，佛光衛視也有了一點知名度。2002年，為了更符合大眾性、普遍性、人間性，師父把它更名為「人間衛視」，避免社會觀感覺得宗教意味太濃。

　　「為佛教創辦電視台」是師父一直以來的心願，今天終於做到了。一路以來，從過去花錢向電視公司買時段、製作節目；到電視公司紛紛邀請師父上節目，還要付講師費給師父，可以說，佛教的弘法又寫下了一個新的歷史豐碑。如今，我們有了自己的人間衛視電視台，希望信徒大眾都能持續支持，讓真善美的法水永流人間。

慈容法師在人間衛視錄製佛學課程，講述佛教儀制。

大師在普門寺為中視連續劇《再世情緣》男、女主角楊慶煌（右一）、況明潔（右二）、導演勾峰（右三）主持皈依典禮。1992.10.26

《大陸尋奇》電視節目製作人周志敏領導的攝影隊，攀登崑崙山脈玉珠峰，將國際佛光會中華總會會旗插在長江源頭。1995.06.10

佛光衛視台節目製作說明會，知名藝人白冰冰（右三）、李立群（右二）出席記者會。1997.12.16

人間衛視開台五週年台慶，邀請寶島歌王謝雷（左三），帶領知名藝人獻唱。2003.01.15

人間衛視八週年慶舉辦演唱會，由知名藝人動力火車代言募書捐偏鄉，慈容法師代表佛光山將所募得圖書捐贈原住民圖書館。2006.01.22

大師與慈容法師出席人間衛視出資開拍的《佛國之旅》開播記者會。2006.03.29

1978年大師首度於台北國父紀念館佛學講座三天。1978.10.16-18

師父講座　從此站上大舞台

　　我在台北擔任住持的十年中,可以說是佛光山在台北大型弘法發展的開始,那時台北別院是佛光山開山後第一間別院,許多佛光山的大型弘法活動都是從那時候開始舉辦。原因是台北的信徒在經濟上很護持,加上政府機關、三家電視台……種種資源多在台北。

　　師父在這一時期除了電視弘法外,最重要的,也是創下弘法歷史的,就是每年年底在台北國父紀念館的佛學講座;三十年不曾間斷,可以說是台灣舉辦大型佛學講座的正式開始,也是第一位站上國家級殿堂弘法的出家人。

　　其實,師父最早到台北講經是1975年,那時候在台北志蓮精舍舉辦,但那是私人的場地,僅能容納四百多人。由於信眾聞法心切,為了滿足大家的期盼,隔年,就換到台北國立藝術館,之後又到台北中山堂。

　　1978年,第一次在國父紀念館舉辦「星雲大師佛學講座」,也是我到台北別院擔任住持第一年,師父對我說:「台北的信徒都

1979年大師第二度在國父紀念館舉辦佛學講座三天，講題為「佛陀的宗教體驗」、「阿羅漢的宗教體驗」、「菩薩的宗教體驗」，現場座無虛席。1979.11.07

　　是你管的，講經活動就由你負責策畫跟動員。」我就是從國父紀念館的講座開始，一路跟隨師父的指導，漸漸熟悉大型活動的運作設計，日後佛光山的大型弘法大都有我參與在其中。

　　過去戒嚴時期，政府對民間集會遊行管控非常嚴格，除了光復節、國慶日等國定假日，可以由政府號召學校師生到總統府前集合，其餘想要舉辦千人以上的集會活動，簡直是不可能的事情。

　　再說，那時一般民眾聽經的風氣也不興盛，尤其是佛學講座，興趣更不高。師父為了增添佛學講座的氣氛，效法過去佛陀說法時，諸天伎樂獻供的場景，把佛教特有的梵唄、伎樂、舞蹈和講說結合一起，創造了一種活潑生動的畫面。確實這種創新的講座方式，吸引很多社會各階層人士，年年都來聽經聞法。

　　三十年來，感謝師父對我的信任與肯定，每年都由我負責舞台總監工作；也由於我從宜蘭就一路跟隨他下鄉布教，所以不論是舞台布置或節目的規劃，自然更能掌握他的想法去做出創新設計。

台北國父紀念館舉辦「星雲大師佛學講座」，舞台設計三寶佛與供養菩薩，法師立於階梯欄楯，兩側有天女散花，加上乾冰煙霧繚繞，猶如靈山勝境。1985.05.12-14

舞台布置　講究莊嚴大氣

在國父紀念館的佛學講座中，我最關心的就是講座的舞台布置。我總是思考，如何讓現場莊嚴而不花俏，有宗教氣氛又不呆板，有藝術的美感但又不世俗。畢竟是講經大會，而不是一般活動表演，所以，每年在這上面也費了好多心思。

比如有一年，我們設計當舞台上的布幕揭開時，大家首先看見的是一尊比人更高、佇立在蓮花寶座上，莊嚴慈祥的金身佛陀；其背後再襯以藍天的燈光照射，就顯得金碧輝煌莊嚴無比，讓人一看就有強烈的攝受感。

背景的佛像確定後，其他的布置就單純多了。例如：舞台周邊及舞台上的插花，就跟賣盆栽的信徒借用；佛桌及講桌的捏布，就從普門寺現有的布料去挑選，再自己手工捏布，這樣就能年年都有新意。師父常說：「要用智慧做事，不要用金錢堆積」，很多事情都是一種經驗的累積，加上美感的天分；有時候最簡樸的做法，反而可以呈現最大器的美感。

星雲大師佛經講座，中間釋迦佛一尊，三層舞台的最上層為說法者、翻譯者、唱讚偈者，台下為聲聞弟子聽法的舞台設計。1990.07.23-25

參與布置的人員有普門寺的男眾金剛師兄義工；泡茶、插花、引導的人員，有婦女法座會的知賓師姐。多年下來，他們跟著一起參加，土法煉鋼，都訓練出專業的巧手與迅速的應變能力。很多事情，就像師父說的「邊做邊學，邊學邊做」，熟能生巧，不是靠金錢堆砌的。

講經大會　不要唱獨角戲

早期的佛學講座，只有師父跟翻譯站在台上，後來師父就跟我講：「你不要老是叫我唱獨角戲！」於是我開始思考，如何讓講座的流程內容更生動，更多人參與。

師父告訴我，開講前可以先安排獻唱、獻供，一來增加講座的生動感，二來也讓更多人有參與機會。於是，我每年都會在這上面力求變化，例如，安排普門中學學生、台北別院合唱團獻唱〈三寶歌〉、〈祈求〉、〈觀音靈感歌〉，或者安排法師唱頌梵唄搭配手印表演等等；接着安排金剛護法會獻花、女青年會獻燭、婦女法

星雲大師《六祖壇經》佛經講座，舞台上懸掛神秀與惠能詩偈，呈現佛法僧三寶的莊嚴氣氛。1999.12.17-19

星雲大師佛經講座《阿含經選講》，是以開大座講經方式呈現，以釋迦佛為中尊，前為主講者與眾弟子，如同佛陀靈山說法場景。1994.12.12-14

座會獻果、獻香等等。等師父演講結尾，再安排出家眾唱誦〈回向偈〉，讓大眾在聽經聞法的同時，又能有優美的梵樂感受到佛教之美，也使整場講座莊嚴而不嚴肅。

另外，有時也要善用一些新元素來輔助舞台效果。譬如舞台上只要有一點巧妙設計，就能營造一種靈山勝會天宮說法勝境。我請工作人員幫忙施放乾冰，讓整個舞台上看起來煙霧繚繞，像諸天海會雲來集的感覺。這時候獻供人員再捧著鮮花、素果、燈燭等，緩緩地走向佛前虔誠獻上，那種莊嚴肅穆的氣氛，很自然地使台下大眾都感覺好像自己也身在靈山勝會上聽聞佛法。

佛經講座與一般通俗佛學講座最大的不同，就在於它在講經前還有一段唱讚儀式。過去祖師大德開講佛經前，往往要先轉讀（誦經）或歌讚佛德，之後才正式講經。我們當然也傳承傳統儀式，講經前先請平和尚唱〈鐘聲偈〉，但在儀式上就簡化多了。唱〈鐘聲偈〉的最佳人選就是平和尚，他的聲音就如同他的修行，句句都像悠遠的鐘聲傳入在場的每個人心中，聽到的人沒有不被攝受的。

講座末尾再由全體法師獻唱〈回向偈〉，講演就算圓滿結束。

第六章　開創新局——全方位弘法展現活動創新力（跨宗教篇）　　345

大師佛教唱頌講座，由弟子唱誦古德偈語，大師講說佛法大義，使講座更增生動活潑。2000.09.02

大師於講座後，發表〈為東南亞印尼、印度地區大地震祈願文〉，帶領大眾為災區居民祈願祝禱，並指示撥款 50 萬美元緊急救援。2004.12.24-26

　　這時候有很多信徒早已經準備好紅包，等著要供養師父，供養佛光山弘法的淨財，非要我們收下不可。師父了解大家都是一片真心來護法，就讓我安排全體法師都到門口列隊托缽，給大家隨喜結緣。這樣一來，信眾都歡喜了，除了可以聽經聞法又可以種福田，也讓他們有參與弘法的因緣，真是皆大歡喜。

　　這些流程的規劃，總要多方考慮很多細節的問題，比方一個節目與一個節目中間，如何串場連接非常要緊。比如獻供人員何時出場，從什麼地方走出來，又何時請平和尚唱〈鐘聲偈〉等等。一個法會只要流程安排好，現場幾千人浮動的心就能馬上安定下來，接下來才能靜心聽師父說法，達到事半功倍的效果。

　　再說，師父對於自己的講座方式也力求變化。比如，最初幾年的通俗講座，開場前先來個佛教聖歌大合唱；接著，換成開大座講經，我們在流程中依然保留傳統儀式，由一人獨唱〈鐘聲偈〉，然後大眾再一起念誦〈開經偈〉；之後是俗講形式的「佛教唱頌講座」，在講說過程穿插〈古德詩偈〉唱誦，這種又講又唱的形式配上國樂伴奏，很能帶動大眾聽法的興趣。最後幾年，改用提問方

大師佛學講座於國父紀念館舉行，普門寺青年著韓國服獻供。
1986.10

台北別院婦女法座會成員，穿著第一套信徒制服，於大師佛學講座會場獻唱佛曲。1978.10.16

式，由惠法師提問，師父回答問題。

2006年，是師父在國父紀念館講經三十年圓滿的那一年。我們採用論壇方式，不再是一人主講，而是三天有三位主持人、三位名人與師父共同輪講。

三十年來的講座，我們總是力求進步與創新。師父不僅在講說上年年主題不同，也要求在舞台形式上有所突破；所謂創新中有傳統，傳統中有新意，這就是師父古今融通的智慧，所以我一直認為他是佛教界的創意大師。

關於獻供隊伍，補充一提1978年，我在台北別院擔任住持，為了國父紀念館的講座有莊嚴的獻供隊伍，特別幫婦女法座會的成員設計了一套藍色的旗袍。這套旗袍就成為當時教界第一套為信徒設計的制服，這一套也一直穿到普門寺時期。

佛光山的分院越來越多後，大家也各自設計不同款式的獻供服裝，整個獻供隊伍就變得非常出色；甚至很多人就是因為看見這些莊嚴的師姐，生起羨慕之心而來當義工的。尤其，現在佛教界每每舉辦大型活動，到處都可以看見穿旗袍的服務人員，可以說就是我

第六章　開創新局──全方位弘法展現活動創新力（跨宗教篇）

大師講演具有豐富的表情，是最渾然天成的海報創作元素。
2004.09.26

大師講演肢體語言生動有禪意。2004.09.25

們當年開始帶動的風潮。

　　另外講經海報的文宣，也是從師父在國父紀念館弘講時開始設計的。過去的法師講經都在寺廟內，不需要做海報宣傳；但是，師父的講座是佛教走進社會人群，走上國家大會堂，如果沒有海報說明，人家不知道去哪裡聽經。我們的海報設計非常樸實，海報上方是師父的照片一張，下面就直接寫上講座的日期、時間、地點，清楚易懂。後來，這種的海報設計風格，就成為教界其他法師佛學講座海報的樣板。比較遺憾的是，當時都沒有想到要留下來存檔，不然，就可以從這些海報看見師父在國父紀念館三十年的弘法軌跡。

　　向來師父的弘法，都是走在教界的前端，我們跟著他做，自然是開風氣之先。他說過，任何事情總要有人來帶動，台北別院、普門寺先做一個起頭，後面別人就會跟進，這就是師父的希望。他不怕你學，就怕你不學，他總是說：「大家一起來，還怕佛教不能好嗎？」

大師佛學講座一直受到各家媒體關注報導。2006.12.17

一票難求　站著聽也要來

　　除了舞台上的流程設計外，聽眾的動員與安頓才是我們最大的挑戰。起初，師父要我負責國父紀念館的佛學講座活動，我只想到如何把舞台節目設計好。但師父說，你還要負責讓全場座位都坐滿，我就覺得這個執行起來不容易，因為國父紀念館有近三千個座位，三天都要座滿人，我最初是沒有把握的。

　　一開始，我們只靠著《覺世旬刊》宣傳，沒想到效果出乎意外地驚人。消息一刊出去，來的不只是我們的信徒，還有許多友寺的法師都帶著他們的信徒來聽講。結果，年年聽講的人數都超出我們的預期，創下國父紀念館開館以來，講座聽眾人數最多紀錄。由於那個年代，佛教界從來沒有法師大德舉辦大型講座，師父的佛經講座就成了佛教界每年的大事。

　　記得第一年（1978）的講座大會，就來了上萬人，我們也不知道這些人是從哪裡來的，他們就像海水一般，從四面八方不停地湧進來。不論是大會堂的二千多人場地，還是舞台二側休息區、會

大師於台北國父紀念館佛學講座經常冠蓋雲集，第一排與會貴賓左起：遠見天下發行人王力行、佛光大學校長翁政義賢伉儷、人間福報總主筆柴松林、國際佛光會榮譽總會長吳伯雄、立法委員趙麗雲、潘維剛、吳志揚等。2006.12.17

場的走道、各處通路到所有講演廳，全都擠滿了人。同時，還有上千名聽眾站在館外大門口無法進場，他們寧可站到結束也不願意離去，讓警衛跟館方都急得不得了。

由於這是國父紀念館開館以來，從來沒有遇過的盛況，館長看到這種情形，就很生氣地說：「你們連場內階梯都坐滿了，這樣做是違反規矩的行為，萬一發生問題，沒有路逃生怎麼辦？」

我們聽了也覺得有道理，後來我就交代工作人員：「跟信徒講，階梯能坐，但只能坐一邊，要留另一邊給大家走路。」結果，就有許多人寧願擠在會場階梯邊，靠著牆壁站整個晚上聽講，也不願到隔壁講演廳去坐。

後來為了避免惹出麻煩，館方就決定只要裡面的座位坐滿，就把所有入口都上鎖，不再開放入場。沒想到在館外等候的群眾很多，他們怎樣都不肯離開，竟然就在外面排成長長的人龍，好像算定我們一定會為大家想辦法，並且不時地喊著：「開門啊！讓我們進去聽我們的師父講話！」

胡秀卿是星雲大師佛學講座中，擔任三十年的金牌司儀。2002.11.03

慈容法師於國父紀念館大師講座會場宣布事情

　　這樣一來，換成我們急了，萬一鬧僵了就不好了。我趕緊跟館方交涉，一面交代服務人員，不斷地從門縫遞出《大師講演集選集》給門外的人；希望大家即使聽不到演講，至少也可以把單行本帶回去看，但是群眾寧可站在門外等也不肯離開。

　　有了前二天的經驗，第三天我們終於和館內溝通好，增加場外閉路電視及擴音設備，讓不能進去的聽眾也能在外面聽到師父的演講。國父紀念館人員也非常配合地把大會堂的擴音器連線到外面；就這樣，上千名的聽眾，在十二月冬日的晚上，全都站在寒風中圍繞著擴音機聆聽，聽到精彩處，熱烈掌聲也不輸會場裡面的聽眾。

　　有了第一年的經驗，到了第二年，我們就知道要預先增加閉路電視設備；但是，講演開始後我就發現一個問題，站在廣場的聽眾只能一直看著師父的背影，心中感覺很對不起他們。所以我就做了一個決定，請司儀胡秀卿小姐遞一張字條給師父，正當大家覺得奇怪，想知道發生了什麼事情時，師父隨即向聽眾報告：「現在站立在國父紀念館外面還有上千名的聽眾，他們只能透過閉路電視看見我的背影，所以希望我能向後面轉身給他們看一下。」這時全場聽眾都報以熱烈掌聲，許多人都流下了感動的淚水。

第六章 開創新局——全方位弘法展現活動創新力（跨宗教篇） 351

慈容法師三十年來，一直是大師佛經講座幕後最重要的總策畫。 2000.09.03

遠自宜蘭、台北、桃園、新竹的信徒，在星雲大師佛經講座會場外面排隊等候進場，顯示佛教徒高度的自律水平。

　　師父講經的對象可說是三根普被，不論是哪一種行業、哪一種身分，從政府官員到計程車司機，從上班族到家庭主婦，可以說凡是來聽過的人，沒有不再來聽講的。例如，每年講座，館方一定要六點四十分才准開放聽眾進場，但是每次現場五點不到，門口就已經大排長龍，許多上班族下了班就直接過來。他們說：「晚餐可以不吃，但講經不能不聽！」又有一位信徒，每次來聽講都要換八次交通工具才能抵達會場，好不容易趕到時，卻吃了閉門羹，只能在走廊上看閉路電視，卻還是聽得很歡喜。

　　1990年，師父連續講了五天的《金剛經》，對台北的信眾造成不小的轟動，據報導，五天下來將近有四萬人聽講，破了佛教界的紀錄。記得當時張培耕曾說過，如果要說能為中國文化和中國佛教爭一口氣的人，那非星雲大師不可了。許多新聞記者也說：「星雲大師的魅力真是不同凡響！能造成這種盛況，唯有佛光山星雲大師才辦得到！」[6]

6　詳見慈惠法師發行：《覺世旬刊》第 1171 期，1990 年 8 月 11 日，頁 20。

大師弘法半世紀，足跡遍及世界五大洲，信眾逾百萬。圖為紅磡香港體育館聞法盛況全景。2002.11.30

　　三十年來的講座，不但佛教界的僧信二眾來聽講，就連政府部門的中央黨部以及社會各界賢達都已經習慣來聽講。媒體界的台視、中視也都曾經前來採訪，甚至一開始還做到晚上十一點的新聞即時播出。

　　經過媒體一報導，聽講的信眾更是年年增加，為了應付數千位聽眾的座位，我們總要不斷地增加聽講的場地，幾乎國父紀念館內有座位的講演廳都被我們租借下來了。但是很奇怪，不論開放多少位置，每一次都還是坐不下，最後只好固定在戶外的走廊搭一個大型螢幕，讓來不及進場的聽眾也能在館外聆聽講演。

　　師父在國父紀念館三十年的佛經講座，已經形成社會上一種聽經聞法的風氣；不僅帶動普羅大眾對佛教的認識，更接引許多知識分子學佛。師父確實帶動了台北信眾聽經聞法的風氣與素養，聽講經已經成為他們每年的例行行事；尤其，講座從頭到尾二個小時內，沒有一人走動，沒有一人中途離席。雖然我不曾看過佛陀時代的靈山勝會，但想必就像這樣吧！

大師在紅磡香港體育館佛學講座，連續 20 年從未間斷。1999.11.12-14

場場爆滿　從台灣走向世界

　　除了台北國父紀念館三十年不斷的講座外，還有香港的佛經講座也有二十年歷史。師父的大型講座是從1989年的沙田大會堂開始，當時一連講了三天，每天都有數百人擠在門外不能進去。記得港星冉肖玲也來聽講，她說：「聽講演時，內心好感動，幾次都情不自禁落淚。」像她們這樣的大明星，什麼場面沒見過，可見師父的佛法感動了他們。

　　當天講演完，香港佛教聯合會、香港佛教青年會就聯合邀請師父隔年到紅磡香港體育館講演。1990年，我們真的登上紅館，那裡向來只有明星開演唱會，從來沒有聽說哪一位和尚在台上講經，師父是真正第一位站上紅館講經的和尚。當時各家媒體都大篇幅報導，被喻為「香江的一朵淨蓮」。從那一年起，我們就年年在體育館開講，師父的佛學講座也成為香港人的年度盛事。

　　比較特別的是，師父在世界各地的弘法都不收門票，但香港這個地方一定要收門票，為什麼？剛開始，我們也沒有收門票，但

星雲大師在紅磡香港體育館講經，現場有有線電視及互動電視網頁同步轉播全球，數萬人同霑法益。2006.12.08-10

是來聽講的人太多，二萬個座位，竟然一位難求，結果就有人開始賣黃牛票。為了避免佛法被拿來當商品買賣，第三年開始就酌收二十元港幣，這樣有公定價，就不能隨便漫天喊價。從這件事，我們看見香港人聞法的熱切以及對師父人間佛教的歡迎。

另外，師父常說：「我在台灣講經講了二、三十年，只有台灣人知道；但是我到了紅磡香港體育館講演沒幾年，感覺好像全世界的人都知道了。」所以，師父說香港人的教性很強，態度積極熱心，他們走到哪裡，就把佛法傳播到哪裡，尤其我們在世界各地的建寺，總少不了香港人的出錢出力。所以，師父說：「如果今天我推動的佛教國際化能有一些成就，香港信眾的因緣絕對不可少。」

第六章　開創新局——全方位弘法展現活動創新力（跨宗教篇）

大師於國父紀念館三十年講座的最後一年，第一天由遠見天下創辦人高希均主持，大師與前總統馬英九對談「出世與入世之融合」。2016.12.14

法音清流　將佛法唱入人心

我的工作向來包羅萬象，就像信眾的事情五花八門一樣，許多是一時的活動，但有幾項是一直以來師父就指示我負責的，如電視弘法及音樂弘法大會。

在師父一生的弘法中，一直很重視音樂弘法。他一再強調創作的曲調要能讓大眾琅琅上口又耐聽，不要像曲高和寡的藝術歌曲，那樣不容易為普羅大眾接受。又說，一場再好的講座頂多幾千人聽講，但是一首動人的曲目，卻能傳唱大街小巷，對於教化人心移風易俗的效果很大。所以，師父一再告訴我們，現在佛教的弘揚，要說唱布教才能走出佛教的未來，走入眾生的心中。

1954年，師父在宜蘭成立了佛教第一支歌詠隊；1957年，在台北灌錄了六張佛教唱片，有聖歌也有梵唄。到了佛光山開山多年以後，1977年又錄製了全台第一套《佛教梵唄大全》錄音帶。1999年，我們成立了佛光山梵唄讚頌團出訪歐洲，那年李登輝總統還親自上山授旗。就這樣，師父帶領著我們一步步將佛教梵唄帶上世界舞台。

我們錄製首張佛教梵唄音樂錄音帶，是來自呂炳川先生[7]的因緣。1977年，大約是我剛從日本留學回國的隔年，日本東京大學的

---

[7] 呂炳川（1923-1986），以高山族的音樂享譽全世界。他是台灣第一位在日本東京大學專攻「民族音樂學」的博士學者。由於接受日本勝利唱片公司委託，正籌備製作一套《台灣漢民族音樂》專輯，因此偕同擔綱企畫的藤本壽一，以及指導教授岸邊成雄（1912-2005），專程前往台灣南部與東南亞諸國進行當地音樂的採集與調查研究。

1994 年，呂炳川家屬將《佛光山梵唄》錄音檔授權給風潮唱片重新出版 CD 專輯。

呂炳川博士來台灣尋找音樂創作的靈感；他聽說佛光山的梵唄是正統的海潮音，特別來山上錄製出家僧眾的早晚課誦。

當時，山上白天因為還在進行工程，遊客也不少；為了不要有雜音干擾，呂先生希望晚上才進行錄音工作。我就帶著五十多名男、女出家法師在大悲殿唱誦，好讓他們進行錄音。錄製後，呂先生發現大悲殿的回音效果非常好，他很滿意地跟師父說：「佛光山的法師雖然都沒有受過專業訓練，但或許是清淨修行的關係，他們唱出的聲音卻是我聽過最美妙的聲音之一。」

因為這樣，他就跟師父請求把錄製內容製作成錄音帶發行，這就是佛教界首張由唱片公司發行的錄音卡帶，即後來風潮唱片發行的《佛教梵唄大全》（一套六卷）錄音帶。

音樂弘法　登上國家殿堂

經過呂炳川教授的肯定，師父對佛光山的音樂弘法就有了信心。1978年，我奉派到台北，隔年，師父在台北國父紀念館發起「佛教自強愛國梵唄音樂會」義唱，由我擔任總策畫。音樂會內容

「佛教自強愛國梵唄音樂會」是佛教音樂首度登上國家殿堂演唱，由慈容法師負責節目安排與指揮。1979.01.10

由慈容法師執行的「佛教梵唄音樂弘法大會」融和梵唄、舞蹈、佛學講座等多元的內容。1990.05.11

　　有台北普門兒童、青年合唱團等近百人演唱佛曲，這次演唱會獲得很大的回響，也創下了佛教音樂首度走入國家殿堂的開始。

　　佛光山還沒有成立梵唄讚頌團前，是先成立佛教聖歌合唱團。當時台北普門寺特別請到著名的聲樂家蕭滬音老師來寺院教唱。蕭老師一家都是音樂人，她的先生李中和老師是名作曲家，〈信心門之歌〉就是他創作的。女兒李海雲很會彈鋼琴，所以蕭老師來上課的時候，女兒就來擔任鋼琴伴奏。

　　但是，一場好的音樂會，不只是合唱，也要有能獨唱的人。慢慢地，也接引到一、二位歌星來唱佛教的歌曲，例如有「小王爺」之稱的女星陳麗麗，幾次大活動的場合，她都來獻唱佛曲，她最傳神的曲目就是順治皇帝〈讚僧詩〉。有了藝人的助陣，就更增音樂弘法大會的特色了。

　　「以音聲做佛事」是人間佛教傳播很重要的一環，所謂說唱布教，就是說說唱唱，有說有唱才會生動。佛法不能只停留在講經模式，也得善用音樂的力量來感化人心；修行不能總是眼觀鼻、鼻觀心那般嚴肅，有時美妙的佛曲梵唄更能深入人心。佛光山就從佛教聖歌開始，漸進發展到梵唄音樂會。

「回歸佛陀時代」弘法大會於桃園林口體育館盛大舉辦，開創佛教大型弘法先例。1988.09.17

回歸佛陀 走向萬人弘法大會

　　有了這些經驗後，我們就更具備音樂弘法的條件，更有信心走向社會大眾。

　　1988年，佛光山首度舉辦「回歸佛陀時代」音樂弘法大會，分別於桃園林口體育館、彰化縣立體育館、高雄市中正體育場舉行。這也是我們首度舉辦萬人的大型弘法活動，每一場次都是三、五萬人參加，結束都有上萬人皈依，這讓我們看見社會大眾對人間佛教的接受度。

　　師父為什麼會辦這個活動，主要來自1988年初，師父帶領我們前往泰北弘法義診，有一晚在寂靜的山中，師父想起二千五百年前佛陀在靈鷲山說法百萬人天的勝況，感嘆美好的佛法一直未能普及人間，希望能重現佛陀說法的場景，讓眾生都能有緣植下善種。回

來後,就指示住持平和尚籌備弘法大會,佛光山寺主辦,都監院承辦,而我就是當時的都監院院長。

過去,因為我們不曾在外面舉辦過萬人弘法活動,所以第一個面臨的難題就是場地問題。因為師父的構想是回歸佛陀時代,就像在靈鷲山說法一樣,要有萬人的場地,這樣的場地哪裡找?

我們先後去看了滑草場、高爾夫球場等,只有那裡有廣大的草坪,可以容納萬人;可是這兩個場地都沒辦法借給我們,因為這個活動要從下午到晚上,它們沒有夜間燈光照明設備。還有,高爾夫球場的管理人說:「好不容易我們才保養好草坪,被你們萬人一踩,不是沒了嗎?」

退而求其次,我們選在體育館舉辦,原因是空間大、有座椅、夜間照明,設備齊全。

地點決定之後,接下來就是節目的策劃安排、舞台的設計等等。雖然弘法大會最主要是師父講演,但因為幾萬人在現場,對象是一般社會大眾,內容不能單一化,這樣觀眾很快就會騷動,一定要在中間穿插幾個節目達到賞心悅目的效果。例如:萬燈供佛、僧團的一日、打坐念佛、托缽乞食、梵唄唱誦等等,展現佛陀一日的教化生活。最後講說圓滿時,再舉行萬人皈依,並一同念誦祈願文祝禱國家世界和平。

活動的盛大,幾乎是前所未有,為了讓全民知道,我們在活動前安排二十一天的迎佛行程,路線從台北走到高雄,所到之處都受到民眾熱烈歡迎,原本一天八小時的路程,經常應民眾的要求變成十幾小時。那時宣傳車廣播「佛光山的佛祖來了」,有些地方的媽祖、土地公、三太子、王爺也都出來接駕,信眾說是神明指示要迎

「回歸佛陀時代」弘法大會在高雄市立體育場舉行，會場設計莊嚴宏偉，氣勢磅礡攝受。1988.10.01

接佛陀，沿路的鞭炮放個不停，讓我們看得非常感動。

節目最攝受人心的設計，就是一百零八位法師唱誦〈戒定真香讚〉。法師一邊唱讚一邊結手印，同時敦煌舞者表演伎樂獻佛，這種畫面就像敦煌石窟中走出來的壁畫——蓮池海會佛陀說法圖。伴隨著師父的說法，佛曲梵唄、敦煌舞蹈、出家人莊嚴的威儀，全部都走進現場每個人心中；整整四小時的法會，沒有騷動與吵鬧，每個人都沉浸在靈山盛會裡。

那一次，特別請來電視轉播車實況轉播、錄影，感謝電視製作人周志敏小姐的幫忙，才有辦法做到。

在舞台布置方面，確實煞費精神。由於過去沒有戶外超大型舞台設計的經驗，我們特別找了曾經幫選美大會、十三全會做過舞台監督的承包商來設計。他看過我規劃的舞台設計後說：「實在很難想像，這樣一個氣派盛大場面，竟然出現在佛教的活動中，出自慈

容法師指導！」其實，這都是師父的指導，才能不斷有新的格局與視野。

這個活動中，最沒把握的就是觀眾的動員。雖然二十多年來，佛光山已經有一些信眾基礎，但這種萬人以上的動員還是第一次，要去哪裡找那麼多人來參加？

後來我們想出一個方法，事先設計一張表單，跟大家說：「不要算幾個人要去，只算幾台遊覽車要來，這樣發動比較快。」就這樣，台北場很成功，至少有三萬人，中區場也是爆滿，高雄場更高達五萬多人參加，完全超乎我們的想像。

過程中還有一個意外的驚險，就是在高雄場演出前半小時，忽然下起傾盆大雨，因為是露天的場地，所以全場的座椅都淋濕了。我整個心情七上八下，心想：「如果雨不停怎麼辦？」沒想到，在音樂會開始前半小時，雨忽然停了。我們全體工作人趕緊把握最短時間，擦乾全場座椅與地板。

說也奇怪，等到我們擦好之後，雨就再也沒有下了，法會也準時開始。我在師父身邊，看見很多不可思議的事情，也更相信諸佛菩薩總是護佑著我們！所謂人有誠心，佛有感應，只要是為眾生，眾生也會幫助我們。

音樂無國界　從歐洲走向全球

1997年，佛光山的梵唄讚頌團還沒有成立，當時我是美國西來寺的住持，師父告訴我，歐洲各寺院才剛起步，信眾基礎還不穩固，需要去支持關心他們。由於歐洲是音樂之都，若能以音樂交

1997年慈容法師首度帶領佛光山梵唄讚頌團到荷蘭巡迴表演

流,可能更容易被接受。於是,我就在西來寺組織一個梵唄團,徵調在美國幾個道場服務的二十多位出家眾,幫他們做了一個多月的集訓,就帶他們到歐洲先行試演了。

我們走訪的國家城市有德國柏林、瑞士日內瓦、英國倫敦、法國巴黎、荷蘭阿姆斯特丹、比利時安特衛普等七個地方。半個月內走了六個國家,每到一處皆受到當地人士的熱烈歡迎。由於歐洲人沒有聽過傳統中國佛教的梵唄唱誦,對他們而言,這種唱腔就像天樂般稀有難聞。最特別的場次,是英國倫敦大學邀請我們前往學校的禮堂演出,可見對於歐洲人而言,音樂的價值在他們心中是至高無上的。

有人問我:「會不會擔心沒人來聽?」其實,我們為了弘法,為了在歐洲創造因緣,從來沒有想過票房問題,只想到有人來聽就好,也不在意一定要達到多少人數。有時在寺院、有時是戶外廣場,甚至借別人的教堂演出。總之,就是希望幫助當地道場打開一些知名度,為他們未來的弘法提供一點因緣。

當時,我們還沒有獲得申根簽證[8],一個國家跟一個國家雖然都相鄰,還是得一個一個去辦理簽證,手續相當繁多,不是一個證件就通行無阻。尤其,最辛苦的是往來之間沒有專車接送,都是搭乘當地的交通巴士或地鐵,而大家身上又帶著許多演出的道具,有時真像逃難一般。

　　記得,我們第一站在德國表演結束後,馬上就要趕火車到瑞士,從德國到瑞士的途中,還要再轉火車,換車的時間只有十分鐘;偏偏德國的火車又遲到,最後只剩兩分鐘給大家上車。但是,我們隨身還帶了好多的道具、行李,實在急得不得了。最後是靠著當地人,幫我們大家一起搬上車,才解決了一場驚嚇。

　　1998年,我二度組織梵唄讚頌團出訪,這次地點選擇美國、加拿大巡迴演出,也是美加地區的首次公演。我們先從華人較多的舊金山開始,為了讓演出效果更好,又增加佛光青少年交響樂團,以及台北敦煌舞蹈團。我們一出場,西方人看了都驚歎不已,他們雖然聽不懂我們唱什麼,也看不懂什麼是敦煌舞,但是從音樂藝術的角度,都認為是非常出彩的演出。

　　經過這二次實地考察,師父覺得「以音聲做佛事」,可以作為東西方文化交流的橋梁。1999年,佛光山正式成立「梵唄讚頌團」,師父擔任團長,我擔任藝術總監,率團前往歐洲長達一個月巡迴表演;走訪七個國家,進行十一場梵唄音樂公演。我們演出的音樂廳,都是各國最具知名度的劇院,比如奧地利維也納歌劇院、

8　申根區國家適用共同國界管理,在申根區國家間交通不須通過國境檢查,但前往非申根歐盟國家時,仍須經過國境檢查。

佛光山梵唄讚頌團首度巡迴歐洲，在荷蘭阿姆斯特丹 Rai 音樂廳演出，當地各大報紙均以大幅照片作為頭條新聞。1999.09.07

德國柏林愛樂廳、英國倫敦皇家劇院等等。

　　每一場演出都受到當地媒體很大的關注，不但電視台到現場採訪播出，報紙也做成頭版新聞；還有英國、荷蘭、法國的市長、副市長等各國地方首長與中華民國外交部駐外代表都出席聆聽，給我們很大的鼓舞與支持。

　　這趟巡迴下來，讓我們看見歐洲人高水平的音樂素養，雖然他們不理解梵唄內容，但依然全神貫注的聆聽。我記得最後一場在柏林愛樂廳演出，曲目唱完以後，全場觀眾都站起來鼓掌，整整持續三分鐘都沒有坐下來，演唱的法師們經過六次謝幕才閉幕。不論是表演者還是工作人員，台上台下沒有一個人不感動流淚。

　　《普門品》云：「梵音海潮音，勝彼世間音。」音樂是無國界的語言，自那一次梵唄音樂弘法後，我們打開了歐洲人通向佛教的大門，也打開了佛光山通往歐洲的一扇窗。[9]

9　詳見〈1999 天籟之音──歐洲巡迴〉，《佛光山梵音饗宴專輯》，台北：國際佛光會，2001 年 10 月 10 日，頁 51。

大陸首演　師父站上大會堂

　　走過歐洲後，佛光山梵唄讚頌團就有些知名度了。在大陸方面，師父的好友中國藝術研究院田青教授與當時國家宗教局局長葉小文，也希望佛光山的梵唄讚頌團可以結合大陸地區僧眾聯合演出。在2003年，我們首度登上北京中山堂、上海大劇院演出，算是初步的交流。

　　由於這是大陸當局第一次看見現代化的梵唄演出，他們對師父說：「希望兩岸宗教界和藝術界共同攜手合作巡迴出演，讓中國佛教走向世界，共同為世界和平祈禱祝福。」這對我們來說，當然是一件好事，也是兩岸交流的契機，師父自然是樂助其成。

　　多方緊鑼密鼓的努力下，2004年，我們首度與大陸南傳、漢傳、藏傳三大語系、八大叢林的百餘位僧眾，共同組成「中華佛教音樂展演團」。這一團的組合可以說是史無前例與空前絕後的歷史，名譽團長星雲大師，團長中國佛教協會副會長聖輝法師，總策劃慈惠法師，藝術總監是我。表演場地都是世界一流的劇場，如美國奧斯卡頒獎典禮的柯達劇院（後改稱杜比劇院Dolby Theatre）、加拿大英國女皇劇院（Royal Opera House）等，巡迴港、澳、台、美加地區演出。

　　過去我們不曾與大陸法師合作演出，這一次是大陸官方派出各重點寺院代表組團。我記得有五台山的佛樂團、嵩山少林寺的武僧、北京雍和宮的喇嘛、雲南西雙版納的僧眾，可以說陣容十分堅強。面對大陸團，又是首度合作，我是戰戰兢兢，深怕表現得不夠好，辜負了師父的交代。所幸，因為彼此在語言、服裝、法器與儀

佛光山梵唄讚頌團首度與大陸合作「中華佛教音樂展演」，巡迴亞、美二洲舉行七場公演，出發前先於國父紀念館公演。2004.02.27

軌上都有很大差異性，表演各有千秋，也都贏得信眾無比的歡喜。

尤其，演出的內容都是大家難得一見的橋段，包含藏傳佛教的「降魔舞」、五台山的「佛樂」、少林寺的「木魚功」、「童子功」以及佛光山的梵唄讚誦表演。不只觀眾encore（安可）連連，連劇院工作人員都被我們感動的說：「從來沒有看過這樣精彩的表演與音聲，讓我們對佛教的認識大開眼界。」不但所到之處場場爆滿，新聞媒體也大篇幅報導。

這次展演的意義，真是千載一時，一時千載。不僅是佛光山與大陸佛教界的首次合作，更是兩岸民間文化的攜手交流。如同田青教授說的：「我們談中華文化的音樂之美，並以美好的佛樂為世界祈和平。」創下兩岸佛教交流非常重要的里程碑。

「中華佛教音樂展演團」，巡迴亞、美二洲舉行七場公演，開啟兩岸佛教音樂交流的新紀元。2004.02.24

「中華佛教音樂展演團」於國父紀念館演出，北京雍和宮喇嘛表演消災吉祥舞。2004.02.27

舞台總監　面臨的最大考驗

　　走過世界各國劇院，作為舞台總監的最大挑戰，就是現場舞台的走位與隊形的隨時調整。因為每個城市的音樂廳、歌劇院的設備都有各自的差異性。印象最深刻的是德國柏林愛樂廳那一場，它的舞台設計很有層次感，這裡有幾個台階，那裡又有幾層樓梯，中間的舞台又不是很大，再下面又有樂池，所以隊形上就需要配合場地的美感定位。

　　一團人出國經費不少，所以我們待在每個城市的時間都不會太多天。幾乎每場演出，大家都在跟時間賽跑；經常早上才到這個城市，下午馬上綵排，晚上就演出。每到一站，我必須立刻先去現場勘查方位，了解走位的變化、燈光的協調與進出場動向。

　　還有，唱誦曲目的選擇也要注意，我們不是在台上做法會，因此有些地方的唱誦要善巧方便的調整。例如：曲目當中有供養三寶的〈六塵供〉，雖然熱鬧好聽，但是我常講它太長，若是從頭到尾唱一遍，就花掉二十分鐘了，所以一定要做詞曲的刪減。主要顧慮

「中華佛教音樂展演團」於國父紀念館演出，嵩山少林寺武僧表演長棍武術。2004.02.27　「中華佛教音樂展演團」於香港文化中心演出。2004.03.18

到我們是在舞台上表演，除了要有佛教儀式的莊嚴，還要有音樂會般的賞心悅目，不能直接把佛堂那一套搬上台面，那就等於在台上做法會了。

另外，在國外演出的最大考驗，就是如何讓西方人聽懂我們在唱什麼？例如歐洲人比較沒有接觸佛教，對中國的梵唄非常陌生，所以我們就要準備字幕，向聽眾解釋佛曲含義以及佛學名詞。比如「請聖」、「懺悔發願」、「啟告十方」是什麼意思。如此，才能引導他們隨文觀想產生心靈共鳴。

如何訓練讚頌團團員？佛光山的梵唄讚頌團團員都是經過挑選，再密集訓練，才能具備上台的條件。我因為經常在世界各地講習，所以訓練的工作大部分交由當時的中華佛光會秘書長永富法師負責。他在學院做過訓導主任，以及梵唄教唱的老師，不論威儀或是唱誦都是最佳人選，梵唄讚頌團也多半由他擔任團長。

有人問我是怎麼策畫這些梵唄唱誦的？其實，都是以前主持法會與擔任司儀的經驗而來。例如：唱誦時，什麼時候該快，什麼時候該慢，我都會注意信徒的反應。又法會尾聲的九鐘十五鼓，到

「恆河之聲——美加梵唄讚頌團」巡迴公演，慈容法師在洛杉磯表演中心接受採訪。2001.10.28

了後面節拍就要慢下來，因為大眾至此已經唱了很久，嗓子都快啞了，很辛苦。這時候等於讓大家喘息一下，最後才來三皈依、回向作一個圓滿結束。

還有，我從做司儀開始，就學會關照全場的布局與每個人的定位。早期在宜蘭念佛會時，師父就讓我學習做司儀，他說：「你去做司儀，去喊口令。」但是，口令不能亂喊啊，記得我第一次做時不懂，當我喊：「節目開始──鳴炮──」結果，炮在哪裡啊？怎麼沒看到呢？原來並沒有安排人員去放炮啊！所以，做司儀的人要有橫遍十方，豎窮三際的連結力，才能做一位好司儀。

另外，司儀也要知道講話的技巧，比如「站──起──來」，為什麼要拉長音？因為人多，如果講太快，大家來不及聽清楚，動作就會不一致。一旦我們把音調拉長，就是讓信眾有時間站好，這時再說：「向──師父上人──問訊」。這些微妙的關鍵，都是讓事情能順利和合的訣竅。凡事都有節奏，都要在心中有盤算，自然就能掌握得恰到好處而不亂。

這些點滴經驗的累積，都是我在大舞台上能指揮自如的基礎，才有辦法把梵唄讚頌團展現在全世界觀眾眼前。

「華麗的宗教音樂世界－中日梵唄聯合演出」，佛光山梵唄讚頌團應邀至東京演出。1998.09.07

佛光山梵唄讚頌團歐洲巡迴，在歐洲各國知名音樂廳進行 11 場演出。1999.09

歐洲巡迴首場，於奧地利維也納 Kurhalle Oberlaa 音樂廳演出。1999.09.03

比利時國際宗教音樂藝術節開幕典禮中，佛光山梵唄讚頌團受邀於根特市廣場擔任首場演出。1999.09.11

700 多年來，東方佛教梵唄音樂第一次在德國科隆大教堂內演唱，展現出東西宗教的交流與融和。1999.09.09

佛光山梵唄讚頌團於瑞士展演兩場。圖為巴塞爾加 Stadf Casino Basel Musik Saal 音樂廳演出。1999.09.17

大師率佛光山梵唄讚頌團至歐洲巡迴弘法，柏林市長致歡迎之意。左一柏林協會會長丁政國。1999.09.23

「一日梵唄・千禧法音」亞澳巡迴，行前於台北國父紀念館演出。2000.10.27

「一日梵唄・千禧法音」亞澳巡迴，佛光山梵唄讚頌團至澳洲雪梨國家歌劇院演出，澳洲移民部長菲力浦羅達克向大師致意，為首個登上澳洲國家殿堂的佛教團體。2000.11.19

2001年美加梵唄讚頌團巡迴，慈容法師於謝幕時接受獻花。

「恆河之聲——美加梵唄讚頌團」巡迴公演，佛光山梵唄讚頌團登上世界首屈一指的紐約林肯中心，為佛教界首見。2001.10.19

佛光山梵唄讚頌團至馬來西亞沙巴基金局舉行「恆河之聲——菲馬梵唄巡迴公演」。2002.06.01

「恆河之聲——佛教音樂美加巡迴公演」，結合佛光山信徒大學敦煌舞蹈團一同演出。2004.10.15

大師與慈容法師（前排左一）在美國柯達劇院 KODAK Theatre 的「中華佛教音樂展演」謝幕致謝。2004.03.21

千載一時　恭迎佛陀真身舍利

我這一生非常幸運地遇到兩次恭迎佛陀舍利的機會，並且能夠擔任恭迎團的工作，想來真是莫大福報，只有在佛光山才有這個殊勝的緣分。

1998年　恭迎佛牙舍利

佛光山擁有一顆佛牙舍利，跟師父到印度菩提迦耶傳授三壇大戒有關。

為了恢復印度及南傳佛教比丘尼戒法，1998年2月，師父率團遠赴印度菩提迦耶傳授國際三壇大戒。回來後，田璧雙喇嘛就來跟師父說，有一位貢噶多傑仁波切有一顆佛牙舍利，珍藏身上已經三十年；他現在老了，不可能再回西藏，也沒有能力建道場供養佛牙舍利，希望把佛牙舍利送給一位能光大佛教的大德，他覺得師父就是最適合的人選。

由於佛光山在菩提迦耶的傳戒，感動了貢噶多傑仁波切，於是決定與十二名仁波切聯名簽署，將佛牙舍利贈予師父。唯一的條件，就是要為珍貴的佛牙舍利建一個舍利塔來供奉。

適逢那年（1998年2月），國際佛光會世界總會第二屆第五次理事會議在泰國曼谷召開，師父就現場發布4月8日迎請佛牙舍利回台灣供奉。在短短二個月內，我們快速的組織了「佛牙舍利恭迎團」，師父指派當時的中華總會會長吳伯雄擔任恭迎團團長，我擔任執行長；護持委員包括心定和尚、慈莊法師、慈惠法師、王金

在泰國曼谷世界佛教徒友誼會總部舉行的「佛牙舍利恭迎團記者招待會」中，完成佛牙舍利贈送交接儀式。1998.04.09

平、陳履安等一百多人。

　　當初佛牙舍利要從印度直接來到台灣，礙於法令是不可能的事，需要先過境泰國。貢噶多傑仁波切就從印度先到尼泊爾，再從加德滿都坐飛機到泰國；畢竟泰國是個佛教大國，對於這件事情是樂於助成的。我們就選定在泰國皇后公園舉行一場隆重的交接儀式和祈安法會，由貢噶多傑仁波切親手將舍利贈予師父。

　　迎請儀式安排在四月八日舉行，師父與恭迎團的包機是四月七日從台灣出發到泰國；為免節外生枝，師父希望貢噶多傑仁波切能提早二天到泰國，並派我跟莊法師先到泰國去接他，這個過程很神奇，發生了一件不可思議的事。

　　原本我們與仁波切約好，六日在泰國機場接他，但是仁波切講藏語，我們沒辦法跟他講藏語，就在台北找一位西藏喇嘛，跟他說：「仁波切來的時候，請你幫我們作接頭。」結果一連絡，才知

大師在台北道場召開佛牙舍利護持委員會會議。1998.04.04

道仁波切提早一天出發，已經於五日就從尼泊爾搭機到泰國。

於是，我跟莊法師五日先行飛到泰國，但是幫我們翻譯的那位喇嘛並沒有跟我們搭同一班飛機到泰國，我們在泰國曼谷機場一直等不到他的人；眼看著仁波切搭乘的飛機都已經抵達了，還沒有看到幫忙翻譯的喇嘛，我跟莊法師很緊張。心想，他人到哪裡去了呢？等會兒仁波切來了怎麼辦呢？要找誰幫我們翻譯啊！

就在這個時候，忽然看見那位要幫我們翻譯的喇嘛從海關走出來。我問：「你剛剛來？」他說：「不是，我已經進去找他們，怕他們不會填表，我進去幫他們填表。」「你怎麼進去的？」「我就這樣走進去啊！」「沒有人查你嗎？」「沒有啊！我就又走出來。」怎麼這麼不可思議，進出無礙，就像隱形人一樣。

他看我跟莊法師很緊張，就說：「不要緊，我已經替仁波切填好表，等一下他就出來了。」沒多久，真的看到貢噶多傑仁波切走出來，我們才鬆了一口氣。把他送到飯店後，他隨即取出珍貴的佛牙舍利交給我們，我跟莊法師即刻小心翼翼把它放入事前準備好的舍利塔中。

第六章　開創新局──全方位弘法展現活動創新力（跨宗教篇）

佛牙舍利恭迎團執行長慈容法師，於飛機上與舍利寶塔合影。1998.04.08

大師與恭迎佛牙舍利團抵達桃園大園空難現場舉行灑淨儀式。1998.04.09

　　沒想到隔天，也就是四月六日，就傳出尼泊爾因為發生政黨政變，全國的機場都關閉。大家一聽說這件事，都感到很慶幸，還好仁波切提早一天啟程，否則就出不來了，好像冥冥之中，連佛陀都在成就佛牙舍利到台灣來的這件好事。

　　如師父規劃的，四月七日在泰國舉行佛牙舍利交接法會，隔天（四月八日），我們馬上啟程回台灣。由於恭迎團人數眾多，加上稀世珍寶的佛牙舍利需要專機護航，最後，師父選定中華航空公司CI–695專機迎請回台。

　　這裡有一段插曲，在此前華航才發生飛機失事的「大園空難事件」。一時間，華航面臨歷史以來最嚴峻的時刻，飛安信譽跌到谷底。師父為了鼓舞華航職員的士氣，特別交代要乘坐與大園空難同款A300-600R飛機，就這樣，我們乘坐著同型號的飛機往返台灣、曼谷。

　　師父說：「我還要去空難現場幫這些亡者誦經、灑淨。」所以飛機降落後，先在桃園中正機場舉行祈福法會，接著馬上驅車趕往大園空難現場。那些受難者家屬看見師父以及佛牙舍利，全都跪在

路旁合掌哭泣，雖然他們臉上盡是沉重的哀傷，但是沒想到師父願意親臨現場為他們灑淨，至少帶給他們一股慈悲關懷的力量。

灑淨結束後，車隊又立刻趕往台北道場，警車在前面幫忙開道，一路上交通都很順暢。沒想到，才剛剛開上高速公路，就下起傾盆大雨，雨勢來得又快又急，一直行駛到松江路要下交流道時都還沒停止。我心想怎麼辦？

大家就向師父請示：「要不要解散松山火車站前恭迎佛牙舍利的群眾？」師父說：「佛祖自有安排！」

說也奇怪，我們才下高速公路，雨勢就變小了；等車隊到了台北道場，我從車子下來的第一步，只滴了一滴雨。就在此時，天空突然射下金光，把台北道場前的松隆路照得像黃金鋪地一樣。在佛光衛視主持現場轉播的趙寧博士，看了忍不住驚歎：「真是陽光普照的金光大道！」一起主持的依空法師說：「這是佛光普照的佛光大道啊！」

當時已經下午五點了，黃昏的天空並沒有太陽，可是從電視上看到整條路面，都變成了一條金光閃爍的大道，非常不可思議。接著，護法金剛居士就抬著布滿鮮花供養的佛牙舍利塔，與恭迎團隊伍及法師，沿著松山火車站繞行一圈。在火車站前廣場舉行恭迎法會後，佛牙舍利暫時供奉在台北道場大殿。

第二天，我們將佛牙舍利迎請至中正紀念堂廣場，舉行了一場「恭迎佛牙舍利顯密護國祈安法會」。當時，有二百位女眾效法善慧童子供養燃燈佛的方式，以香花鋪地並用布髮接足禮迎接佛牙舍利的轎子經過。

典禮上，師父特別禮請副總統連戰先生領導全民宣示「三好

運動」：「做好事、說好話、存好心」。這就是師父推動「三好運動」的開始。自此，對淨化社會人心起了很大的作用。

2002年　恭迎佛指舍利

佛指舍利是在大陸陝西省扶風縣法門寺地宮發現的。1989年3月，我隨師父第一次返回中國大陸探親弘法，當時就曾到法門寺參訪，並有幸親炙禮拜佛指舍利。那時師父就已經萌生了一個念頭：

假如佛指舍利能夠到台灣，讓廣大的信眾禮拜瞻仰，會是多美好的一件事。當時中國佛教協會會長是趙樸初，他說：「樂見其成。」但歷經十多年，我雖然心繫要促成這件事，卻一直無法成功。

後來，我認識了大陸國家宗教局葉小文局長，經由他和旅美企業家李玉玲女士協助，佛指舍利才終於在二〇〇二年的二月蒞台供奉，前後共停留三十七天。那一次，有台灣和來自世界各地的民眾五百萬人瞻仰禮拜。⋯後來我才知道，葉局長對這些好事的促成，受樸老的理念影響，是有很大的關係的。

2002年12月12日下午，大師在金陵飯店會見宗教局局長葉小文，雙方談及兩岸未來的宗教、文化交流時，葉局長承諾將盡力促成大陸國寶佛指舍利到台灣佛光山供奉。當時中國佛教協會的副會長刀述仁也幫我們去接洽。經過多次協商，大陸官方也表現出對台灣的真心誠意，條件是「星雲牽頭，聯合迎請，共同供奉，絕對安全」十六個字，由台灣佛教界一起迎請，來台就沒有問題了。

陝西扶風法門寺佛指舍利赴台法會，僧信四眾雲集。2002.02.23

　　我在先前已有恭迎佛牙舍利的經驗，師父就派我擔任台灣佛教界恭迎佛指舍利委員會恭迎處主任；當時我覺得很榮幸，也相信能夠做好；但等到真正著手進行時，才發現和迎接佛牙舍利的情況差距非常大。

　　恭迎佛指舍利是海峽兩岸的事，加上佛指舍利是大陸的國寶，行事特別嚴謹。大陸官方一再要求我們要保證「絕對安全」，讓我們負責執行的人都感到壓力極大。不停的開協調會，討論地點的規劃，報告現場的情況，說明出入境問題，民眾的態度，專機的飛航路線等等，問題一個接著一個，把我們忙得團團轉，應接不暇。

　　過去我們雖有兩岸合作的經驗，但頂多只是一、二個單位的合作案子。而這一次是直接與大陸官方合作，很多法令都是第一次去了解，加上文化思想以及語言表達上的差異，每次都要往來好幾回合才能達成共識。而我的工作都是跟郭偉處長聯絡，許多事情也都需要再三確認才能定案。那時，我自己就親自飛往大陸開了四次會議，而大陸國家宗教事務局、中佛協、國台辦、國家文物局等單位

也都派員來台，實際勘查現場幾次。

　　比如，我們要從西安的咸陽機場，迎請佛指舍利回到台灣桃園機場，這裡遇到一個問題：那時大陸的飛機不能直航到台灣，台灣的飛機也不能飛到大陸，一定要在香港過境再起飛才行。所以，我們前一天就先到西安的飯店入住，那一天就開了一整天的會議，到了晚上十點鐘好不容易回到房間，電話又響起來：「如果明天在香港不能落地怎麼辦？」為了這個香港過境的問題，我們又開了一次會，結束已經晚上快十二點了。這件事讓我完全沒有辦法入睡，因為有太多我們沒有辦法掌握的因素。

　　到了第二天，我相信是佛祖加持，也是台灣人民的福報，我們終於在陝西咸陽機場準備登機回台灣了。看著法門寺舍利專車緩緩的經過我們的面前時，我的眼淚忍不住掉了下來，因為過程實在太曲折了，所謂「關關難過關關過」，越過千山萬水，終於柳暗花明又一村。這種心情若不是親身參與，是沒有辦法體會的。

法門寺舉行盛大法會恭送佛指舍利，前往台灣供奉。
2002.02.23

「台灣佛指舍利恭迎團」前往西安，恭迎佛指舍利來台。2002.02.23

法門寺佛指舍利赴台灣地區供奉新聞發布會，於西安召開，由星雲大師主持。2002.02.21

陝西扶風法門寺佛指舍利

佛指舍利赴台首站，於台大體育館舉行盛大恭迎法會。2002.02.24

　　上了飛機以後，又發生一件有驚無險的事情。當飛機要起飛時，舍利塔的塔剎竟然向後傾倒了！我坐在旁邊一看，不知道該怎麼辦才好。舍利塔在玻璃櫃裡，我們根本沒辦法打開。從西安到香港的途中，我的心裡一直忐忑不安，就掛念這件事：「等一下怎麼辦？」當時全機的人也都無法解決，只能默默念佛祈求。沒想到，一到香港，飛機降落的時候，舍利塔又自動「回正」了，我們一顆懸著的心也跟著安定下來。

　　專機上，大陸舍利護送團成員開玩笑地問台灣恭迎團成員：「佛指舍利前往曼谷時，到了泰國領空，有八架戰鬥機升空迎接戒護，表達隆重迎請。這回台灣有沒有派戰鬥機升空迎接？」

　　台灣恭迎團的成員微笑回答：「雖然沒有戰鬥機戒護，但有十萬人恭迎，場面更為壯觀。」當下贏得一片掌聲。

　　終於，專機降落了，全體人員都興奮地鼓掌歡呼，我那顆不安的心，終於也跟著飛機的落地安心了。

　　從大陸起飛是兩架港龍航空飛機，按照民航法規規定，從西安起飛後一定要經過香港，換另一架飛機再飛台北，因為當時兩岸沒

第六章　開創新局——全方位弘法展現活動創新力（跨宗教篇）　383

有直航。兩岸商談的結果，可以用同一架飛機，全體人員跟佛指舍利都不用下機，換個機號便可以直接從香港再飛台北，省去了很多麻煩流程。從台北機場出來時，也受到很高規格的通關待遇，真是兩岸往來的一大突破，只能說佛力不思議。

　　佛指舍利在台灣的供奉行程總計是三十七天，第一站是台灣大學體育館三天，接著是到三峽金光明寺，之後往台中港體育館、南投中台禪寺以及佛光山，最後一天在高雄體育館十萬人通宵念佛護送，再從小港機場飛香港返回陝西。

　　為了保護舍利的安全，大陸方面特別派了二十四位中國佛學院武僧隨行，同時，我們也安排佛光金剛及保全人員做第二層及第三層的戒備防護。所幸，佛光會平時已經對金剛義工們訓練有素，可以派上用場，沒有人力不足的擔憂。

「佛指舍利安座典禮」在台大體育館盛大舉行。2002.02.23

佛指舍利自大陸陝西省法門寺來台，由大師、吳伯雄和廖正豪等400多位僧信二眾搭機護送，經香港後抵達中正機場，受到台灣10萬信眾夾道接迎。第一站供奉在台大體育館。2002.02.24

千載一時，佛指舍利到台北，信眾路邊跪迎。2002.02.23

佛指舍利抵達金光明寺，虔誠信眾擠滿廣場。2002.02.26

信眾香花布地，迎請佛指舍利到金光明寺供奉。2002.03.02

大師在小港機場恭迎佛指舍利移駕佛光山。2002.03.03

佛指舍利安奉佛光山，僧信四眾虔敬跪迎。2002.03.03

在台大跟金光明寺安座期間，每天禮拜人潮就像海水一樣，一波接著一波，沒有停止過，還要出動義交維護交通秩序才行。那種盛況，是我這輩子從沒有見過的佛教榮景。從政府官員到一般老百姓，不論身分與職業，民眾都展現出非常高水平的素養。甚至有人從天亮排隊到天黑，一天跑五、六趟，就為了多幾回禮拜佛指舍利；沒有人因為排隊等太久發脾氣鬧事，甚至媒體也一再報導禮拜舍利的盛況。停留在台北九天的時間裡，竟有超過八十萬人次來朝禮，這實在是佛陀的威德加被，也是台灣佛教界空前絕後的盛況。

一個月的時間很快就過去了，不管執行過程有多麼艱辛，當我看見台灣佛教界的法師和信眾，都抱持著「這是我們共同尊敬的佛陀」的心念來參與，那些辛苦都不算什麼了。從佛教界的聯合迎請到佛指舍利巡視各地的供奉，各家寺院沒有本位觀念，幾乎全部動員；比如慈濟、法鼓山、中台、大崗山派、月眉山派、開元寺派、法雲寺派、大仙寺派、觀音山派等，也都一起參與恭迎盛會；包括由居士組成的中華佛寺協會、中華佛教青年會和國際佛光會，都全體動員參與不分彼此。

大家都是自動自發地前往供奉地點朝聖禮拜，甚至還有人主動準備幾百份便當、炒麵、花果、設香案。看見這種場面，實在令人非常感動，可以說佛指舍利安定了台灣人的心，也凝聚了佛教的力量，走向共生吉祥的大道。

佛指舍利來時有十萬人迎接，當然回去時也要有十萬人恭送，師父就說：「我們來發動十萬人通宵念佛。」但是，十萬人不是小數字，雖然我們過去「回歸佛陀時代」也有一些戶外體育館的經驗，但是像這樣高規格、十萬人的場面還是第一次。台灣的大型體

佛指舍利送歸法門寺，高雄市立體育場十萬人通宵念佛恭送。2002.03.30

育場原本就不多，我們找遍高雄市的體育場，最後選定高雄市立中正體育場；這裡距離佛光山最近，再說佛指舍利要從小港機場出境也方便，就這樣敲定下來了。

但是，會場只能容納五萬人的場地，距離十萬人念佛還有一半的人數，師父就告訴我：「請人間衛視全球轉播，讓大家都可以在電視機前一起念佛恭送，十萬人就不成問題了。」他的這句話，讓我頓時安下心來，也讓佛指舍利的新聞再度躍上當天的頭條新聞，成為全部媒體的焦點報導。

可以說一個多月來，蒙佛指舍利的護佑，每日新聞總是話題不斷，各家電視台也爭相報導，台灣人民家家戶戶，無人不知無人不曉，創下各家電視台開台以來的歷史。

佛指舍利功德不思議，稀世珍寶來台供奉，又能夠全程平安順利圓滿，實在要感謝當時兩岸領導的共識；不在政治上干預，只是誠心誠意地進行一場宗教交流。如師父一再強調的「兩岸未通，佛教先通」，師父為兩岸的交流又做了一次和平的推進。

回想這輩子所做的許多工作，恭迎佛牙與佛指舍利來台供奉的執行，可以說是最讓我深刻感動的事。我非常感謝師父讓我有緣參

台灣十萬信眾齊集高雄市體育場通宵念佛,恭送佛指舍利返回大陸。2002.03.30

與這兩項工作,這二個活動轟動了全台灣甚至全世界。經文上說:「佛在世時我沉淪,佛滅度後我出生,懺悔此身多業障,不見如來金色身。」今生得遇明師已經是很大的福報,還能親身恭迎二次佛舍利,已經無所遺憾。

或許是這些點滴因緣,後來有機緣做了佛陀紀念館第一任館長。感謝師父總是相信我,給我機會,讓我深刻體會到佛教講的因緣真是甚深不思議。

「星雲簽頭,聯合迎請,共同供奉,絕對安全」,佛指舍利圓滿送歸儀式於西安咸陽機場舉行,由大師與刀述仁代表完成簽字。2002.03.31

2016 年大師與佛光山歷屆宗委合影

第七章

亦師亦友　我所見的慈容法師

容法師是一位女中豪傑，他莊嚴的行儀一直是僧團的表率，不論是走路還是講話，總是讓人感受到莊嚴的僧相，尤其，在他心中永遠是大眾第一，自己第二，即使病痛在身也不輕易退票，一定盡力而為。

因此師父常說，只要容法師在，他就能安心上台，這就是容法師的品牌。

永遠的楷模——勇者慈容法師

國際佛光會世界總會副秘書長（東北亞地區）
佛光山慈善院院長　依來法師

　　容法師和我，從小生長在一個兄弟姊妹眾多的家庭裡，排行第五的他，正好擁有一兄二弟三姐四妹，他正夾在眾多姊妹中間的那一位。也許就是在這樣的環境成長下，從小就必須幫忙照顧弟妹，訓練出比一般同齡孩子少有的堅強個性。

　　曾聽家母說，容法師小時候，因逢中日戰爭，經常要躲避空襲；每回逃難時，他都要負責背著胖嘟嘟的妹妹跟著人群跑。一整天下來，當解開揹巾時，不但背上濕答答的，而且衣服幾乎要磨破。但是他從來不叫苦、不喊累，也不會鬧脾氣，就是背著妹妹跟著走，可以說從小的環境就訓練他接受忍耐的性格，不管任何艱難困苦，都能直下承擔責任。

　　大時代的苦難，不但有助於人的精神意志之淬鍊，更能激發內在的潛能。記憶中，我們小時候穿的衣服，都是出自容法師的巧手縫製。尤其，最讓家母稱讚的是，後來台灣光復，容法師進入正式的小學上課，每天全校朝會，五年級的他，都是站在司令台上指揮全校唱國歌，領導大家做體操的人。小小年紀就台風穩健，有領導者的特質，因此常受到師長們的讚賞！

　　後來到了十八歲，容法師在家母鼓勵下到雷音寺學佛。早期的佛教，到寺廟拜佛的，都是上了年紀的老菩薩，沒有年輕人。1953年大師到了雷音寺後，除了領導信徒念佛共修之外，還組織了藝文

班,歌詠隊等等,這才吸引了不少青年進入寺廟。容法師就是其中一位,而且很快就投入其中,跟著一群年輕人,每天歡喜開心的以寺院為依歸,假日跟隨著大師所帶領的一群年輕人,一起下鄉唱歌布教,大家各自發揮所能,有的唱歌、有的講故事,生活精彩又快樂。

當時我還小,不能參加青年的活動,但最開心的就是,每週六跟著到雷音寺參加兒童班,有念佛、唱歌、講故事,還有糖果、餅乾可以吃;感覺去念佛怎麼這麼好,又能學習東西,又有得吃,就這樣一路跟定了容法師,每週一起到雷音寺。

容法師參加寺廟活動,非常的投入,早出晚歸,忙得不亦樂乎。慢慢的,他感受到人生未來的道路,還是出家比較究竟,便一心想要出家。但是,當時要出家並不是那麼容易,尤其父親跟哥哥都非常反對,母親及家人都不支持。因為,大家對出家的意義不了解,以為出家就只是敲敲木魚、誦誦經、整天念佛吃素,甚至是

慈容法師與依來法師參與「T-EARTH 森眾計畫」植樹活動。2021.04.22

人生失敗的人才去做的選擇。但最後仍在容法師堅定的意志下，獲得家人的祝福而順利出家！

出家後的容法師，經過師父上人的栽培造就，猶如脫胎換骨一般，完全改變了一個人，不但個性變得柔和，臉上也經常掛著笑容，整個身心都柔軟起來。尤其，他把自己毫無保留的奉獻給佛教，一心一意的為常住奉獻，為大眾服務；以常住大眾為己命，沒有私情，只有道情法愛；尤其聽到師兄弟有困難，他沒有你我之別，一定關懷協助化解困難。永遠把常住擺第一，忍辱、無私、奉獻給常住大眾。

出家無異是生命的一次重生，容法師從十八歲進入雷音寺，一生就是以寺院為家，以工作服務為修行，不懂什麼是休息。尤其，他對師父上人的教誨，唯命是從，對活動的執行到現場的布置、燈光，一絲不苟的態度更甚於專業的舞台總監。從宜蘭到佛光山的大小活動，他從來沒有缺席過。

談到他的威儀與精神力，也是少人能匹敵的。佛光山的大活動，師父都是交代容法師指導，每場活動下來，前前後後一定超過五小時；但是他始終挺立著威儀，不厭其煩也不表露倦怠，陪著大家指揮排練。直到現在，已經年近九十，依然在佛光會的「禪淨共修法會」現場指導彩排，這種精神一直鼓舞著每一位師兄弟。大師常稱許說：「只要是容法師辦的活動，我就可以安心上台主持、主法，不必掛念會出什麼紕漏。」

大師改造了容法師，他不負師父的教誨，無私奉獻，永遠是大眾第一，對師父的指示更是依教奉行，他的名字叫勇者。

大師說：「容法師是一位有自信又勇於承擔任何事的人。」佛

光山最早的社會福利事業都是由他扎根奠定的,從雲水醫院的義診到佛光山慈悲基金會,從人的出生到老死都照顧到了。之後國際佛光會成立,又以佛光會世界總會的名義,關懷弱勢、照顧貧窮,號召佛光人對世界發揮救苦救難的精神。

最感動的是,每年佛光山三好嘉年華花車遊行,每天兩場,容法師必定早早站在傳燈樓門口,手上拿著一疊的紅包,等待遊行隊伍到來,很認真地一一放進鉢內,給予院童結緣鼓勵與支持!他的關心總是讓育幼院師生能更加有動力,振奮抖擻地走下去。

容法師依止大師出家,跟隨師父上人繞著地球弘法一輩子,他也不負師父的教誨,為教忘我,永遠以常住大眾為第一。就如佛光會榮譽總會長吳伯雄所說:「慈容法師始終能讓星雲大師出席時放心。」我在想,這不僅是他與生俱來的天賦,更重要的關鍵,應該是來自他對大師的那份孝心。

永不退票的容法師

佛光山功德主會會長
佛光山北海道場住持　永平法師

容法師曾經是我的主管,在我任職北海道場時,就是他擔任住持。他做事細膩、切實,而且精益求精。例如每年農曆七月普門寺的焰口法會,對於壇場的布置、法務,都會請容法師蒞臨指導。一個月下來,幾乎沒有重覆同樣的布置,可見他的創意無限,發想不斷。尤其每天的法會結束後,已將近晚上八點左右,但每天的例行

佛光山功德主會會長永平法師（右）出席人間佛教閱讀研討會

活動還是照常進行，絕不會因為法務忙碌而有所鬆懈。

容法師指導後學，總是能夠讓人堪受，不會讓人難堪，他總在會議中，把一些不如法的事提出來檢討，讓大眾了解，並有所遵守。若是同事之間有意見衝突的時候，他會讓彼此在會議中協調，公開讓大眾學習。

再者，他讓每個出家眾都有值日的機會，學習如何應對信徒。如果你對信徒接洽登記各項功德，有任何不懂的地方，只要問容法師，他必然會親自回答或請其他師兄解答，讓初學者的疑惑、困難，都能迎刃而解。

師父有一句名言：「用人不疑，疑人不用！」容法師就有這個優點。而且他還做到師父說的：「帶人要帶心！」當初我被派任北海道場任職時，每個月用口頭或寫信函報告，容法師都會回答：「您辛苦了！」讓我們在單位任職，精神層面沒有負擔，還會更發

心投入在工作上。

　　師父一生「永不退票」,容法師也是如此!如果法會或佛學講座請容法師主講,再忙他都會答應;一旦時間敲定,就不會退票。即使身體四大不調,只要點滴拔掉,他依舊行儀如常,不會讓信眾發覺。容法師有著堅毅不拔的精神,這點讓後學們都自嘆不如。

　　對於容法師的行儀,心裡想說的,不是文筆所能描述,但有一點影響至今沒有改變:「一天再累總會有休息的時刻,做任何事都要全力以赴去完成,勿以為只要有參與就能交卷了事,如來家業必須佛弟子勇敢承擔。向前有路,只要熱忱、耐煩、真心、廣結善緣,不枉此身為佛光山的一員!」

容師父的處世哲學

國際佛光會世界總會副秘書長(美東地區)
渥太華佛光山住持　永固法師

　　我與容師父的因緣是從普門寺、北海女子佛學院時期就建立,之後雖長年在海外任職,但只要相關國際佛光會的訊息,都會跟他匯報。可以說與他有著說深不深,說淺又不淺的緣分。

　　容師父的外觀給人的感覺就是女中豪傑,在威儀上,他的莊嚴行儀是僧團的表率;不論走路還是講話,總是讓人感受到一位莊嚴的僧相,所以在上殿時,總是非常攝受信徒。

　　此外,他不但擅長統籌廣大面向的執行,也重視細微處的關照。佛光山許多大型活動的帶領與策劃,如禪淨密法會、國父紀念

館講座、回歸佛陀時代、國際佛光會世界大會等等，他的統御力與攝受力，在佛光山僧眾中很難出其右。

容師父是非常節儉的人，從他的生活細節中，處處都可以看到他惜福的性格。容師父應該是有慢性鼻炎，所以常常必須用紙巾擤一下鼻子。我們一般人用抽取式面紙，都是直接抽一張就用了，但容師父不是，他會把面紙再分成兩張，這樣就可以分好幾次使用。

又有一次在台北國父紀念館講座現場，容師父從現場巡視、指導後回到休息室，他看了一下剛剛的桌面就問：「咦？我吃了一半的便當呢？」由於義工師姐的動作很快，早就把休息室整理好了，而且收拾得乾乾淨淨。我就說：「容師父對不起，我們的義工可能不曉得是哪一位沒有吃完，所以應該是處理掉了。」容師父說：「這樣啊？」然後他就去找垃圾桶，打開蓋子翻一翻，「啊！就是這個！找到了。」然後他拉開椅子坐下來，慢慢地一口一口地就把剩下的飯菜吃完了。這件事讓我很慚愧，也親身領教到長老惜福愛物的身教。

我剛畢業時，第一站就是在普門寺實習當香燈師，當時容師父是住持。有一次開完會，大家走出會議室後，容師父並沒有馬上離開，好像在尋找什麼東西，我就過去詢問：「容師父，您在找什麼嗎？」

容師父說：「前面的人有時會把筆記紙、衛生紙留在抽屜就忘了，所以我們每次都要巡視看看是否有收乾淨。」他就隨手把每個抽屜的垃圾都清理了。我趕緊說：「不好意思，容師父，這個我來就好了。」我就接手去巡每一個桌子下面的抽屜。

結果，他也沒有出去，他就去拉窗簾，因為會議室有一扇落地

慈容法師與國際佛光會各洲副秘書長出席世界會員代表大會,右二永固法師。

　　窗,裝設了一個對開的大窗簾,容師父就說:「窗簾的每一個摺都要平均,弧度也要這樣⋯⋯」他就慢慢拉,讓窗簾垂下來有一個很漂亮的弧度。接著容師父開始排椅子,他教我:「用自己的拳頭當作距離,直的是兩吋,橫的是四吋,你想要多大的距離,就用拳頭當作尺,這樣全場看起來就會很整齊。」我就這樣跟去排,排好之後一看,哇!果然不一樣!容師父就總結一句:「記得,隨時保持『歡迎參觀』。」

　　從這些事情,讓我看見容師父的「大」和「小」——他可以做大事,可以在最關鍵的時刻展現他的統御能力,就如同台北國父紀念館的工作人員說:「當慈容法師出現在現場指揮的時候,就像一個總監在掌控全場,他的場控能力太強了!幾乎無人能及。」但容師父也很關心小事,他的節儉、惜福,還有重視工作及生活上的細節處,包括如何奉茶、如何放杯子時不出聲;那種對人、對事的細膩周到,都讓人非常感動。

比如，我曾經因為很多信徒喜歡找我而覺得很困擾，因此不太喜歡值班服務台。容師父知道後，就為我開導。他說：「我過去總是給人木訥剛毅的感覺，很多師兄弟都怕我；尤其我不太習慣笑，總是一臉嚴肅的表情，讓人家不敢親近，甚至想閃躲。但是你有一種讓人家想要主動親近的特質，你只要坐在服務台，信徒就會主動上前來請問佛法，這是很好的度眾能量，應當珍惜善用。」我聽容師父這樣講之後，心裡感到很慚愧，從此就抱持一種慚愧心去克服心中的煩惱。

另外，我在佛學院教書時，曾遇到一個學生跟我說：「您在佛學院，我才要來讀書，您不在我就不讀！」我就請教容師父：「這樣的學生還要收嗎？」容師父說：「收！他會執著，就是因為他還沒有佛法，所以你要讓他進來學習佛法；等他了解佛法，就會去追求法，不會再執著人。但是，你要給他得度的因緣。」

類似這些，我覺得一路走來，在學習做人做事方面，能讓長老這樣近身指導，是早年出家弟子珍貴的福報。容師父不吝法，更不會認為「你學會了就比我強」，他總是教導我們：「學會了就要幫常住把這一塊照顧好。」

因此，我也常把容師父的這種精神記在心裡，要傳承長老的智慧與處事原則，教給下一代的師兄弟。如此，自然可以將那些美好的話語、身教，代代傳承給僧團中的每一位兄弟，形成一種很好的修學風氣。這是我在長老身上看見的一點心得體會。

人間佛教的長者

佛光山菲律賓總住持　永光法師

> 望著長老慈容法師的背影
> 一生追隨師父為佛法弘揚
> 雖已高齡但對佛教的使命
> 仍然是屹立不搖勇往向前⋯
> 感動！佩服！敬仰！

有人問：「佛光山僧眾一千三百多位，星雲大師怎麼照顧徒弟的？」殊不知星雲大師有他智慧獨到的管理模式。

其一，跟隨大師身邊的長老們就是他的化身，紛紛擔負起重任，為任職主管的師兄弟們授予經驗，為新出家的師弟們給予關懷勉勵⋯⋯。其中因為職務因緣，教導我最多的長老就是容師父。

跟隨容師父的學習是在1980年，當時我還是在家眾，蒙他接引，從普門寺青年到任職普門小姐，進而在1984年前往佛光山就讀佛學院與出家。

印象最深刻的是，記得要出發前往佛光山時，容法師認真地說：「到了佛光山叢林學院要認真學習，那裡有你的老師，有事找他們，別再聯絡普門寺的法師，遠水救不了近火，不要讓我們擔心。暑假不用計畫申請回來幫忙，入佛光山四處是寶，多結緣多學習⋯⋯」對容師父的叮囑，當時我真是矇了，但也是這段話，讓我快速融入佛光山大家庭，為一顆不安的心找到安頓之處。

畢業後，我被常住派到本山信眾監院室服務。記得我剛接任信眾監院時，就碰到萬人大活動「回歸佛陀時代」，可以說非常幸運有福報。當時，北中南各一場，預計五萬人參會。由於首次舉辦，無從參考，好在，當時有任職都監院院長的容師父，他總是認真交辦師父的指示給我們。雖然，這過程常被修改並退件無數次，但他仍鍥而不捨地完成艱鉅的職責；結果這個大型弘法活動感動了無數人，迄今仍是佛光山弘法史上，非常成功的一頁。

當時師父說：「容法師是佛光山辦活動第一，有他在我就放心。」的確！這也是我們師兄弟的心聲。之後，師父的大型講座，如台北國父紀念館、紅磡香港體育館、馬來西亞莎亞南體育場八萬人弘法大會、禪淨共修法會、總統府前慶祝國定佛誕節暨母親節等等，皆是長老容師父帶領著覺培法師等後輩，親力親為完成。

另外，佛光山在菲律賓的弘法因緣，也是容師父促成的。記得當時菲律賓功德主呂林珠珠家族，因母親信仰佛教，孝順的子女為其在宿霧建了慈恩寺。後經友人謝素瑛介紹，到佛光山台北普門寺找時任住持的容師父，訴說希望派法師前往住持弘法的請求。隨後，師父就派我前往駐守，開始了我這一生與菲律賓的不解之緣。

一直以來，容師父都是我們的精神導師，遇到天災、暴動時，一定親自打電話關心我們。例如：他會想到悉達多音樂劇歌者、光明大學的好苗子、三好籃球隊等等，總是在我們遇到困難時，給予力挺支持及滿滿的關愛。

2022年國際佛光青年會議上，開幕時，聽到容師父致詞時虛弱沙啞的聲音，他說：「我這幾天生病了，但我心裡關心著年輕人，所以我來見大家了⋯⋯」在線上的我已不禁淚水盈眶。記起有

慈容法師出席菲律賓萬年寺舉行的「人間佛教在菲律賓」頒獎典禮，右二永光法師。2023.06.13

　　一位青年的母親往生，到萬壽園奉安，容師父知道後也要前往；這時我的腦海浮現許多疑問，老人家任何事情都要親力親為？容師父說：「青年是這麼發心，現在遇到母親往生，去拈個香結緣吧！」八十七歲的長老，就是這樣的風範。

　　非常感恩我選擇了佛光山，有良師、長者、師兄弟、佛光人……我從長老容師父身上學到：

　　師父指令使命必達、 挺直腰桿毅力不搖；

　　弘法布教捨我其誰、 發心奉獻服務佛教。

　　感謝師父培育了這些一生奉獻佛教的長老們，帶領著後輩的我們不遺餘力，願學長老們的精神，讓佛光僧眾一棒接一棒，棒棒相傳，永續佛法慧命。

大師於香港佛光道場「師徒接心」，慈容法師陪同指導，左一永富法師。2014.03.25

永不關機的慈悲精神

佛光山港澳深教區總住持　永富法師

　　容法師常說：「如果『變』能夠更好的話，為什麼不變？改變可以出現新模式，新的模式出現，就是一種超越，就是一種創新與進步。」

　　記得2000年，為慶祝首屆國定佛誕節，國際佛光會號召佛教界舉辦連續三天的慶祝活動，其中一項就是百輛佛誕花車繞境大遊行。師父指示，我們不能老是在寺院慶祝，要走上街頭，大大慶祝並讓全民參與。當時師父與容師父就提出可以學習美國嘉年華會的大型花車遊行，這樣隊伍會非常壯觀又氣派，加上票選花車活動，就會達到眾人圍觀的效果。

結果，那年除了佛光山別分院的花車外，法鼓山、慈濟、慧日講堂、大雄精舍等寺院道場，加上企業界的中華航空、中國石油、日月光集團等公司都有自己的花車參賽。晚上，花車就停放在板橋車站和台北中正紀念堂前供民眾觀賞和票選，這次百輛花車大遊行，確實轟動一時。

　　另外，佛光山梵唄讚頌團，容法師一直都是擔任藝術總監，舉凡表演的曲目、舞台、服裝、走位、燈光……等等，容法師都會在細節部分要求完善，即使現場已經布置好了，容法師還是會一再修改，直到呈現最好的狀態。所以我常自嘲：「計畫趕不上變化，變化趕不上容法師的一通電話。」

　　現代青年執行舞台布置時，通常都要畫好幾個設計稿來，但是，容法師的設計是一種經驗，所以不論舞台布置還是隊形走位，永遠都在他的思想裡；然後再依照實際情況，現場做舞台的調整與隊形的變換。總之，容法師在舞台設計及走位上的專業水平，是別人學不來的，那是一種與生俱來的創意天賦。

　　容法師的威儀很好，雖然外表看起來很嚴肅，但他的心裡其實很願意給人歡喜，對於信眾的要求絕對滿人所願，不會說沒空，也能夠很自然地跟信徒聊天，看到人總是會親切詢問：「你好，吃飯沒？」待人很熱心，會想幫忙師兄弟，這一點是一般少親近他的人不容易看到的性格。

　　值得後輩學習的是，容法師很勤奮，他跟著師父幾十年已經養成很少休息的習慣；不論多忙，只要有人請他開示，他都很樂意前往。只要他的手機響了，不管任何時間都會接起來，詢問對方有什麼事，是個有求必應的人。尤其，對於需要幫助的人，他總樂於伸

出援手，也會傾聽別人的需要，不會先拒絕別人；如果別人遇到事情，他也會主動關心，例如香港疫情嚴重時，他就主動打電話來關心我們是否平安。

他從宜蘭時期就一路跟隨著師父到今天，為佛光山奉獻了一輩子，培養了他們師徒之間深厚的道情法愛；師父沒講的事情，他也能夠聽得懂。只要師父會出席的場合，容法師都會特別去關照師父的位置，總是能讓師父很安心。

長老與師父之間，已經有他們相處的模式，我覺得那是師徒間心心相印的默契，是走過五、六十年歲月的累積，不是任何人可以替代的。長老為佛光山奉獻了一輩子，最後藉由口述歷史呈現出來，我覺得是一個非常美好的回憶。

邁向國際弘法的比丘尼

國際佛光會世界總會副秘書長（歐洲／南美洲）
佛光山海外巡監院院長　滿謙法師

容師父是我在佛光山三十餘年來，看到最有執行力又勇敢踏出國際弘法的比丘尼，雖然已經是近九十高齡的長老，每天永遠服裝儀容莊嚴整齊，講話精神抖擻。

每次在國際佛光會世界大會、禪淨共修萬人獻燈法會、梵唄音樂會等國際活動中，雖然不斷地更換不同國家與音樂廳演出，容師父仍無時差地指揮若定，絕對出席指導關心，這樣的定力和意志力，是我們後學學習的楷模。

慈容法師與滿謙法師出席人間佛教閱讀研討會。2018.07.14

　　不僅魄力和勇敢，從容師父的身上，也讓我看到愛護後學的慈悲心。猶記得1988年前往美國西來寺受戒，我身為三壇大戒戒子，師父上人為了讓我們有參與建寺的機會，安排當天全寺集合出普坡，工作選項例如：大寮煮飯、種植草地、清潔打掃⋯⋯。我自願發心去打掃廁所，容師父當場問我：「你不是感冒嗎？冬天寒冷，你不要去打掃淨房。」馬上幫我換了房務摺棉被的工作。

　　當場我心裡感覺好溫馨，感動長老的細心體貼入微；這麼多戒子，竟然知道我感冒，不能去碰冷水。雖然是三十餘年前的事情，依然在我心頭記憶深刻。容師父對人的關懷如同一道光明照亮、溫暖了後輩，讓我在往後弘法的歲月裡，也學習要關心他人，成為別人的一道希望之光。

慈容法師於日本功德主會與大眾接心座談，左為滿潤法師。2023.08.12-13

開創現代女性的典範

佛光山日本教區總住持　滿潤法師

　　第一次見到容師父，是在剛進佛學院，參加「回歸佛陀時代」的彩排現場。第一個印象是「了不起」，幾千個義工的現場，由一位個子不高、瘦瘦的比丘尼做總指揮；在那樣重男輕女的年代，真是不可思議的現象。問了學長，才知道原來是長老慈容法師，內心不禁油然地生起敬重之心，深刻感受到女性在佛光山是有未來的。

　　第二次見到容師父，則是在台北國父紀念館，首次與台北市立國樂團合作梵唄音樂會的演出。梵唄因為不是用五線譜寫的，與樂團看譜的習慣不同，但在容師父不斷溝通調和後，終於和合奏出美麗的樂章，為佛教的梵唄在國家級音樂廳的演出寫下新的里程碑。

第三次見面，是大師在紅磡香港體育館講座，常住讓我們這一班佛學院剛畢業的學生去參加坐台。一群聽不太懂粵語的學生，在香港最大的演唱會現場，看著指揮若定的容師父與導播、導演等各種專業人員，做各種環節的確認與協調，又一次讓我見識到比丘尼的威儀，莊重泰然處事溝通的能力，內心對長老的尊敬再次從心底升起。

　　我到日本後，因為時常參加國際佛光會的各種世界大會，一次又一次地體會到師父把佛光普照世界五大洲，是何其不容易；而這當中要有體力也要有耐力，更少不了容師父的勞心勞力。但不論如何辛苦，他一貫地貫徹「以師志為己志」的精神力，不曾懈怠過。

　　他說：「我年輕的時候不會笑，為著弘法，我努力克服自己，也學會了微笑。你們年輕人也應該打破自己的格局，在弘法的大道中，為佛教發光發熱。」如同容師父帶領著大家，一次又一次的突破保守的窠臼與僵化的思想，將佛法弘揚五大洲。如今師父雖已遠離，但我們會秉承師父的教誨，追隨長老的精神與眾師兄弟一起奮發向上，為人間佛教而努力。

佛光弟子的精神導師

國際佛光會世界總會副秘書長（東南亞／南亞）
佛光山新馬泰印總住持　覺誠法師

　　容師父，在後學心目中，除了師父以外，凡有關最重要的事，都會請示於長老的其中一位。容師父很愛護後學，如果後學有什麼

2017年覺誠法師（左）向慈容法師講解禪淨共修祈福法會的場地規劃。

不懂之處向他請教，容師父都會立刻給我們指導。對於後學有什麼困難，不知如何決定，只要向容師父請示報告，也必會得到他給予的意見與鼓勵。

比如我向容師父報告了印度尼西亞佛教教育的未來希望，容師父立刻指導我一個方向：「要低調、要觀察、要了解、要結緣。」他並表示，如果有什麼需要，可以向他開口，他會給予支持打氣。

容師父雖是女眾，但是深具大丈夫相，師父怎麼說，他就怎麼做；直到現在年近九十，還是像年輕時一樣地奮鬥、努力；在整個佛光山跟佛光會的發展上，他深具功勞。還有，他帶動我們在佛光會怎樣去發展創造，就像是領頭羊一樣，讓我們知道方向。很感謝容師父這三十年來在佛光會的督導，總是給我們很多開創的機會，從不會去束縛我們發展。

佛光山是一個幸福的僧團，我們的成員有老中青三代，大家都

可以向上請示,向下分享,彼此沒有計較比較,只有鼓勵提拔。所以我們都能安心辦道,因為有師父、長老、同門道友可以請示,互相求教。

如果有做不對的,或者偏離中心思想的地方,長老們也會隨時隨地提醒我們慎重考慮。比如,2022年我去阿富汗、巴基斯坦等國家,他們在國際上都是標籤著紅色警戒的國家,容師父一開始就很掛念安全問題,勸我不要前往,以免有生命的危險。但是,後來我還是執意要去,他就耳提面命地告訴我一定要注意安全,要注意宗教往來的禮儀、佛光山的僧團行事,尤其要保持我們佛教不卑不亢的態度,為佛教與伊斯蘭教創造和平的契機。

這趟出訪回來之後,我寫了一份報告給長老,聽旁邊的人告訴我,容師父看完報告及照片後非常感動。他是一位不輕易表達內心情感的人,也不會片面的噓寒問暖,看起來雖然較為嚴肅,但是內心有一份柔軟似水的關愛。

佛光山是六和僧團、七眾慈航,我們是真正幸福的僧團。有不同的長老,給予鞭策,給予嚴格的教導,友愛的提攜,慈悲的鼓勵,讓我們能夠受到寵愛,但不至於驕縱。

未來,我們將傳承長老們給予的愛護,與師兄弟手牽著手共同走向佛光山的未來。佛光僧團,雖來自全世界不同國籍、不同性格、不同能力;但是,我們宗風理念相同,大家同心、同力、同願,同體共生,風雨同舟,一定能佛光法水永流長。

佛教界的女中豪傑

國際佛光會世界總會暨中華總會秘書長　覺培法師

「只要容法師在，我就放心！」這是師父上人幾次在萬人活動時所講的話。

沒有錯！佛光山或者佛光會任何一場大型活動，往往出自師父的發想，慈容法師的實現，這「實現」兩個字的背後，絕非容易！從設計、布置、工作統籌、典禮彩排到現場總指揮，容師父都是落實師父各種創意活動幕後的靈魂人物。

其中，包括大師在世界國家殿堂的大型「佛學講座」，萬人體育館的「禪淨共修點燈祈福法會」、「佛指舍利來台盛典」、「佛光山梵唄讚頌團」海外巡迴演出，乃至十萬人在總統府前所舉辦的慶祝國定佛誕節暨母親節浴佛活動，以及佛陀紀念館「愛與和平音樂祈福大會」、「禮讚佛陀萬人音樂會」等等，容師父總是能在不同的場合，不同的主題，將師父所期待的成果展現出來，也能夠讓師父在各種類型的會場上，得以安心弘法、自在揮灑。

這位為佛光山留下每一場重要典禮的靈魂人物，仰賴的，不只是容師父個人天生對空間與舞台的創意，還有他在世界各國殿堂舉辦的重要儀式典禮中，所面對的層出不窮的考驗。若沒有相當的定力與忍耐力，實在難以完成。最心疼的是容師父多年的糖尿病，再忙碌也不會讓身邊的人感到不便，他總是不給別人麻煩，而自己忍著身體的辛苦，一旦走上台，永遠精神奕奕的給大眾歡喜。

還記得多年前在台北林口體育館彩排禪淨共修祈福法會時，容

慈容法師與覺培法師（左）在佛光之夜向表演者揮手致意。2015.10.19

　　師父從舞台上踩空跌下，但專注彩排的他並不打算暫停，而是挺直腰桿繼續走完所有的流程。直到中午吃飯時間，在大家不斷關心的催促下，他才前往醫院照X光，沒想到檢查結果竟是骨裂。我們很難想像他老人家為了圓滿彩排，可以強忍疼痛撐持到最後，其堅忍的性格，不得不讓後輩的我們佩服與慚愧。

　　還記得剛開始跟著容師父學習辦理佛光會的大小活動時，不只要確定人數是否滿座，人多人少都在隨時變化；還有舞台的大小、燈光的明暗、音響的強弱、出場者的威儀、與會者進場與散場的動線、交通停車的規劃、貴賓的接待、席次的安排等等。一場活動的細節，真是多如牛毛無法細數，讓我經常感受到喘不過氣來。

　　那時心中不免疑惑：我出家難道是要忙這些嗎？會做這些跟解脫修行有關嗎？於是忍不住問容師父：「人家某某宗教的神職人員

都很清閒,不需忙這些,我們跟他們開會,工作都是給在家眾去負責⋯⋯,我們可不可以也這樣呢?」

容師父輕輕地回答了一段至今讓我印象深刻的話:「如果我們不去學,不去做,如何帶動佛教?更何況法師都不做,未來佛教怎麼靠我們去領導在家眾?」

現在回想起來,容師父一生就是跟著大師做中學、學中做而有今天。他的「親力親為」成就了豐富的經驗與智慧,得以用敏銳的覺察力應變各種事變,永遠能夠掌握全場莊嚴的氛圍,讓人們總能收攝身心,體會到一場佛教的莊嚴與殊勝。這樣對眾生無私的「身心供養」布施,難道不是「修行」嗎?

透過每一場的弘法活動,體貼照顧到眾生的需要,讓大家生起學佛向道的信心,這正是我們出家僧眾應有的「無我」展現。與會大眾法喜充滿,生起無量禪悅時,難道不是「解脫」的示現嗎?也正是這些,讓我有幸在師父上人與容師父的身上,見證最真實的人間佛教,在利他的實踐中,了解什麼是「六度波羅蜜」的體現。

容師父對於常住的熱心可說是大家所公認,無論哪個單位來找,即使再忙再累,總有耐心一一指導、親自出席,這讓旁邊的我們有些擔心。一來沒時間休息,二來「所求滿願」的性格,常常苦了自己。但是只要是常住的事,容師父就覺得自己要有一份責任去關照。

也因此,除了佛光會舉辦的各類活動找他,海內外寺院建築的問題也找他,佛陀紀念館的典禮活動找他,常住大型的法會程序指導找他,甚至各道場所舉行的三皈五戒典禮也找他。尤其,在師父生病後,只要各單位無法解決的問題,大家都自然想到容師父;因

為他向來有著「來者不拒」的性格，因此所帶來的工作量，讓自己累到連身旁的我們看了都感到心疼。

一生跟隨師父超過七十年的容法師，深諳佛光山的法制規章，記得2005年，第七任佛光山宗長心培和尚陞座典禮時，在大雄寶殿廣場的典禮上，宗委們必須向年輕的宗長頂禮；而身為宗委之一的容師父，在大眾面前頂禮的那一刻，不僅感動了許多資深信徒，更感動了我們全體宗委。

典禮結束時，信徒紛紛跑來向容師父表達不捨，想不到容師父卻不假思索地回答：「這就是制度啊！」一句「制度」，毫無猶豫，且那麼自然地在容師父的心中，「常住第一，自己第二。」正是如此，沒有二話！

在十方諸佛菩薩的禮敬中，師父就像再來人間的活佛，容師父就像「四大菩薩」裡的「大行普賢菩薩」，他的精進、堅忍、承擔、勇敢，堪稱當代佛教界的女中豪傑，更是為人間展現佛國淨土的有力大人！

有容乃大的長老

佛光山大陸教區都監　妙士法師

有一天，師父非常慎重的告訴我，做一個法師，要像容法師一樣。我追問著師父：「要像怎樣？」師父繼續說著，你做一個出家人，要學習慈容法師的心量，要廣大、要包容。於是，我一直記住這句話「有容乃大」的長老。

妙士法師（右）獲慈容法師頒發僧眾作品聯展「特殊建築獎」，當場宣布把獎金捐給宜興祖庭大覺寺，贏得熱烈掌聲。
2017.09.18

　　1996年，剛從佛學院畢業，第一個單位就是「國際佛光會中華總會」，那時懵懵懂懂，從學院直接進入一個社團單位，每天要面對形形色色的信眾，心中確實頗感壓力。有一天，師父突然告訴我們，你們的上級主管要從美國回來了！我心想：「我們不就已經跟著師父與主管做事了嗎？」上級主管又是誰呢？原來，是長老慈容法師從美國回來辦公了。

　　初次見到容師父，如同師父為他取的名字一樣，心想：「哇！容師父好莊嚴又威嚴啊！」之前在佛學院，從沒有接觸過長老的我，心中油然生起了恭敬之心。

　　因緣很奇妙，在佛光會中華總會的三年當中，師父指示我做容師父的侍者；接到這任務時，我的心情就像雲霄飛車，既歡喜又害怕，歡喜的是可以接近長老，害怕的是青澀的自己，怎麼

會照顧人呢？

就這樣，做了一陣子侍者後，發現容師父根本不需要人照顧，為什麼呢？他自己的衣服自己洗、自己縫，吃飯很隨緣，幾乎不用我做什麼事，因為他二六時中都在辦公室、開會、講課，沒有自己時間，那幾年，我看到的是一位「精進菩薩行」的人間行者。

從畢業以來，輾轉幾個單位，很奇妙，從沒離開過容師父的直屬管轄，我想這就是緣分吧。調任到大陸，容師父做為導師，大從建築，小至人事等事，他都秉持著「師父怎麼說我們就怎麼做」。每遇問題請示，從不推諉，認真的教導我們後輩，似乎忘了自己是已近九十歲的人了。

最記得有一次，我們隨著師父到名山古剎去參訪，我順手攙扶著容師父；他竟然同我說，你去扶另一個人，那個人更需要，而他口中的那個人就是惠師父。我聽完很感動，師兄弟之間的同胞手足，患難當中見真情——有容乃大。

長篇大論寫不完，短篇文章亦寫不全，要用幾個字形容一位長老，實為不足，他們跟著師父六、七十年，有著走遍千山萬水、容於芥子與大海般海闊的心胸，非一字一句可囊括。以下幾點作為結語，以示敬意：

精進菩薩不推諉，捨我其誰大丈夫。
心納百川身力行，行處之間見佛光。
藝術梵唄傳法音，世界舞台見真章。
為法為道報師恩，五洲法海常性遊。

慈容法師接受佛光山口述歷史團隊採訪，左二為妙凡法師。2020.11.03

有求必應的容法師

佛光山人間佛教研究院院長　妙凡法師

　　2006年，我到佛光會青年總團領職，主管是容法師。由於是第一次和長老共事，每次向他報告、請示事情，我都滿緊張的；尤其他不笑時，還滿嚴肅的，讓我實在心生膽怯怕怕。

　　大約相處三、四個月後，我就發現容法師是一位很率真的長老，有什麼就說什麼。剛開始，我以為他是在生氣，後來才發現他只是直接的表達他對事情的看法，事情過了，他就馬上放下。後來相處久了，我覺得他的「率真」恰好是一種赤子之心的展現。而且，容法師對人不會有成見，事情過了就過了；由於他「不念舊惡」、「為人服務」的性格，在佛光山的僧團一直是一位人緣很好的長老。

　　平常，我的電話都是關靜音，就是有電話進來，我也會看看對

方號碼顯示的姓名,認識的我才會接這個電話。但是,容法師的電話永遠都是「響鈴」,任何時候他都不會漏接任何一通電話,可以說有求必應。舉凡大小事找他幫忙,他都從來不拒絕,一定盡力滿人所願,好像他的人生字典裡只有「ＯＫ」。

　　容法師對人很平等、很熱誠,兒童、青少年,認識和不認識的,他都會主動打招呼,還會停下來主動關心的問:「有什麼事嗎?」意思是說「需要幫忙嗎?」他的眼神很真誠,他是真心在關心每一個人,而且一點都不怕麻煩。記得有一次在法堂,師父上人還讚歎說:「容法師很發心會客,關照大家。」

　　其實,在更早更早之前,應該是2004年左右,容法師生了一場重病,由於之前已經答應要給信徒上課,所以當天仍然抱病在如來殿的大會堂上課,我為什麼印象那麼深刻?或者,我為什麼特別記得這件事情呢?

　　當時,我坐在如來殿大會堂倒數第二排,我回頭時,竟然看到——師父上人也坐在那裡聽他講課。當時師父上人的眼神定定的,一動都不動,我在師父的眼神裡,看到他對容法師的擔心和關心,他們之間隔了一千多人,但師父和容法師那種一生一世的師徒之間的道情法愛,至今仍然烙印在我的腦海裡。

　　容法師的精進也是我們大家的楷模,我回來山上這十年來,容法師沒有一天放香,上午進辦公室,晚上八點左右離開辦公室;即便生病了,他也是堅持要到辦公室,這是很不容易的。像我們年歲比他們小很多,都會想要休息一下,但是容法師從他十六歲到如今已經八十八歲,可以說天天都是「以眾為我」,已經融入到他的生命裡——大眾在那裡,容法師就在那裡。

為法奉獻的長老風範

佛光山佛陀紀念館館長　如常法師

　　自從佛學院畢業後，除了受到師父上人長期的親自教導之外，讓我學習最多的就是幾位長老的指導與提攜，因此自己有很深刻的感受就是：在佛光山「有長老真好！」其中，讓我受益良多之一，便是跟著師父弘法逾一甲子的慈容法師。不論是在佛陀紀念館，乃至常住各種的弘法工作上，容法師給予我的支持或協助，從未因為彼此的職務有無關聯，而有所減少或改變。

　　記得2013-2016年期間，是海內外「星雲大師一筆字世界巡迴展」最密集的時候，展覽與開幕一站接著一站，長途跋涉與舟車勞頓已經令人感到疲憊不堪。而每到一處，大師綿密的會客、講經說法、主持展覽開幕等，可謂活動如麻；但我總是看見容法師在旁協助弟子們招呼客人，不停地送往迎來，只要大師沒有休息，容法師就不會休息。所有行程，長老一路隨侍在側，師徒之情總讓我感動不已。

　　已經八十幾歲的容法師，至今每天仍舊忙碌於各式各樣的工作，會客、開示、會議、活動指導、關心海內外道場、徒眾的生活、人事的安排、信徒關懷等等，因此在總本山各個角落隨時都可以看見他的身影。偶爾，容法師也會因為工作過於疲累，跟與會的人抱歉，謙稱自己年紀大了，記憶不好，體力也大不如前。每每見此，總讓我感到不捨。但即便如此，他依舊每天勉強自己盡量做，精進不懈自強不息。從他身上，我們看見的是師父上人的精神，也

慈容法師（中）出席「珍寶入地宮暨百萬心經入法身」活動，左為如常法師。2024.03.10

看見一位長老的慈悲力。

　　佛館每年舉辦許多大型活動，無論是春節平安燈會、地宮法會、神明聯誼會等等，在籌辦過程中，總有許多不確定因素讓我們感到忐忑；但只要跟容法師報告，經過他指導後，就會讓我們感到很安心。而容法師也像師父的分身般，在師父無法蒞臨的重要場合，他總是義無反顧地代表師父出席，帶給大眾歡喜。

　　回來總本山領職後，我一直跟在師父上人身邊學習，容法師也是師父的常隨眾；因此，十幾年來自己跟容法師可謂朝夕相處。總本山大大小小的事以及各類的活動，經常有機會跟他一起商議討論，也是在這些相處過程中，親證一位長老的威德與風範。因此，與其說容法師跟我有哪些因緣，倒不如說，容法師對我在弘法的過程中有多麼重要！

2002年慈容法師和蕭碧涼師姑（慈容法師左一）與大慈育幼院孩童合影

一生心靈的靠山

佛光山大慈育幼院院長　蕭碧涼師姑

　　人的一生相識相逢無數，能依能靠的則是略數得出，慈容法師便是我此生中無能置外的導師，只要容法師在，就是我動力的泉源、我心靈的靠山。

　　1981年，我來到佛光山後，第一個工作就是慈善幼保工作，也是維持迄今唯一的要務。我所要面對的事、面對的人可說是千變萬化，套用《金剛經》的詞句，「是唯一，非唯一，是名唯一」。尤其，當時很多事不是我一個二十多歲涉世未深的村姑應對得了的，早期，除了師父上人親自給予大方向，其他大多數時間，都來自容

法師從旁的殷殷指導，讓我漸漸脫胎換骨，讓生命有了轉捩點。

容法師具有極高的藝術眼光，大慈育幼院五十多年來，經歷過數千場的演唱、舞蹈表演；每次臨場前，只要經過容法師稍作調整，演出效果就會令人驚豔。另外，每年年末，院內的除舊布新裝飾，或「佛光山春節平安燈法會・三好嘉年華化裝遊行」的花車製作，只要經過容法師微調，便能達到畫龍點睛之效。

育幼院裡孩子多，狀況自然多，儘管瑣事如牛毛，容法師教我的第一件事，便是要常常笑，和大眾結緣。過去，在佛光衛視（後改名「人間衛視」）時期，容法師錄製了「佛教常識～儀制篇」節目，成為我必修的功課，讓我信心增長，學會如何用正確方式，陪伴孩子們長大。

國際佛光會成立後，因容法師的因緣，大慈育幼院加入成為團體會員，讓師生們有機會和世界接軌，也和全球佛光人的連結更為緊密，擴大學習和參與的層面。因此，每年暑期在容法師指導、依來法師引領下，佛光山大慈育幼院師生，都能經常出國到世界各地文化交流、做義工。

猶記得九二一大地震賑災時，因自身缺乏應變能力和救助經驗，曾經有些狀況處理得不如法，引起眾人糾責。容法師得知後，毫不遲疑的出面攬下責任，讓我免於窘境；事後，才細細指導如何因應未來的突發事件，如何瞻前顧後。這種落實大眾第一、分工合作的精神，對我之後在慈善院的工作歷程影響至鉅。

我這一生，是佛陀與師父上人引領我的心靈方向，容法師則是生活中可隨時請益的長者，有了這座山為依靠，生命歷程不慌不亂，法喜充滿！

大師法駕新加坡,李顯龍總理前來致意,並一同觀賞梵唄演唱。

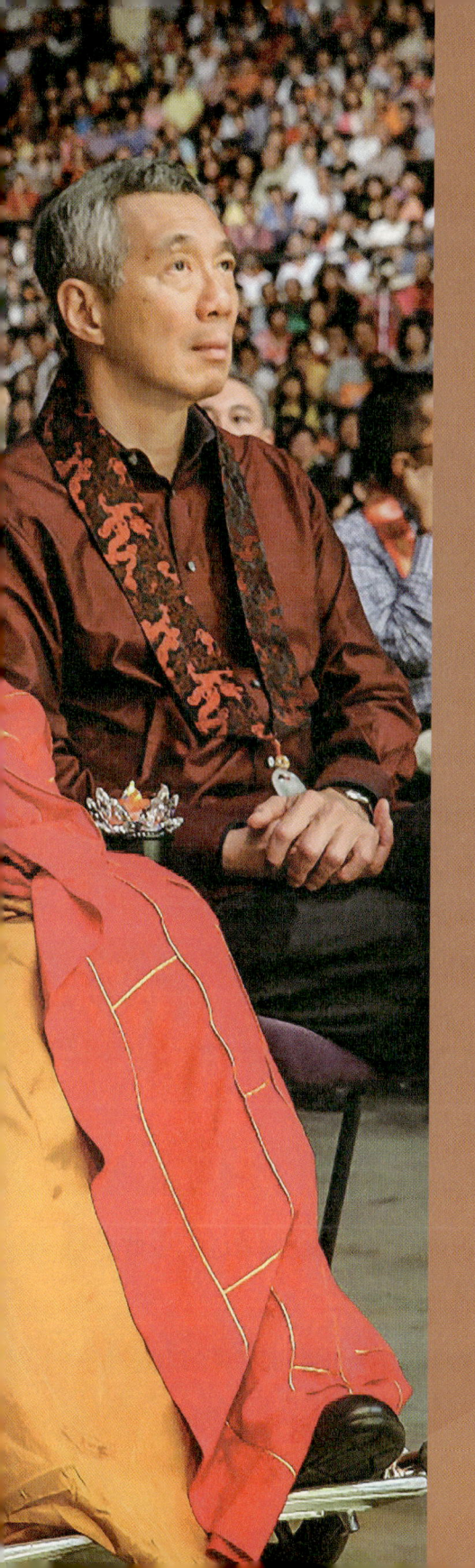

慈容法師生平榮譽事蹟

排序	時間	事蹟內容
1	1983.10.28	榮獲台北地方法院少年法庭聘請為「榮譽觀護人」，並連任三年。
2	1984.12.14	於台北市中山堂獲考試院院長孔德成頒發七十三年度「全國好人好事」代表。
3	1985.12.21	榮獲國民黨中央黨部頒贈「華夏二等勳章」。
4	1986.01.11	榮獲司法院院長黃少谷頒發「榮譽觀護人」獎狀，連續二年獲獎。
5	1986.11.27	出席全國青少年「榮譽觀護人」頒獎典禮，獲頒「澤被少年」銀牌，為佛教界唯一代表。
6	1992.11	國際佛光會中華總會榮獲教育部八十一年度「社會教育有功團體獎」，以秘書長身分代表受獎。此後年年得獎。
7	1994.07.12	代表中華總會領受「全國性續優社會團體獎」。
8	1996.07.22	與美國總統柯林頓會面，柯林頓盛讚西來寺對東西文化交流與淨化人心的貢獻。
9	1996.11.01	個人著作《我看美國人》出版。
10	1998.05.22	榮獲西來大學「榮譽博士」學位。
11	1999.11.23	榮獲外交部頒發「外交之友」勳章表揚。
12	2000	榮獲美國《國際日報》以全版表揚其為華夏精英。
13	2001	榮獲2001年教育部頒發「社會公益獎」。
14	2003.11.13	榮獲內政部頒發「社會教育有功個人獎」。
15	2004.06.25	佛光山慈善院榮獲法務部頒發「九十三年全國反毒有功獎」，時任院長前往總統府接受總統頒獎。
16	2005.01.14	榮獲教育部2004年「教育百人團灌溉台灣計畫」的「融合創新」中的「族群融合類」殊榮。同年8月7日前往總統府受獎。

排序	時間	事蹟內容
17	2008.12.01	個人著作《幽蘭行者：佛教史上的改革創見大師》中文版出版。
18	2014.03.07	榮獲泰國Outstanding Women in Buddhism Awards（OWBA）頒發「國際佛教傑出女性獎」。
19	2017.06	個人著作《幽蘭行者》英文版出版。
20	2019.12	個人著作《自覺人生・莊嚴身行》出版。
21	2021.02.03	個人著作《活出生命的豪情：走過佛光會三十年》出版。

慈容法師獲頒國民黨中央黨部「華夏二等勳章」。1985.12.21

慈容法師榮獲內政部頒發「73年度好人好事代表」。1984.12.14

國際佛光會中華總會榮獲教育部81年度「社會教育有功團體獎」，祕書長慈容法師代表受獎，獲李登輝總統接見。1992.11

1994年度國際佛光會中華總會榮獲「全國績優社會團體獎」，慈容法師代表受獎。1994.07.12

慈容法師隨同大師前往梵蒂岡會見教宗若望保祿二世。1997.02.28

慈容法師榮獲西來大學頒發「佛光事業貢獻卓著」榮譽博士學位，由陳迺臣校長頒予證書。1998.05.22

美國副總統高爾蒞臨西來寺，與住持慈容法師會面。1996.04.29

慈容法師長期從事國際人道救援，榮獲外交部頒贈「外交之友」紀念章。1999.11.23

慈容法師生平榮譽事蹟

慈容法師當選 2004 年教育部「教育百人團灌溉台灣計畫」族群融和類殊榮，總統陳水扁頒獎表揚。2005.08.07

慈容法師榮獲泰國頒發「國際佛教傑出女性獎」。2014.03.07

佛光山慈善院榮獲法務部頒發「九十三年全國反毒有功獎」，院長慈容法師於總統府獲總統陳水扁接見。2004.06.25

國際佛光會中華總會榮獲教育部 105 年度「社會教育有功團體獎」，祕書長慈容法師代表受獎。2016.07.25

大師、慈容法師在澳洲昆士蘭看無尾熊。

慈容法師記事

西元	年齡	事件
1936年	1歲	11月12日，出生宜蘭市，俗名吳素真，家中排行老五。
1943年	7歲	就讀宜蘭力行國小。

青年歌詠隊時期

1954年	18歲	4月4日，加入由星雲大師（以下簡稱大師）創立的宜蘭念佛會佛教青年歌詠隊。 6月13日，與80名宜蘭中學、蘭陽女中、宜蘭農校青年一起參加由大師主持的皈依典禮，皈依法名「慈蓉」，為佛光山教團裡「慈」字輩第一位皈依者。 7月13日，宜蘭軍官預訓班結業，特請宜蘭念佛會歌詠隊前往表演，與張慈蓮等20餘人，著統一服裝前往表演。 10月17日，在大師帶領下，與15名佛教歌詠隊成員前往台北中國廣播公司錄製佛教第一張聖歌唱片。
1955年	19歲	1月2日，在宜蘭念佛會弘法隊隊長林松年帶領下，與李慈莊、張慈惠、張慈蓮等數十人前往台北縣頂雙溪大戲院參與大師弘法，並於其中作佛教布教講說。 1月24日，農曆大年初一，大師帶領宜蘭念佛會蓮友到吳府家庭普照，全家備辦果品，歡喜迎接。 7月13日，宜蘭通信兵學校預備軍官訓練第三期結業典禮，特請宜蘭念佛會佛教歌詠隊前往參加歌唱表演，與張慈蓮、陳慈宗、楊慈生、林慈雲等20餘人，著統一服裝，演唱〈佛教青年進行曲〉等佛曲。 9月17日，參與由中華佛教文化館東初法師發起的「影印大藏經環島宣傳布教活動」。自台北出發，共44天，經過30多個鄉鎮，南亭法師擔任團長，大師擔任領隊，與林覺尊、李覺愍、覺航、張慈蓮、謝慈範、潘慈珍、林慈菘等7位蓮友同為宣傳員。

西元	年齡	事件
1956年	20歲	2月12日，於宜蘭念佛會農曆新年舉行的布教大會講演「我們的家庭」。 4月11日，宜蘭監獄典獄長陸國棟邀請大師蒞監說法，與李覺憨、張慈蓮等蓮友前往布教。 4月27日，宜蘭念佛會講堂落成前三日的遊藝晚會，與張慈惠、林慈菘、心慧等表演拜舞，深獲觀眾讚譽。 11月1日，與張慈惠、林慈菘前往台中慎齋堂參加第二期「台中市保育人員訓練班」。
		幼稚園教育時期
1957年	21歲	1月31日－2月4日，在宜蘭念佛會舉行的5天新春布教中，與張慈惠講演「偉大的人生」，又與林慈菘講演「如何選擇宗教」。 3月1日，與宜蘭念佛會弘法隊隊員李慈莊、張慈惠、鄭慈嘉等5人，輪流在宜蘭民本電台「佛教之聲」錄製節目，每週三以國語、台語布教半小時。 9月4日，宜蘭慈愛幼稚園開學，與林慈菘、楊慈曼二人擔任教師，園主任張慈惠，學生170餘名。 9月4日－7日，參與宜蘭念佛會弘法隊四天的鄉村布教，在員山鄉同樂村講說因果故事。
1958年	22歲	3月9日，於高雄佛教堂創辦的「慈育幼稚園」擔任教師，董事長月基法師、園主任周淵（周慈華），學童有185名。
1959年	23歲	3月，宜蘭慈愛幼稚園南門分園成立，擔任首任園長（1959-1960）。
1961年	25歲	2月，與李慈莊、張慈惠、林慈菘、鄭慈嘉合撰的《佛教故事大全》出版。

西元	年齡	事件
1961 年	25 歲	4 月 11 日，參與大師於中國廣播公司宜蘭台製作的「覺世之聲」節目，與張慈惠、范慈證、鄭慈嘉負責播音，播出時間為每週一、二、四、五清晨 6:00-6:30、7:00-7:30。 9 月 1 日，大師與宜蘭縣政府、宜蘭救國團合辦「宜蘭縣幼教師資訓練班」，於中擔任副訓導主任，教務主任朱橋。 擔任蘇澳水泥廠附設幼稚園主任。
1962 年	26 歲	9 月 1 日，正式接任宜蘭慈愛幼稚園園長（1962-1967 年 8 月），慈愛托兒所（原南門托兒所）主任為張慈蓮。
1963 年	27 歲	4 月，慈愛幼稚園參加全縣幼稚園三輪車比賽，榮獲團體組、個人組冠軍，被譽為蘭陽地區最優秀的幼稚園。 5 月 1 日，策畫慈愛幼稚園慶祝佛誕節化妝遊行，遊行隊伍從南門南興街慈愛托兒所出發，經中山路至北門口宜蘭念佛會。家家戶戶於路旁觀看，燃放鞭炮，熱鬧如過年。 7 月 21 日，主持慈愛幼稚園第六屆畢業典禮，上午為畢業典禮，下午舉辦懇親會，全天前往參加觀禮的貴賓 2000 人以上，盛極「一日」。 12 月 26 日，慈愛幼稚園小朋友，參加七天的彌陀佛七法會，將近一千位小朋友集合在新建的雷音寺內念佛，念佛氣氛如人間淨土。
1964 年	28 歲	7 月 19 日－20 日，主持慈愛幼稚園及慈愛托兒所遊藝晚會，晚會於宜蘭念佛會大禮堂舉行，出席的家長、蓮友約 700 人，把禮堂擠得水洩不通。
1965	29 歲	1 月 23 日，策畫宜蘭慈愛幼稚園舉辦的「小小音樂會」及時裝秀表演，為得獎者頒發錦旗與獎品，小朋友穿著 50 多套服裝走秀，博得 300 多位家長滿堂彩。

西元	年齡	事件
1966	30歲	4月3日，慈愛幼稚園參加由宜蘭縣政府舉辦的「慶祝兒童節全縣第三屆小型三輪車比賽」，在宜蘭市中山運動場舉行，全縣幼稚園、托兒所的小朋友300多人報名參加比賽。決賽結果，慈愛幼稚園的小朋友分別榮獲冠軍隊、亞軍隊、季軍隊。家長們歡天喜地請來了宜蘭西樂隊作為前導，慈愛幼稚園小朋友跟著排成直線的三輪車隊、兩行捧著銀杯、錦旗、獎品的隊伍，在夾道的鞭炮聲中，吹著凱旋的步調榮歸。
1967年	31歲	2月19日，高雄普門幼稚園開學典禮，擔任幼稚園園主任，教師有吳寶琴等人，學生共200名。 7月12日，於大師接辦的私立宜蘭救濟院擔任董事。 7月23日，策畫慈愛幼稚園第十屆畢業生懇親遊藝晚會，節目精采，吸引千人觀賞。
1968年	32歲	12月1日，佛光山東方佛教學院教室籌建，與蕭慧華共同出資贊助智光堂一間。

出家入道時期

1969年	33歲	3月21日，於佛光山東方佛教學院「蘭陽先修班」中擔任教師，班主任為慈莊法師。 7月28日，於佛光山第一屆大專夏令營，擔任康樂老師。 10月，跟隨大師披剃出家，法號依智，內號心愚，對外仍沿用皈依法名慈容。31日前往基隆海會寺受具足戒，戒期32天，擔任沙彌尼首，心定和尚擔任沙彌首，得戒和尚為道源法師，羯摩和尚為白聖法師，教授和尚為慧峰法師。
1970年	34歲	3月1日，擔任佛光山東方佛教學院副訓導主任，慈莊法師擔任訓導主任，心定法師為男眾監學。 12月15日，擔任佛光山社教處主任及大慈育幼院代理院長。

西元	年齡	事件
1973 年	37 歲	9月29日，赴日本京都佛教大學就讀社會福祉學系。
1976 年	40 歲	4月1日，自日本京都佛教大學學成歸國。 4月14日，擔任佛光山朝山會館館長及佛光精舍主任。 6月30日，隨同大師赴美參加「美國建國200週年慶祝大典」。
1977 年	41 歲	8月27日，擔任佛光山東方佛教學院訓導主任，帶領學生在大悲殿唱誦梵唄，配合日本東京大學呂炳川博士錄製《台灣漢民族音樂》專輯。 12月1日－30日，佛光山第一次傳授萬佛三壇大戒，擔任戒會法務總幹事。 擔任佛光山大慈育幼院院長。

住持寺院時期

1978 年	42 歲	2月4日，擔任佛光山慈善堂堂主。 3月31日，台北別院舉行落成典禮，擔任副住持，7月1日，接任住持。 10月16日－18日，星雲大師佛學講座首度於國父紀念館舉行，為上台獻供人員設計首件制服。 12月28日，帶領台北別院婦女法座會成員，於台北中山堂舉行的「自強愛國弘法大會」獻唱。
1979 年	43 歲	1月10日，籌劃「自強愛國梵唄音樂會」，並於中擔任合唱指揮，為佛教梵唄第一次在國父紀念館演出。 4月5日－8日，《萬金和尚》舞台劇於台北市立台灣藝術館公演4天，台北別院每日動員千人觀賞。 8月8日－15日，台北別院舉辦首屆「佛教兒童夏令營」，為佛教界創舉。 9月1日，擔任「佛光山電視弘法委員會」副會長。

西元	年齡	事件
1979年	43歲	9月4日,《甘露》首映,每週二晚間 7:30 於華視播出,台北別院負責籌募弘法基金。 11月1日,擔任《普門》雜誌發行人,每月 21 日發行出版。 12月8日-28日,隨同大師領隊的「印度朝聖團」前往印度,擔任執行秘書,團員共 182 人,為歷年來最大朝聖團。
1980年	44歲	1月26日-2月1日,擔任台南福國寺傳授「護國千佛居家五戒、菩薩戒戒會」書記。 1月28日,於台北中山堂舉辦台北別院六十八年度信徒會員大會,擔任大會主席,同時恭請大師開示,並表揚熱心服務的信眾,出席者近千人。 5月15日,擔任中國佛教會宜蘭縣支會理事(後改為宜蘭佛教會)。 5月25日,台北別院因信徒與日俱增,場地不敷使用,另尋民權東路新址,舉行普門寺破土典禮。 9月6日,《信心門》開播,台北別院負責宣傳及籌募資金。
1981年	45歲	2月10日,擔任佛光山宗務委員會第一屆宗委,同時擔任佛光山教育堂堂主,兼任大慈育幼院院長。 7月21日,向大師提請將法號「慈蓉」改為「慈容」,大師題字「以慈與樂,以悲拔苦,有容乃大,有德則昌」。 11月,擔任「佛光山電視弘法委員會」會長。
1982年	46歲	3月26日,擔任普門中學第二屆董事會之董事,大師任董事長。 5月,擔任普門寺住持,寺雖未落成,已開始運作,每月有 200 人掛單,每餐也多備素菜迎接十方大眾,落實大師指示的「普門大開」精神。 12月3日-16日,大師於普門寺講《金剛經》13天,每日均有 1500 多位聽眾聆聽,盛況空前。

西元	年齡	事件
1983年	47歲	4月，於普門寺首辦一日一夜八關齋戒會，限於寮房有限，每次僅收180人。 8月5日，首屆「佛光山台北女子佛學院」開學，擔任院長，共有28名學生，1987年遷址北海道場上課。 10月28日，獲台北地方法院聘為「榮譽觀護人」。 11月，籌劃台北國父紀念館舉行的「星雲大師佛學講座」，時台視、中視、華視分別採訪大師，並於晚間11點新聞報導中播出。 擔任首任佛光山北海道場住持（1983-1988）。
1984年	48歲	4月6日－14日，恭請大師於台北普門寺講演《六祖壇經》10天，每日皆有近2000人與會聽講，創造未落成先轟動盛況。 4月15日－18日，普門寺舉辦落成典禮三天，擔任首任住持，大師親自主持法會。 12月14日，榮獲中華民國七十三年度「好人好事」代表，由考試院長院孔德成頒發「慈光普照」榮匾。
1985年	49歲	4月9日，佛光山各別分院第七次住持會議，由普門寺主辦，於中擔任主任委員。 12月21日，獲頒中央黨部華夏二等勳章。
1986年	50歲	1月11日，受司法院院長黃少谷頒予「榮譽觀護人」獎狀乙面，表揚對少年管束工作的貢獻，連續二年獲獎。 3月10日，與心定智度、慈莊智圓、慈惠智通、慈嘉智永等人，共同受法於棲霞山四十八世傳人星雲大師、法宗法師、悟一法師、達道法師4人，成為臨濟宗第四十九世衣缽傳人，法號慈容智尚。 11月27日，出席七十五年度全國青少年榮譽觀護人頒獎典禮，獲少年法庭庭長陳孟瑩頒贈「澤被少年」銀牌，為一百多位全國代表中唯一的佛教代表。

西元	年齡	事件
1986年	50歲	12月3日，與住持心平和尚前往佛光山關島布教所弘法，並主講「如何追求人生的快樂」佛學講座。
1988年	52歲	2月14日，在普門寺12樓佛殿設置故總統經國先生靈堂，率領大眾啟建追思法會，提供信徒及民眾前來拈香致意。 3月4日，隨同大師率「泰北弘法義診團」50餘人，前往泰北美斯樂、金三角、熱水塘等地展開10天弘法義診活動。 4月10日，擔任佛光山都監院院長，卸下普門寺住持職務。 9月17日、9月24日、10月1日，由都監院主辦的「回歸佛陀時代弘法大會」於台北中正體育館、彰化縣立體育館、高雄中正體育場舉行；擔任舞台總監，首度邀請藝人楊麗花、張帝、石安妮、陳凱倫等群星獻唱，創佛教大型弘法紀錄。
1989年	53歲	3月26日，隨大師率領的「國際佛教促進會弘法探親團」僧信四眾500餘人，赴中國大陸展開為期一個月的弘法探親。 7月1日，財團法人佛光山慈悲基金會成立，擔任董事長。 9月1日，與心平和尚、心定法師前往菲律賓，主持宿霧慈恩寺落成典禮，擔任首任住持，永光法師出任監院。 9月9日，應澳洲新南威爾省臥龍崗市長之邀，隨大師前往澳洲洽談建寺事宜，同行有永全、永東諸法師及蕭慧華居士等，信徒寸時嬌等接機歡迎。 11月30日，應香港政府之邀，隨同大師前往亞皆老街為越南在港船民主持皈依三寶典禮。 12月9日、12月17日，於都監院院長任內承辦首屆佛光山「功德主會」，分二梯次圓滿舉行。 12月22日－23日，隨同大師至蘭嶼國防部所屬「勵德訓練班」弘法，並舉行二場冬令賑濟義診弘法活動。

西元	年齡	事件
1990年	54歲	1月18日，前往關島佛光山視察新建寺用地，並主持皈依三寶典禮。 2月26日，佛光山首屆宗務委員會會員大會於麻竹園舉行，與心平和尚同獲第一高票當選宗委。 3月8日，關心澳洲佛光山南天寺籌建事宜，前往澳洲洽商建寺用地贈受細節。與慈莊法師、心定和尚及楊慰慈居士等會見當地律師，了解建寺相關法律。12日與臥龍崗市市長法蘭克及執行長奧斯利等人達成各項協議。 5月11日－13日，「佛光山佛教梵唄音樂弘法大會」於台北國父紀念館演出，擔任總策畫。 9月5日，卸任都監院院長一職，交接予慈莊法師。 9月20日，接任傳燈會執行長。 12月11日，首度以佛光協會秘書長之職，前往嘉義圓福寺籌辦佛光協會嘉義分會。

國際佛光會時期

1991年	55歲	2月3日，中華佛光協會成立，擔任秘書長，大師擔任創會會長，為台灣第一個由佛教信眾組成的人民團體。 6月30日，赴澳洲雪梨南天講堂，主持雪梨佛光會協會成立大會，為澳紐地區第一個協會。 9月4日，前往漢城會晤九龍寺住持頂宇法師、全國比丘尼總務局長雪峰法師及中華領事館王公吏、呂總領事等佛教界及僑界人士，洽談韓國佛光協會的籌備事宜。 9月21日，日本西原佑一前來洽談設立佛光山日本東京道場及創立佛光協會事宜。 9月30日，母親吳陳阿匼往生，與依來法師共同將所得遺產新台幣1000萬元，全數捐獻常住。 10月21日，發動國際佛光會會員賑濟大陸華東水災捐款，總數達新台幣800萬元。

西元	年齡	事件
1992 年	56 歲	3月27日，擔任財團法人佛光山淨土文教基金會董事。 4月10日，隨同大師前往馬來西亞，主持馬來西亞佛光會協會成立大會。4月17日，隨同大師前往法國，主持巴黎、倫敦佛光會協會成立大會。 5月4日，隨同大師前往巴西，主持巴西佛光會協會成立大會。 5月16日-20日，出席於美國洛杉磯舉辦的「國際佛光會世界總會成立大會暨第一次世界會員代表大會」。 7月8日，隨同大師前往印度、拉達克等地，主持拉達克與印度各佛光協會成立大會。 8月1日-22日，中華佛光協會與中華文化復興運動總會，共同主辦「把心找回來」活動，策畫全台七場不同主題的系列演講及宣傳活動。 9月1日，擔任佛光山海外都監院紐澳教區首座。 11月28日，澳洲佛光山南天寺動土奠基典禮，擔任首任住持。 11月，代表國際佛光會獲頒教育部「社會教育有功團體獎」，為佛光會首度獲獎，此後年年得獎。 擔任國際佛光會世界總會秘書長（1992-2013）。
1993 年	57 歲	1月，國際佛光會中華總會舉辦首場「禪淨密三修萬人獻燈法會」，至今已逾30年。 5月2日，隨同大師前往美國，主持洛杉磯佛光協會成立大會。 6月21日，國際佛光會中華總會榮獲內政部頒發「全國性績優社會團體獎」。 9月，隨同大師前往南非，主持南非佛光協會成立大會。 9月15日，擔任台北道場首任住持（1994-1996）。 10月18日，出席於高雄佛光山舉辦的「國際佛光會第二次世界會員代表大會」。 10月，國際佛光會成立檀教師、檀講師制度，開啟僧信共同肩負弘法講說的新紀元。

西元	年齡	事件
1994年	58歲	2月10日，佛光山台北道場落成啟用，舉辦49天的「生命活水講座」及大悲懺法會。 7月12日，榮獲內政部頒發全國性績優社會團體獎，代表國際佛光會中華總會受獎。 8月，台灣中南部發生812水災，以佛光會名義代表本山捐款高雄縣政府，並號召佛光人參與救難。 9月24日，出席於加拿大溫哥華卑詩大學和平紀念館舉辦的「國際佛光會第三次世界會員代表大會」。
1995年	59歲	4月6日，隨同大師前往菲律賓，成立菲律賓佛光協會。 9月30日，與慈莊法師共同擔任台北道場導師。 10月15日，出席於澳洲雪梨達令港會議中心舉辦的「國際佛光會第四次世界會員代表大會」。 10月22日，擔任「尊重與包容梵唄音樂會」總策劃，於澳洲布里斯本市政府音樂廳演出。 12月1日，擔任美國佛光山西來寺第四任住持。
1996年	60歲	1月1日，擔任佛光山長老院美洲教區首座。 1月1日，於美國西來寺舉辦首屆「祈求世界和平」法會，邀請各宗教、政治和僑團領袖共同為世界和平祈願祝禱。 3月3日，在加州州立理工大學波莫納分校體育館，舉辦由國際佛光會世界總會主辦的「點亮希望的燈」活動。 5月，於西來寺成立「國際翻譯中心」，擔任執行長，2013年擔任董事長。 7月22日，以西來寺住持身分受邀於洛杉磯世紀飯店與美國總統柯林頓見面，柯林頓總統盛讚西來寺對東西文化交流與淨化人心的貢獻。 8月5日，出席於法國巴黎國際會議廳舉辦的「國際佛光會第五次世界會員代表大會」。

西元	年齡	事件
1996年	60歲	9月,擔任佛光山西來大學執行董事。 10月25日,美國國防部首次禮請西來寺法師登上奧雪斯凱航空母艦,以佛教儀式舉行慰靈法會。 11月1日,擔任西來大學執行董事。 11月1日,佛光文化出版個人著作《我看美國人》一書。 11月14日,展開9天10場美加地區國際佛光會幹部講習會。 11月30日,西來寺與國際佛光會世界總會首次合作舉辦「佛光成年禮」。 首度於洛杉磯華文廣播電台AM1300製作佛教廣播節目。
1997年	61歲	3月25日,擔任佛光山佛光衛視董事長,佛光衛視2002年更名人間衛視。 6月,擔任佛光山香海文化事業有限公司董事長。 8月15日,首次接受美國CNN電視台訪問,探討佛教傳統及東西文化差異。 10月2日-15日,擔任「佛光山梵音之旅—歐洲六國巡迴」總策劃兼團長,首次率領歐、美九個國家、20位法師巡迴歐洲表演,所到之處同時舉行大型佛學講座及佛光會幹部講習會。 11月29日,出席於紅磡香港體育館舉辦的「國際佛光會第六次世界會員代表大會」。 擔任佛光山慈善院院長。
1998年	62歲	2月27日,擔任「恭迎佛牙舍利來台供奉」迎奉團執行長,承辦從印度經曼谷迎請佛牙舍利來台相關事宜。 2月29日,擔任國際佛光會中華總會署理會長。 4月7日-9日,隨同大師及「佛牙舍利恭迎團」前往泰國曼谷恭迎佛舍利。 4月25日-6月21日,帶領「梵音樂舞文化藝術饗宴」首度巡迴美國、加拿大表演,擔任舞台總監及團長。

西元	年齡	事件
1998年	62歲	5月1日，擔任佛光山人間文教基金會執行長、電視弘法基金會會長。 5月22日，榮獲西來大學頒贈榮譽博士學位。 6月21日，帶領「佛光山梵音樂舞文化藝術饗宴」首度美加巡迴弘法，在洛杉磯巴沙迪那市立劇院盛大演出。 10月1日，出席於加拿大多倫多佛光山舉辦的「國際佛光會第七次世界會員代表大會」。
1999年	63歲	4月4日，西來寺與玫瑰崗墓園合作，舉辦首次「春季祭典清明法會」，由西來寺法師主持法會。 7月5日，洛杉磯協會參加哈崗國慶遊行活動，獲得總冠軍「總匯獎」。 9月2日－26日，擔任佛光山梵唄讚頌團「天籟之音—歐洲巡迴」總策畫，巡迴歐洲十國，展開近一個月的音樂弘法。 9月21日，台灣發生921大地震，佛光山與國際佛光會中華總會成立「921救災中心」，號召全台賑災。 11月23日，因長期至海外弘法，建立良好國民外交，榮獲外交部頒發「外交之友」獎項。由外交部部長胡志強先生頒獎，國際佛光會秘書長永富法師代表受獎。
2000年	64歲	5月9日，《美洲人間福報》試刊版於全美洲發行一萬份，擔任發行人。 5月16日，出席於高雄佛光山舉辦的「國際佛光會第八次世界會員代表大會」。 7月15日，卸任西來寺住持。 10月31日－11月25日，擔任「一日梵唄・千禧法音」亞澳巡迴總指揮，前往亞、澳巡迴演出。 擔任佛光山長老院美洲巡監長老。

西元	年齡	事件
2001年	65歲	1月1日，擔任佛光山金光明寺首任住持，佛光山人間大學校長。（前身為信徒大學） 4月3日，與南非祖魯族酋長 Goodwill Zwelithini 及皇后見面，二人在南非協會黃世豪理事陪同下，前來台北道場感謝佛光會於2000年捐贈輪椅給予南非。
2002年	66歲	2月19日，台灣佛教界聯合組成「恭迎佛指舍利蒞台供奉委員會」，擔任「恭迎佛指舍利委員會」恭迎處主任。 4月，出席於日本東京舉辦的「國際佛光會第九次世界會員代表大會」。 7月1日，擔任佛光山日本教區教育長、海外都監院日韓教區總長。
2003年	67歲	2月1日，擔任佛光山國際佛教促進會會長（2003-2004）。 11月13日，獲內政部頒發「社會教育有功」個人獎。
2004年	68歲	1月，擔任佛光山電視中心院長。 3月16日－4月3日，擔任「中華佛教音樂展演」藝術總監，帶領大陸、台灣團員至台、港、澳、美、加等地巡迴演唱。 6月25日，佛光山慈善院於台南明德戒治分監從事輔導戒毒工作，歷經10年，獲法務部頒發「全國反毒有功獎」，以慈善院院長身分至總統府受獎。 9月2日，出席於高雄佛光山舉辦的「國際佛光會第十次世界會員代表大會」，受聘為國際佛光會世界總會署理會長。 12月26日，南亞地區發生芮氏九級大地震，引發海嘯導致重大災難，以國際佛光會世界總會名義捐贈急難救助基金協助家園重建，幫助南亞上千名失怙的孤兒。

西元	年齡	事件
2005年	69歲	1月14日，獲教育部教育百人團獎，獲獎類別為「融合創新」中的族群融合類，於8月7日前往總統府接受總統陳水扁頒獎。 4月25日，擔任「佛光山電視弘法基金會」董事長。 7月21日，國際佛光會中華總會獲內政部頒發「2004年度全國性社會團體工作績效評鑑優等」。
2006年	70歲	8月8日－17日，出席國際佛光會世界總會主辦「國際兒童文化藝能快樂營」，有來自哥斯大黎加、巴西、南非、美國、香港、日本、韓國，及台灣原住民等200名家境清寒、品學兼優學童參與。 10月4日－8日，出席於高雄佛光山舉辦的「國際佛光會第十一次世界會員代表大會」。
2008年	72歲	3月28日，擔任佛光山教育院院長。 5月18日－19日，大陸四川省汶川縣發生規模芮氏八級大地震，以國際佛光會世界總會名義發動全球佛光人賑災，首次以搜救、醫療、物資、人道「四合一機制」投入救援。 8月8日，莫拉克颱風重創南台灣，國際佛光會中華總會成立「佛光山救災中心」，發動佛光人投入賑災。 10月4日－8日，出席於高雄佛光山舉辦的「國際佛光會第十二次世界會員代表大會」。 12月1日，個人著作《幽蘭行者：佛教史上的改革創見大師》中文版出版。
2009年	73歲	4月1日，「第二屆世界佛教論壇」於江蘇無錫開幕，台灣台北閉幕，全程指導台北閉幕典禮會場流程，有60個國家地區、1200多位教界領袖、學者與會。 5月10日，國際佛光會中華總會籌辦慶祝「國定佛誕節十週年暨母親節」大會，首次在總統府前凱達格蘭大道舉行。

西元	年齡	事件
2010 年	74 歲	10月，出席國際佛光會舉辦「人間有愛‧佛光輪椅」捐贈活動，共捐贈 553 個單位、4000 部輪椅。 10月2日－7日，出席於高雄佛光山舉辦的「國際佛光會第十三次世界會員代表大會」。 10月25日，出席由陸委會舉辦「第八屆兩岸專業交流績優團體」頒獎典禮，國際佛光會中華總會榮獲「藝文宗教類」優良團體獎，代表總會受獎。
2011 年	75 歲	3月11日，日本東北部發生芮氏九級大強震，以世界總會名義動員全球佛光人緊急籌募物資援助災民。
2012 年	76 歲	1月21日，擔任佛光山佛陀紀念館首任館長。（迄 2013） 10月11日，出席於高雄佛陀紀念館舉辦的「國際佛光會第十四次世界會員代表大會」。
2013 年	77 歲	7月11日－15日，出席佛光山法華禪寺舉辦的「國際佛光會歐洲聯誼會」暨「佛光山法華禪寺佛像開光及揭幕儀式」，與歐洲佛光會幹部聯誼接心。 7月19日，於佛光山西來寺主持「2013 國際佛光會世界總會美洲聯誼會」。 8月16日，出席「2013 全國教師佛學夏令營」。 9月28日，出席「2013 北區協會啦啦隊培訓暨觀摩賽」，擔任比賽評審。 11月11日，超級強颱「海燕」橫掃菲律賓中部，造成大量傷亡，以世界總會名義率先捐款十萬元美金賑災；連同佛光山慈悲基金會所募 1400 箱乾糧，11 日空運到菲律賓災區。
2014 年	78 歲	3月7日，榮獲傑出佛教婦女委員頒贈「第十二屆國際佛教傑出女性獎」，於泰國受獎。 8月1日，高雄市發生石化氣爆事件，號召國際佛光會啟動全方位急難救助機制。

西元	年齡	事件
2014年	78歲	10月4日，出席於高雄佛光山舉辦的「國際佛光會第十五次世界會員代表大會」，受聘國際佛光會世界總會副總會長兼署理會長。 11月1日，擔任佛光山傳燈會會長。
2015年	79歲	2月5日，至台北第二殯儀館為「復興航空GE235班機空難罹難者超薦法會」主法。 2月28日，「國際佛光會世界總會大洋洲聯誼會」於澳洲南天寺舉辦，出席致詞。 3月28日，「博鰲亞洲論壇二○一五年年會」開幕式，隨同大師出席。 4月26日，尼泊爾發生芮氏規模七點八級強震，以世界總會名義號召全球佛光人出資救災。 5月，擔任美國「佛光出版社」董事長。 5月30日，代表大師出席夏威夷佛光山落成開光典禮。 6月7日，「中華傳統宗教總會」於佛光山舉辦成立大會，獲推舉擔任監事長。 7月22日，接受大陸中央電視台採訪，主題「華人的慈善觀」。 8月9日，擔任「中華人間佛教聯合總會」主席團主席之一。 10月24日，隨同大師出席「第四屆世界佛教論壇」。 11月1日，擔任佛光山海外都監院大陸教區首座。
2016年	80歲	1月30日，於佛陀紀念館禮敬大廳三樓會見諾魯、尼加拉瓜、帛琉、宏都拉斯等21國駐華使節、代表處參訪團等貴賓。 2月21日，出席「星雲大師捐贈北齊佛首造像回歸啟程典禮」，3000人齊聚藏經樓。 2月26日，出席中國國家文物局舉行之「星雲大師捐贈北齊佛首造像回歸」新聞發布會。 3月1日，出席北京中國國家博物館舉行的「星雲大師捐贈北齊佛首造像回歸」儀式。

西元	年齡	事件
2016年	80歲	3月11日，於「第15屆國際佛教傑出女性」頒獎典禮致詞。 5月21日，出席日本「佛光山法水寺大雄寶殿上梁儀式」。 5月22日，出席日本佛光山本栖寺舉行的「2016國際佛光會亞洲聯誼會」。 9月5日－10日，帶領「兩岸人間佛教交流訪問團」至中國大陸北京等地交流。 10月12日，出席於高雄佛光山舉辦的「國際佛光會第十六次世界會員代表大會」。 10月22日，「星雲大師一筆字書法2016世界巡迴展宜興站」於宜興市博物館隆重開幕，出席開幕式。 10月27日，出席在南京牛首山舉辦的首屆「一帶一路」沿線國家地區《心經》文化論壇開幕式。
2017年	81歲	4月12日，以日本佛光山總長身分前往佛光山法水寺，視察指導建築工程。 4月13日，前往東京國立博物館拜訪館長，商談大師一筆字展出事宜。 4月14日－18日，指導西來寺水陸法會並出席「佛光山美洲地區功德主增品暨新品功德主授證典禮」。 4月27日，出席大陸宜興祖庭大覺寺「2017中國宜興國際素食文化暨綠色生活名品博覽會」開幕儀式致詞。 4月29日，接受江蘇電視台公共頻道「新聞空間站」採訪。 6月，美國國際翻譯中心出版個人著作《幽蘭行者》英文版。 6月30日－7月4日，前往新加坡、馬來西亞新馬寺及印尼，指導10月舉行的「國際佛光會世界總會2017年理事會議」，並指導新馬寺及印尼棉蘭佛光寺工程。 10月4日－5日，出席新加坡、馬來西亞新馬寺宗史館舉辦《幽蘭行者》新書推介禮。 10月20日－21日，出席日本法水寺大雄寶殿玉佛開光典禮。

西元	年齡	事件
2017年	81歲	11月2日－3日，指導佛陀紀念館舉辦的國際書展「千人曬經—智慧之光」活動。 12月16日，前往香港佛光道場，主講「人間菩薩的行儀」佛學講座。 12月23日，出席於佛光山舉辦的「佛光會中華總會2017年會員代表大會」。
2018年	82歲	1月6日，應靈鷲山佛教教團開山和尚心道法師之邀，前往台北為靈鷲山200位僧眾講授「為僧之道」。 1月10日，「北美洲僧眾共識線上會議」，以傳燈會會長身分視訊指導。 1月27日，前往菲律賓馬尼拉參加「國際佛光會菲律賓協會2018年幹部會員講習會」。 4月16日，以中華人間佛教聯合總會輪值主席身分，擔任「中華漢傳佛教訪日代表團」團長，會同各寺院道場住持等130餘人，連袂走訪奈良、京都、東京等地區之日本佛教各宗派代表性寺院。 4月21日，以臨濟宗日本佛光山總長身分出席「臨濟宗佛光山法水寺」落成法會。 4月28日，「第七屆中國宜興國際素食文化暨綠色生活名品博覽會」於佛光祖庭宜興大覺寺舉辦，出席致詞。 7月14日，「禪淨獻燈祈福法會」首次於西來寺成佛大道舉辦，在台灣透過視訊指導彩排。 10月4日，出席於佛光山舉辦的「國際佛光會第十七次世界會員代表大會」。 擔任佛光山傳燈會會長。
2019年	83歲	1月24日，「佛光山2019年傳授國際萬佛三壇大戒」，在佛光山舉辦，擔任得戒阿闍黎尼。

西元	年齡	事件
2019年	83歲	4月14日,「2019年南區佛光金剛年度培訓」、「2019年南區佛光知賓種籽師資培訓」在佛光山舉辦,出席致詞。 4月20日－21日,前往日本出席「佛光山法水寺落成啟用一週年紀念暨供僧法會」、「佛光幹部講習會開營典禮」,並前往日本東京佛光山寺與大眾開示結緣。 4月26日,擔任「財團法人人間文教基金會」董事長。 6月11日,隨同大師前往大陸南京圖書館,出席「《星雲大師全集》簡體中文版新書發布會」。 7月6日－7日,「佛光山2019年功德主會議北區場」於佛光山如來殿大會堂舉行,出席為功德主授證。 8月31日,「2019年佛光兒童入學禮」於佛光山舉辦,近200名小朋友、逾千人參加,出席開示勉勵。 11月27日,佛光文化出版個人著作《自覺人生‧莊嚴身行》。
2020年	84歲	1月20日,應「普門中學2020年教職員工共識營」邀請,致詞講話。 2月22日,「為新型肺炎疫情向觀世音菩薩祈願總回向法會」在佛光山大雄寶殿前舉行,指導總彩排。 3月11日,「佛光山2020年禪淨共修獻燈祈福法會」於佛光山大雄寶殿成佛大道舉行,指導總彩排。 6月7日,應惠中寺「雲講堂」講座邀請,以「自覺」為題線上開講。 11月10日,出席國際佛光會中華總會召開的「全台輔導法師線上會議」。 11月21日,出席「2020慶祝法寶節北美洲人間佛教讀書分享發表會」,由國際佛光會北美洲27個協會合辦,透過YouTube直播盛大舉行。
2021年	85歲	2月2日,中華總會主辦的「佛光會三十‧音樂饗宴」,在台北國父紀念館舉辦,出席致詞勉勵。

西元	年齡	事件
2021年	85歲	2月3日，佛光文化出版個人著作《活出生命的豪情：走過佛光會三十年》。 2月28日，出席「國際佛光會中華總會第十屆第八次理監事暨區協會幹部聯席會議」。 4月22日，「森林記者會暨 BLIA T-EARTH 植樹行動」於佛光山舉辦，參與植樹活動。 5月1日，「2021年佛光青年亞洲聯誼會」線上會議開示。 6月6日，「2021年北美洲聯誼會」線上會議開示。 6月20日，「國際佛光會歐洲聯誼會議」線上開示。 10月2日，「國際佛光會第十八次世界會員代表大會」線上致詞。
2022年	86歲	3月16日－19日，前往美國參加「聯合國婦女署婦女地位委員會第66屆平行會議」。 10月1日，出席「國際佛光會2022年第七屆第四次世界理事線上會議」。 10月23日，出席「國際佛光會2022年南美洲聯誼會線上會議」。 11月5日，「國際佛光會中華總會南區協會年會」於佛光山如來殿舉辦，出席致詞講話。 12月17日，「中華佛光青年團員大會」於佛光山雲居樓舉行，以署理會長身分致詞勉勵。
2023年	87歲	5月20日，前往大陸佛光祖庭大覺寺，出席「佛光山2023年大陸首屆功德主會議」。 6月11日，前往菲律賓馬尼拉，出席「國際佛光會2023年亞洲聯誼會」。 8月12日－13日，前往日本主持「佛光山2023年日本地區功德主暨國際佛光會幹部懇親會」，會議在日本關西大阪瑞士飯店舉行。

西元	年齡	事件
2023年	87歲	8月17日，出席於日本東京別院舉辦的「日本地區佛光會幹部接心座談」。 12月23日，「國際佛光會中華總會2023年會員代表大會」，於佛光山如來殿舉辦，出席致詞講話。
2024年	88歲	1月1日，「2024百年好合佛化婚禮暨菩提眷屬祝福禮」，在佛陀紀念館大覺堂舉行，為38對新人、201對菩提眷屬祝福講話。 1月26日，佛光山第103期短期出家修道會，以傳燈會會長身分，為戒子講授「佛光山開山祖師故事」。 2月20日，中華總會第11屆第8次理監事暨督導長聯席會議，以署理會長身分出席致詞。 2月26日，韓國弘法寺住持深山法師率信眾27人前來參拜大師，代表常住致詞歡迎。 3月21日，以大陸教區導師身分，前往視察光中文教館、天隆寺，並到南京棲霞寺考察修建「師父上人紀念堂」備選地點。 3月24日，出席大覺寺首辦「觀音文化節」及中國佛學院鳳凰嶺校區開幕的「兩岸人間佛教交流研討會」。 3月25日，出席在北京中國國家博物館舉行的「中華人間佛教聯合總會捐贈文物儀式」。 4月10日－30日，前往美國西來寺巡視，以傳燈會會長身分關心常住大眾及水陸法會壇場指導，並出席「佛光山2024美洲功德主會議」致詞講話。 5月18日－19日，出席「佛光山2024年北中區功德主會議」，以佛光山傳燈會會長身分為功德主授證。 6月6日，佛光山北區萬緣水陸法會於金光明寺舉行，以國際佛光會署理會長身分前往開示。

採訪後記
──星雲團中一顆璀璨明星

妙願

　　如果師父是宇宙的星雲團，那佛光教團無疑是這星雲團的樣貌，不論是大小行星都在這裡發光發熱，匯聚成宇宙中最璀璨的星斗，照亮黑暗的穹蒼。你是一顆星，我也是一顆星，你照亮了我，我也照亮了你，光光相攝，各美其美，共創人間淨土。無疑的，每一位佛光弟子都是師父生命軌道中的一顆星，各自運行，互不妨礙，而長老慈容法師無疑是星雲團中閃耀奪目的一顆星。

　　佛光山口述歷史系列《慈容法師訪談錄・有容乃大──走進佛光　走向世界》一書，從2020年11月3日開始進行首次訪談，採訪團隊由人間佛教研究院院長妙凡法師帶領幾位主筆，及研究院同仁李慧琳一起記錄，於2021年9月3日完成主角訪談13次。之後，筆者又陸續側訪相關人物15位，歷經28次訪談，超過108小時的口述，於2022年7月19日完成全部採訪實錄。之後，就是大量文稿、史料與照片的梳理查證過程，歷經三年多終於付梓出版。

　　歷史，非一人可獨立書寫，它必須靠一群人合力建構而成，並且一棒接一棒，一代接一代共同完成。因此，對於同一事件，不同任務的執行者，各有其立場，自然有著不同的表述觀點。正因為他們關注的焦點不同，也就存在著立足點的差異性，這就是為何歷史會有諸多不同版本的原因。尤其，口述歷史更是著重在口述者自己

佛陀紀念館舉行落成系列活動，大師與慈容法師於佛館施放和平鴿。2011.12.25

的回憶所作的紀錄；因此，往往會發掘許多事件背後不為人知的祕辛，從而形成口述史的獨特價值，以及還原更客觀的歷史面貌。

慈容法師口述歷史的出版，不僅是長老個人的生平紀錄，也是佛光教團發展史及當代台灣佛教史的縮影。因此，全書既是慈容法師的生命弘法歷程，更是星雲大師弘法史的側記，從中可以了解到長老在佛光教團中的重要性與歷史定位。

整本書的成書過程，團隊幾乎是重新走讀了一次佛光教團的歷史，從多維度的歷史事件中，梳理出長老跟隨大師弘法創業的軌跡。身為主筆的我，深刻地感受到師父人間佛教開拓的艱辛與漫漫長路，如何將一個空談大乘理論思想的佛教付諸實踐行動的發展過程；在人間佛教的道路上，從踽踽獨行的孤寂到花開遍地的佛光世界。正因一路有志同道合的弟子相伴，才逐步完成這個宏偉的世界版圖，長老慈容法師，無疑是那一位一直陪伴在身邊的輔弼大將。

究竟一個人成功的祕訣是什麼？歷史不會憑空為某人留下一筆，必然是成果為我們帶來紀錄。

幾次採訪長老發現，他有一種自然天成的領袖氣質，那是從小就站在司令台上的訓練，使他一路以來在面對群眾時，總有一種自信威儀，很自然地攝受眾生親近，帶動弘法能量的匯聚，這也是日後師父責成他負責國際佛光會的重要原因之一。

尤其，長老有一種凡事「ok」的性格，「不拒絕」、「有求必應」、「不怕苦」、「不怕累」、「病來不休息」、「事來不怕多」。當我們提問，人生最大的困難與挫折時，他只輕輕一句：「我沒有感覺有什麼困難辛苦。」但是，當我們梳理他的行程時發現，長老可以說整日無休息，即使病痛在身，照樣開會、會客、會見請示。尤其，以八十八高齡，依然撐著身子在一個月內往返台灣、日本、美國、大陸等地；足證當年與師父一起奔波五大洲的日子，絕非一般人所能負荷。

全書的紀錄讓筆者更明白師父所言真理，也希望讀者亦能悟出這點理：

一、讀懂一個人：
　　認識一代宗師星雲大師，以及脇侍弟子慈容法師。
二、讀明一點理：
　　能帶給人類幸福安樂的教法，才是佛教神聖真理的樣貌。
三、讀悟一點緣：
　　人間皆是因緣所成，懂得因緣就能真正成就在人間。
四、讀知一些事：
　　認識佛光教團，常住大眾，就能知道「我在眾中」的真義。
五、讀懂一世情：
　　菩薩以有情覺悟眾生，故人間佛教必然是有人情味的佛教。
六、讀通一顆心：
　　「無我」是通向眾生心的唯一道路。

　　感謝成書過程，協助查找史料、圖片、謄打文字以及校閱潤稿的所有法師、義工。尤其，感謝參與當年歷史的師兄長，共同還原歷史的事實，讓這本書能夠得以問世出版，在此一併銘謝感恩。願三寶龍天加被見者、聞者福壽安康，所求滿願。
　　謹以此書獻給師父及長老慈容法師，作為對他們這一生為佛教所做的一點紀念。

2024/7/18　藏經樓

【佛光山口述歷史系列】慈容法師訪談錄

有容乃大──走進佛光　走向世界

口　述　者／慈容法師
記　　　錄／妙願法師
總　策　劃／財團法人佛光山人間佛教研究院
總　編　輯／妙凡法師、妙廣法師
責任編輯／李慧琳
美術編輯／蔡睿玲
圖片提供／國際佛光會、人間通訊社、人間福報、佛光山宗史館、慈容法師、林清志、蔡榮豐、莊信賢
出　版　者／佛光文化事業有限公司
流　通　處／佛光山文教廣場、高雄市大樹區佛光山寺　(07)656-1921#6102
　　　　　　四給塔文化廣場（佛陀紀念館）高雄市大樹區統嶺里統嶺路1號　(07)656-1921#4140～4041
印　　　刷／中茂分色製版印刷事業股份有限公司
法律顧問／毛英富律師・舒建中律師
登　記　證／行政院新聞局版台省業字第862號
服務專線／佛光山文化發行部 (07)656-1921#6664～6666
傳　　　真／(07)656-3605
電子信箱／fgce@ecp.fgs.org.tw
劃撥帳號／18889448
戶　　　名／佛光文化事業有限公司
出版日期／2024年8月初版
定　　　價／360元
ＩＳＢＮ／978-957-457-795-8
佛光山人間佛教研究院網站 http://www.fgsihb.org
佛光文化悅讀網 http://www.fgs.com.tw

※ 有著作權・請勿翻印
※ 本書如有缺頁、破損、裝訂錯誤，請寄回更換。

國家圖書館出版品預行編目（CIP）資料

有容乃大：走進佛光 走向世界：慈容法師訪談錄/慈容法師口述；妙願法師記錄. -- 初版. -- 高雄市：佛光文化事業有限公司, 2024.08
456面；17x23公分
ISBN 978-957-457-795-8(平裝)

1.CST: 釋慈容 2.CST: 佛教傳記 3.CST: 訪談

229.63　　　　　　　　　　113011460